Schönhausen

W0074634

1. 1. 2010

Schönhausen

Rokoko und Kalter Krieg

Die bewegte Geschichte eines Schlosses und seines Gartens

Herausgegeben von der Generaldirektion
der Stiftung Preußische Schlösser und Gärten
Berlin-Brandenburg

Redaktionell betreut von Alfred P. Hagemann,
Detlef Fuchs und Alexandra Schmöger

Jaron Verlag

Abbildung S. 6 (**1**): Der Festsaal des Schlosses Schönhausen nach seiner
Sanierung, 2009
Abbildung S. 8 (**2**): Der Bogengiebel an der Gartenseite des Schlosses, 2009

*Benutzerhinweis: Die im Text angegebenen Nummern verweisen auf die
jeweiligen Abbildungen.*

Originalausgabe
1. Auflage 2009
© 2009 Jaron Verlag GmbH, Berlin
Alle Rechte vorbehalten. Jede Verwertung des Werkes und aller seiner Teile ist nur
mit Zustimmung des Verlages erlaubt. Das gilt insbesondere für Vervielfältigungen,
Übersetzungen, Mikroverfilmungen und die Einspeicherung und Verarbeitung in
elektronischen Medien.
www.jaron-verlag.de
Umschlaggestaltung: Atelier Kattner, unter Verwendung von Abbildungen von
Günter Schneider (5), der Stiftung Archiv der Parteien und Massenorganisationen
der DDR im Bundesarchiv (1) und der Stiftung Preußische Schlösser und Gärten
Berlin-Brandenburg (2)
Satz und Layout: Prill Partners | producing, Berlin
Lithographie: LVD GmbH, Berlin
Druck und Bindung: Offizin Andersen Nexö Leipzig GmbH, Zwenkau

ISBN: 978–3-89773-625-2

Inhalt

Vorwort

von Hartmut Dorgerloh

Mit Schloss und Garten Schönhausen macht die Stiftung Preußische Schlösser und Gärten Berlin-Brandenburg (SPSG) der Öffentlichkeit eine königliche Residenz nach Jahrzehnten wieder zugänglich, die in besonderer Weise die preußisch-deutsche Geschichte der letzten 350 Jahre widerspiegelt. Vor allem sein wechselvolles Schicksal im 20. Jahrhundert verleiht dem Schloss eine einzigartige Stellung unter den Anlagen unserer Stiftung. Das Anliegen dieses Buches ist es, die besondere Bedeutung des Schlossensembles zu erfassen und zu beschreiben.

Auf der Basis der intensiven Erforschung von Schloss und Garten Schönhausen, die im Zuge der beispielhaften Sanierung seit 2005 erfolgte, werden hier erstmals grundlegend neue Erkenntnisse zur Baugeschichte, aufschlussreiche Entdeckungen der Restauratoren, die Nutzungsgeschichte des Schlosses und seiner Bewohner sowie die Untersuchung des einzigartigen modernen Gartens der 1950er Jahre vorgestellt. Damit gibt diese Publikation die ganze Vielfalt wieder, welche die Besucher beim Rundgang durch das Schloss erwartet.

Im Erdgeschoss wird ein Bild vom Leben Königin Elisabeth Christines, der Gattin Friedrichs II., vermittelt, die über 50 Jahre die Sommer in Schönhausen verlebte. Mehrere Räume konnten hier wieder annähernd in den Zustand versetzt werden, in dem sie sich beim Tod der Königin 1797 befanden. Neben originalen Ausstattungsgegenständen des Schlosses machen persönliche Gegenstände aus dem Besitz der Monarchin das Leben Elisabeth Christines anschaulich. Der zu Unrecht unterschätzten Königin wird hier erstmals eine eigene Ausstellung gewidmet.

Im Obergeschoss werden die unterschiedlichen Nutzungsphasen während der DDR-Zeit dokumentiert. Das Amtszimmer des ersten Präsidenten der DDR, Wilhelm Pieck, repräsentiert die 1950er Jahre. Die Rolle des Schlosses als Gästehaus des Ministerrates der DDR führt das Appartement für Staatsgäste im Stil der 1960er Jahre vor Augen, und im Kaminzimmer wird beispielhaft der Zustand nach der letzten Neueinrichtung von 1978 gezeigt. Nach dem Abriss des DDR-Außenministeriums und des Palastes der Republik sowie der Privatisierung des Staatsratsgebäudes in Berlin-Mitte ist Schloss Schönhausen der letzte Ort, an dem man authentisch erleben kann, wie die DDR-Führung sich nach außen hin darstellte.

Darüber hinaus war es der SPSG ein besonderes Anliegen, eine dauerhafte Heimat für die Kunstschätze der Grafen zu Dohna zu finden, die 1943 aus dem heute zerstörten Schloss Schlobitten in Ostpreußen gerettet werden konnten. Da das erste Schloss Schönhausen in den 1660er Jahren von Sophie Theodore zu Dohna erbaut worden war, ist hier sicher der geeignetste Ort für die Präsentation des Erbes dieser bedeutenden preußischen Adelsfamilie. Die umfangreichen Bestände von Möbeln, Gemälden, Textilien und kunstgewerblichen Schätzen aus drei Jahrhunderten erwarb die Berliner Schlösserverwaltung bzw. die SPSG nach und nach seit 1979. Im ersten Obergeschoss kann nun ein Großteil dieser einzigartigen Sammlung gezeigt werden. Der Familie Dohna danke ich herzlich für ihre große Unterstützung.

Die erfolgreiche Sanierung von Schloss und Garten Schönhausen war nur mit Hilfe der großzügigen Förderung durch verschiedene Institutionen und Mäzene möglich. Unser Dank gilt in besonderem Maße der Cornelsen Kulturstiftung, der Stiftung Deutsche Klassenlotterie Berlin und dem Senat von Berlin. Das Engagement der be-

teiligten Firmen und unserer Mitarbeiter ermöglichte es, den ehrgeizigen Zeit- und Finanzrahmen einzuhalten. Neben dem Projektteam der SPSG sei vor allem dem Berliner Büro Winfried Brenne Architekten gedankt. Dieses Buch schließlich entstand durch den Einsatz vieler externer Kollegen und Mitarbeiter der Stiftung, die hier dankenswerterweise ihr in den letzten Jahren erworbenes Wissen über Schönhausen einer breiten Öffentlichkeit zugänglich machen.

Das große Interesse, das schon die Baustelle bei zahlreichen Veranstaltungen, Führungen und Tagen der offenen Tür in den letzten Jahren erfahren hat, stimmt uns zuversichtlich, dass Schloss und Garten Schönhausen dauerhaft zu einem attraktiven Anziehungspunkt im Norden Berlins werden. Nach Jahrzehnten der Abschottung soll das Haus nun ein lebendiger Ort der Begegnung sein, der mit seiner kontrastreichen Geschichte ein wichtiger Teil der Berliner Museums- und der preußischen Schlösserlandschaft zu werden verspricht.

Prof. Dr. Hartmut Dorgerloh
Generaldirektor der Stiftung Preußische Schlösser
und Gärten Berlin-Brandenburg

Schloss Schönhausen –
eine Bereicherung der Berliner Museumslandschaft

Die Königliche Hoheit und die »Herren in Pankow«

von Christian Bahr (Text) und Günter Schneider (Abbildungen)

Die Ehefrauen der preußischen Herrscher sind auf vielfältige Weise im Berliner Stadtbild verewigt. Nach der zweiten Gemahlin des Großen Kurfürsten, Dorothea, wurde die Dorotheenstadt benannt. Zu Ehren der ersten Königin Preußens, Sophie Charlotte, erhielt gar ein Schloss samt zugehöriger Stadt den Namen Charlottenburg. Die verehrte und geliebte Königin Luise, Kultfigur unter den Monarchinnen, lebt in unzähligen Ortsbezeichnungen weiter. Und die letzte Kaiserin Auguste Victoria setzte sich durch den unermüdlichen Bau von Gotteshäusern selbst dutzendfach ein Denkmal – was ihr den Spitznamen »Kirchen-Auguste« einbrachte.

Die Gattin des Größten aller Preußen aber, die Königin an der Seite Friedrichs II., blieb für die Nachwelt nahezu eine Unbekannte. Nicht einmal ihren Sarg in der Gruft der Hohenzollern im Berliner Dom können Kenner mit Sicherheit bestimmen.

Nun aber erfährt Königin Elisabeth Christine, die nach ihrer Krönung von ihrem Gemahl und der königlichen Familie gemieden und ausgegrenzt wurde, eine späte Genugtuung: In ihrem ehemaligen Refugium, dem Schloss Schönhausen, hat sie ihr eigenes Museum erhalten.

Schönhausen – auch diese Ortsbezeichnung ist den Berlinern fremd (geworden). Zwar gehört die Schönhauser Allee zu den wichtigsten Magistralen der Stadt, weisen auch Alte und Neue Schönhauser Straße in der Spandauer Vorstadt auf ein historisches Ziel hin. Doch wohin führen oder verweisen sie? Geradewegs auf einen bescheidenen Palast an der Panke, den sich Elisabeth Christine ab 1740 als repräsentativen Sommersitz ausbaute.

Fast wirkt es so, als habe die alte Residenzstadt der Hohenzollern nachträglich ein neues Schloss geschenkt bekommen. Tatsächlich ist Schönhausen ein kunsthistorischer Glücksfall. Denn das erstaunlich gut erhaltene Interieur gibt, neben späteren Schichten, fast unverfälscht den Stil der Zeit Friedrichs des Großen wieder – eine Rarität in der Museumslandschaft Berlins. Hinter den leisen Tönen der Fassade verbergen sich das lebensfrohe Formenspiel, die beschwingte Ornamentik des Rokoko und legt Zeugnis darüber ab, dass es in Preußen nicht stets nüchtern oder großspurig zuging. Mit der Restaurierung Schönhausens schließt sich der Kreis der Schlösser, die der ausgabefreudige erste Preußenkönig Friedrich I. um 1700 mit seinem Anspruch als absolutistischer Herrscher rund um seine Berliner Residenz anlegen bzw. umbauen ließ. Das neue Museumsschloss ist umso bedeutsamer, da in Berlin unzählige Prachtbauten aus der Zeit des Barock verlorengingen, wie das Schloss Monbijou, das Stadtschloss, das Ordenspalais, das Palais Schulenburg am Wilhelmplatz oder das Palais Vernezobre an der Wilhelmstraße (später Prinz-Albrecht-Palais). Schmerzliche Verluste, die den städtebaulichen Charakter Berlins entscheidend beeinträchtigen.

Was uns heute so wertvoll erscheint, darüber rümpften die Zeitgenossen Friedrich des Großen die Nase. Bestürzt stellten Schlossgäste fest, dass dieses mickrige Anwesen im fernen Pankow unwürdig sei für die Königin Preußens. Das großzügige Geschenk des Königs wirkte eher wie ein Affront. Allein die Entourage der Königin aus rund 50 Personen während der Sommermonate in Schönhausen unterzubringen war ein kleines Kunststück.

Das größere Kunststück vollbrachte Elisabeth Christine jedoch über die Jahrzehnte, indem sie mit spärlichen Geldmitteln und ideenreicher Improvisation den größtmöglichen Effekt erreichte.

Eindrucksvolle und stilvolle Räume sind so entstanden, wie etwa der opulent verzierte Festsaal, der am besten erhaltene Original-Rokoko-Saal in Berlin, oder die elegante Zedernholzgalerie, deren Reizen sich wohl niemand verschließen kann.

Vor der Ende 2009 zu einem vorläufigen Abschluss gekommenen Restaurierung war das bis dahin unzugängliche Gebäude nur noch ein trauriger, dunkelgrauer Kasten. Nun ist das hässliche Pankower Entlein wieder ein leuchtend heller Schwan.

Dass es so lange dauerte, das Kleinod der Königin Elisabeth Christine zu restaurieren und damit das Schicksal der Herrscherin selbst wieder ins Bewusstsein zu rücken, ist den wechselnden Besitzverhältnissen in der jüngsten Geschichte Deutschlands geschuldet. Schloss Schönhausen ist vielen noch als »Schloss in Niederschönhausen« in Erinnerung, als Gästehaus der DDR-Führung und Synonym für die uneingeschränkte Herrschaft der SED. Nachdem der erste und zugleich letzte Präsident der DDR, Wilhelm Pieck, 1949 das Gebäude bezogen und sich mit ihm der Führungszirkel des kommunistischen Staates in den umliegenden Villen eingerichtet hatte, war das Quartier am Schloss ein streng bewachter und gut abgeschotteter Hoheitsbereich der Obrigkeit. Gern sprach Bundeskanzler Konrad Adenauer spöttisch, zuweilen spitz, von den »Herren in Pankow«, wenn er die Machthaber in Ostdeutschland meinte.

Ohne das Kapitel DDR würde die Ausstellung das Palais als Puppenstube einer kunstsinnigen Monarchin beschönigen. Im ersten Obergeschoss sind deshalb das Amtszimmer Piecks (1949–1960) und das später hinzugekommene Gästeappartement zu sehen. Auch auf die Gefahr hin, dass die heitere Atmosphäre der filigranen Dekorationen und verspielten Stuckaturen des Rokoko die totalitären Hausherren zu milde erscheinen lassen.

Piecks authentischer Arbeitsraum in seiner biederen Behaglichkeit ist eine heikle Hinterlassenschaft. Als Mitbegründer der KPD gehörte Pieck seit Beginn der Weimarer Republik zu den radikalen Kräften, die Deutschlands erste Demokratie bekämpften und destabilisierten. Als folgsamer Protegé Stalins schuf er eine DDR im Sinne des sowjetischen Diktators. Haben wir es also mit einem zweifelhaften »Pieck-Gedenkraum« zu tun, wie es manche von denen befürchten, die unter der stalinistischen Verfolgung der Nachkriegszeit gelitten haben? In dem massigen Schreibtisch Piecks verbirgt sich nicht nur ein Radio, sondern auch eine Telefonanlage. Die zweite Direktverbindung war die zum Ministerium für Staatssicherheit. Man kann Niederschönhausen deshalb nie betrachten, ohne die Kerker im nahen Hohenschönhausen vor Augen zu haben.

Zur Geschichte des Schlosskomplexes gehört aber auch die glückhaft gewaltlose Überwindung der SED-Diktatur: Der zentrale »Runde Tisch« tagte von Ende 1989 bis März 1990 im nahen »Haus Berlin«. Einen Schritt zur Deutschen Einheit machten am 22. Juni 1990 dann die Außenminister der Alliierten und der beiden deutschen Staaten, die sich in Pankow zu einem der Zwei-plus-Vier-Gespräche trafen.

Gleichsam eine Klammer zwischen dem 17. und dem 20. Jahrhundert bildet die einzigartige Sammlung jener bedeutenden preußischen Adelsfamilie, die das Schloss einst erbaute. Die Kunstschätze der Grafen zu Dohna, die während des Zweiten Weltkriegs aus dem ostpreußischen Schloss Schlobitten gerettet wurden – Möbel, Kunst und Kunstgewerbe aus drei Jahrhunderten –, haben nun in Schönhausen eine neue Heimstatt gefunden.

Schloss Schönhausen ist ein Ort, den man aus verschiedensten Motivationen besuchen kann: aus Neugierde auf eine vergessene Regentin, aus purer Freude über die Formen des Rokoko oder um einen Schauplatz deutscher Geschichte im 20. Jahrhundert aus der Nähe zu betrachten. Die Konfrontation und Kombination dieser Zeitläufte macht es zu einem außergewöhnlichen und unvergleichlichen Museum in der wahrlich abwechslungsreichen Berliner Museumslandschaft.

Mit den folgenden Photographien hat der renommierte Photograph Günter Schneider mit viel Liebe zum Detail die einzigartige Atmosphäre des Schlosses Schönhausen eingefangen.

Vorige Doppelseite:
3 *Schloss Schönhausen von der Gartenseite, 2009*

4 *Das Haupttreppenhaus zeigt bis heute den eleganten Schwung des Entwurfs von Johan Boumann d. Ä. von 1764. Die Farbgebung in Weiß und Rot entspricht der Fassung von 1964*

5 *Die Stuckaturen von Johann Michael Graff über der Tür zum Festsaal*

6 *Die Audienzkammer mit erhaltenen Elementen aus der Zeit Elisabeth Christines, darunter Teile der Tapete, die Schnitzereien der Tür sowie der Kamin mit Spiegel*

Rechte Seite:
7 *Das Herrenschlafzimmer des Staatsgästeapparte-ments mit Kamin und Spiegel aus der Zeit Elisabeth Christines und der Lampe von 1964*

Vorige Doppelseite:
8 *Der Gartensaal mit*
der wiederhergestellten
Farbfassung der 1770er
Jahre

Das Damenschlafzimmer
des Staatsgästeapparte-
ments mit den Malereien
aus der Zeit Königin Elisa-
beths und der erhaltenen
Möblierung von 1964
(9). Kleine Abbildungen:
Das Bad des Damenschlaf-
zimmers ist bis auf die
Armaturen original in
der Gestaltung von 1964
erhalten (10, 11)

12 *Detail der bis zur Sanierung verdeckten Stuckdecke aus dem Hohen Haus in Raum 7, um 1685*

13 *Stuckdetail in der Voutendecke des Festsaals*

Rechte Seite:
14 *Der Saal (Raum 21) präsentiert das letzte original erhaltene Rokoko-Interieur von Berlin. Es ist ein Meisterwerk des Stuckateurs Johann Michael Graff von 1764*

15 *Die originale Vertäfelung der Zederngalerie von 1764 ist an den Fensterwänden erhalten, ebenso wie ein Großteil des Mobiliars der Königin*

16 *Die Vorkammer mit der nahezu komplett erhaltenen Ausstattung von 1797*

17 *Das Kaminzimmer
2009. Es wurde wieder so
hergestellt, wie es 2005 von
der SPSG übernommen
wurde*

18 *Schloss Schönhausen
von der Hofseite, 2009*

Rokoko und Kalter Krieg

Zum Umgang mit einem außergewöhnlichen Denkmal

von Monika Deißler, Detlef Fuchs, Alfred P. Hagemann und Alfons Schmidt

Schloss und Garten Schönhausen, im Kern um 1662 durch Graf und Gräfin Dohna angelegt, geprägt durch Königin Elisabeth Christine von 1740 bis 1797 und überformt durch eine bedeutungsvolle politische Geschichte zwischen 1949 und 1989, sind nach zwei Jahrzehnten wieder zum Leben erwacht.

Man mag den relativ langen Zeitraum von 1990, als sich die Möglichkeit einer erneuten musealen Nutzung von Schloss Schönhausen plötzlich ergab, bis zur 2005 gefällten Entscheidung, das Schloss der Stiftung Preußische Schlösser und Gärten Berlin-Brandenburg zu übergeben, bedauern. Man mag auch enttäuscht sein über die vergebene Chance, für die gesamte historische Liegenschaft ein zusammenhängendes Konzept zu entwickeln. Das Schloss als Bezugspunkt einer über vier Jahrhunderte gewachsenen historischen Einheit wäre gemeinsam mit dem Areal der kurfürstlich-königlichen Gärtnerei und ihrer barocken Orangerie, dem Garten vor und hinter der

Mauer, den Garagen des präsidialen Fuhrparks, dem Appartementhaus der 1960er Jahre und den Gebäuden der Präsidialkanzlei der 1950er Jahre sicher inhaltlich wie organisatorisch besser zu entwickeln gewesen.

Doch erst aufgrund dieses langen Entscheidungsprozesses konnte das konzeptionelle Verständnis zum Umgang mit dem Schloss und Garten reifen. Der Abstand von 15 Jahren zu den jüngsten Brüchen deutscher Geschichte war auch der notwendige Geduldspreis, um nicht nur Zornesentscheidungen über politisch motivierte Bau-, Ausstattungs- und Nutzungs-»Banalitäten« zuzulassen. Ein konsequentes Tilgen solcher vermeintlich trivialen Zeitschichten hat auch die SPSG nach 1989 mit dem Wiederherstellen oftmals seit Jahrhunderten verlorener ästhetischer Qualitäten – insbesondere in den märkischen Schlössern – umgesetzt. Auch Schönhausen wäre zu dieser Zeit wohl in den Sog des Zeitgeistes geraten.

Die durch den zeitlichen Abstand möglich ge-

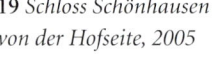

19 *Schloss Schönhausen von der Hofseite, 2005*

wordene grundsätzliche Entscheidung, in Schönhausen alle Zeitschichten des Schlosses gleichwertig zu akzeptieren, wirkte sich bei der baulichen Umsetzung in allen Bereichen aus. Trotz schwierigster bautechnischer und restauratorischer Probleme ist es gelungen, Schloss Schönhausen zu einem Musterbeispiel der Denkmalpflege zu machen. Begleitet durch die intensive Bauforschung des Masterstudiengangs Denkmalpflege der Technischen Universität Berlin,[1] konnte die Baugeschichte des Hauses fast lückenlos erfasst werden. Besonders gelungen ist der Umgang mit der Giftstoffbelastung des Hauses, da die eingesetzten Techniken den Erhalt der Originalkonstruktionen ermöglichten. Ebenso ermöglichte es nur das raffinierte Brandschutzkonzept, das im Berliner Raum einmalige Treppenhaus zu erhalten.

Das Gesamtkonzept kommt insbesondere im Außenbereich zum Tragen. Wie viele historische Gärten wurde auch der Garten von Schloss Schönhausen im Laufe der Jahrhunderte mehrfach im Zeitgeschmack erneuert und erweitert. Seine Besonderheit ist jedoch, dass der bis 1945 erhaltene großzügige Landschaftsgarten in der Nachkriegszeit in zwei ungleich große Teile zerschnitten wurde. Der erheblich kleinere, mit einer Mauer umfriedete Bereich wurde als eigenständiger Garten dem Schloss zugeordnet und ab 1950 zu einem Garten der Moderne umgestaltet. Dieser Bereich ist es, den die SPSG verwaltet.

Obwohl im Garten der Moderne aus allen Gestaltungsphasen Teile erhalten geblieben waren, hat die Untersuchung des Bestandes gezeigt, dass insbesondere die Strukturen und Gehölze des Barockgartens unauflöslich mit ihm verschmolzen sind. Anders als im Schloss jedoch können die Spuren der vielschichtigen, fast 350-jährigen Geschichte im Garten nur bedingt nebeneinander präsentiert werden. Aufgrund der besonderen Qualität und Bedeutung der Nachkriegsgestaltung für den ersten Präsidenten der DDR (1950/55 einschließlich der Ergänzungen von 1966) hat die SPSG sich im Einvernehmen mit dem Landesdenkmalamt Berlin zur Instandsetzung bzw. Wiederherstellung des Gartens der Moderne entschieden. Mehr als die Fragmente der barocken

und landschaftlichen Phase ist er zum Verständnis des Ortes und seiner Geschichte unverzichtbar. Grundvoraussetzung für den Erhalt dieses Gesamtensembles war die Aufrechterhaltung der Einfriedung, da die Nachkriegsgestaltung ohne diese strukturell nicht funktioniert.

Die Gartenmauer ist dabei auch von entscheidender symbolischer Bedeutung für das Gesamtverständnis des Denkmals Schloss und Garten Schönhausen. Die Mauer, die Berlin als Ganzes zerschnitt, wurde als zu schmerzliche Erinnerung ab 1990 abgeräumt und existiert fast nur noch an musealen Rekonstruktionsinseln. Die ebenso verletzende Mauer im Schlosspark von Schönhausen hingegen steht und wurde 2007 mit nicht geringen Mitteln als integraler Bestandteil des Denkmals instand gesetzt. Wie seit 1949 stoßen die Besucher des Schlossparks unvermittelt auf sie – und dieses Auf-sie-Stoßen ist mit all den Wunden geblieben, die wohl viele, dies- und jenseits der Schönhausener Mauer, seit über einem halben Jahrhundert in unterschiedlichem Grad verspürten und verspüren. Das Symbol dafür, abgegrenzt und ausgegrenzt zu sein, steht als Mahnung vor Macht und Ohnmacht für beide (Mauer-)Seiten. Von der Schlossseite aus durch Abpflanzungen nicht gleich erkennbar, präsentiert sich die Mauer dem Besucher des äußeren Parks völlig unvermittelt. Die abgepflanzte Wirk-

20 *Der Festsaal, 2005*

Schloss Schönhausen im Wandel der Zeiten: Gartenansicht und Erdgeschossgrundriss von Jean Baptiste Broebes, um 1704 (21), Hofansicht von Daniel Petzold, um 1711 (22), Gartenansichten von Johann David Schleuen, um 1750 (23) und nach 1764 (24), Blick von Nordosten von Carl Benjamin Schwarz, 1787 (25), Südostansicht von Thomas Albert, um 1860 (26), Gartenseite mit gekapptem Dach, um 1929 (27), Gartenansicht, 1936 (28), Hofseite, um 1955 (29), Gartenfassade, um 1965 (30) und 2005 (31), und Hofseite, 2009 (32)

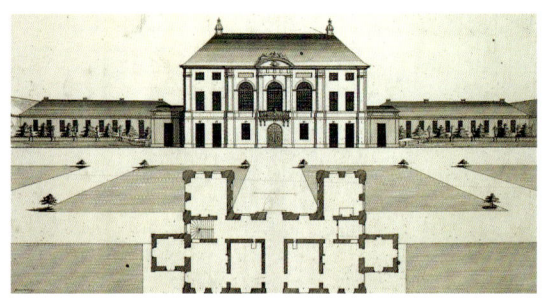

lichkeit aus Staatsratsvorsitzenden- und Präsidentensicht im Inneren der Mauer erhielt an seiner Außenseite jedoch bereits seine spontane Kommentierung in Form von Graffiti. Es bedarf nun noch dringend ihrer künstlerischen Gestaltung und Beschriftung, um die Mauer als integralen Teil des Denkmals zu erklären.

Die Ambivalenz des Ortes zwischen Abgrenzung nach außen und bewusst erzeugtem Idyll im Inneren sucht nach einem Maß der Akzeptanz. Schönhausen ist der denkmalpflegerische Balanceakt zwischen dem Bewahren auf der einen und der Bewertung, Korrektur und Hinzufügung auf der anderen Seite. Das denkmalpflegerische Konzept zielt einerseits auf das mögliche Erhalten der Vielschichtigkeit der Nutzungsgeschichte, andererseits auch auf die Wiedergewinnung ursprünglicher Ästhetik, die hier in dem für Berlin einzigartig erhaltenen friderizianischen Festsaal aus der zweiten Hälfte des 18. Jahrhunderts gipfelt (20).

Die Ausstellungskomplexe

Es ist daher konsequent, dass auch die Ausstellungskonzeption für Schloss Schönhausen von dem kontrastreichen Nebeneinander unterschiedlichster Nutzungs- und Ausstattungsphasen geprägt ist. Obwohl von Anfang an Konsens mit der Denkmalpflege bestand, dass die Schichten der DDR-Nutzung zu dokumentieren und in Teilen zu erhalten seien, war zunächst nicht daran gedacht, dem Besucher tatsächlich Interieurs dieser Zeit in authentischer Form zu präsentieren. Erst infolge der intensiven Auseinandersetzung mit der historischen Rolle von Schloss Schönhausen in der DDR-Geschichte wuchs die Erkenntnis, dass sich hier die Chance bot, die Selbstdarstellung der DDR in ihrer gesamten Entwicklung von den 1950er Jahren bis 1989 darzustellen. Damit stehen Schloss und Garten Schönhausen in der deutschen Denkmallandschaft einzigartig da.

Erst in den letzten Jahren begann sich die Erkenntnis durchzusetzen, dass auch die staatlichen Repräsentationsbauten wichtige Schlüssel zum Verständnis der DDR sind. Die jüngste Diskussion um den Erhalt der Interieurs der Staatsoper Unter den Linden hat allerdings auch die Schwierigkeiten einer Auseinandersetzung mit den Bauten der DDR-Regierung deutlich gemacht.[2] Die angestrebte Repräsentativität dieser Gebäude führte zu künstlerisch hochwertigen Leistungen, die zu Recht wieder vermehrt zur Kenntnis genommen werden. Doch es besteht die Tendenz, dass die historische Einordnung in den Kontext der Diktatur hinter die ästhetische Bewertung zurücktritt und die positive Wahrnehmung der Architektur zu einer Verharmlosung der historischen Umstände führt. Gegen einen unreflektierten Umgang mit den Repräsentationsarchitekturen und der Staatskunst der DDR hilft nur das Wissen um den politischen Kontext. Daher ist es zu begrüßen, dass auch die kunsthistorische Forschung sich zunehmend bemüht, die Umstände der Kunstproduktion im Zeitalter des Kalten Krieges zu analysieren.[3] In diesem Kontext kann Schönhausen als letzte Chance begriffen werden, öffentlich erlebbar zu machen, wie die DDR-Regierung wahrgenommen werden wollte.

Dennoch konnte es nicht das Ziel sein, das gesamte Schloss diesem Thema zu widmen. Der in Berlin ebenso einzigartige Bestand an Raumensembles des 18. Jahrhunderts machte auch deren Präsentation notwendig. Glücklicherweise gab das Haus eine Aufteilung vor. Während die wichtigsten Räume der DDR-Repräsentation in der nördlichen Hälfte des Obergeschosses konzentriert waren, war der erhaltene Bestand von wandfesten und mobilen Kunstwerken aus den Wohnräumen Elisabeth Christines im Erdgeschoss am größten.

Dabei ist die Ausstellung im Erdgeschoss nicht nur die Präsentation eines Baudenkmals, sondern zugleich die erste Ausstellung zu Königin Elisabeth Christine überhaupt. Wie bei so vielen Zeitgenossen Friedrichs des Großen überlagerte sein Schatten auch den Blick der Nachwelt auf seine Gattin. Die Tatsache, dass Friedrich II. sie seit seiner Thronbesteigung systematisch aus seinem direkten Umfeld ausschloss und ihr eine Sommerresidenz fern seines Lebensmittelpunktes Potsdam zuwies, machte die Position der Königin am

preußischen Hof schon zu Lebzeiten schwierig und prägt bis heute das Bild der nach Schönhausen »verbannten«, ungeliebten Königin.[4]

Das Interesse der Historiker beschränkte sich zumeist darauf, im Rahmen der Friedrich-Forschung ihre auffällig geringe Rolle im Leben Friedrichs II. zu erklären und sein Verhalten zu beschönigen.[5] Schon früh wurde aber auch gerade ihr Schicksal ins Feld geführt, wenn sich kritische Stimmen zu Friedrich dem Großen äußerten.[6] Dennoch verharren auch diese Beiträge in der einseitigen Darstellung Elisabeth Christines als passiv duldendes Opfer, das kein eigenständiges Leben führte. In Schloss Schönhausen bietet sich nun die Gelegenheit, diese einseitige Fokussierung auf Elisabeth Christines Opferrolle zu lösen.[7]

Den Bogen zurück zu den Anfängen der Geschichte von Schloss und Garten Schönhausen schlägt der dritte Ausstellungskomplex. Vom Bau des ersten Hauses über den Oberhofmeister Elisabeth Christines bis hin zu einem wichtigen frühen Erforscher der Schlossgeschichte waren Mitglieder der ostpreußischen Familie Dohna immer wieder eng mit Schönhausen verbunden. Nach der wundersamen Rettung wertvoller Teile des Kunstinventars aus dem 1945 zerstörten Dohna-Schloss Schlobitten und dem Ankauf dieses einmaligen Erbes der ostpreußischen Kultur durch die SPSG und ihre Vorgänger war man seit langem auf der Suche nach einem dauerhaften, würdigen Ausstellungsort für diese Schätze. Seit den ersten Verhandlungen über eine Übernahme von Schönhausen durch die SPSG waren sich die Familie Dohna und die SPSG einig, dass hier nun der logische Ort gefunden war. Wenn

das über Jahrhunderte gewachsene und dann brutal entwurzelte Inventar des Schlosses Schlobitten wieder eine Heimat finden konnte, so hier, in diesem Dohna-Haus. In den südlichen Räumen des ersten Obergeschosses ist so eine erste Ausstellung entstanden, die die Bedeutung der Familie Dohna und den Glanz des Schlosses Schlobitten anhand der erhaltenen Kunstausstattung und seiner Geschichte vor Augen führt.

Das ab Dezember 2009 präsentierte Ergebnis ist kein abgeschlossenes, es ist vielmehr ein Angebot an den Museumsbesucher, auch den weiteren Prozess mitzuverfolgen. Der eingeschlagene Weg ist auch eine Offerte für künftige Restaurierungen in Schloss und Garten – immer unter der Voraussetzung, dass weitere notwendige finanzielle Ressourcen erschlossen werden können. Wichtige Schritte liegen in den nächsten Jahren vor uns: Der zweite, umfangreichere Teil der Präsentation des Schlobitter Kunstinventars in den sieben Ausstellungsräumen des zweiten Obergeschosses, die Restaurierung der bedeutenden Marmorgalerie (33) und die Fortführung der Wiederherstellung des Gartens haben oberste Priorität. Ein weiteres entscheidendes Anliegen ist die Entwicklung der Liegenschaft und die Gewinnung von Nebenflächen. Zentrale Servicebereiche wie der Museumsshop könnten somit zugunsten von weiteren Ausstellungsräumen im Schloss in externe Gebäude ausgelagert werden. An allererster Stelle wäre der Rolle Schönhausens als Ausstellungsgebäude und Zentrallager für »Entartete Kunst« im Nationalsozialismus breiterer Raum zu widmen.

Ob Schönhausen auch eine Zäsur im konzeptionellen Umgang mit der brandenburgisch-preußischen Schlösserlandschaft ist, kann erst mit noch ausstehender zeitlicher Distanz bewertet werden. Es stellt zumindest den Versuch dar, denkmalpflegerische Ansprüche zu wahren, die bereits vor einhundert Jahren von Georg Dehio mit Vehemenz gefordert wurden: »Der historisch empfindsame Mensch freut sich daran, die Stimme der Vergangenheit in so reicher Polyphonie zu vernehmen; dem korrekten Stilisten ist es ein Ärgernis.«[8] Diese Mehrstimmigkeit ist in Schönhausen nicht verklungen.

Schloss Schönhausen
zur Zeit des Rokoko

Königin Elisabeth Christine und ihre Sommerresidenz

von Alfred P. Hagemann

Während des halben Jahrhunderts, in dem Königin Elisabeth Christine die Sommer in Schönhausen verbrachte, formte sie Schloss und Garten beständig nach ihren Vorstellungen um. Die bis heute erhaltenen Elemente der Ausstattung stellen ein sehr persönliches Zeugnis der Königin dar. Alle wichtigen Lebensabschnitte, Beziehungen und Interessen Elisabeth Christines sind in Form von Kunstwerken präsent. Über zwei Jahrhunderte nach ihrem Tod konnte mit der Eröffnung von Schloss Schönhausen die erste Ausstellung überhaupt entstehen, die ein umfassendes Bild vom Leben dieser preußischen Königin vermittelt.

Herkunft und Familie Elisabeth Christines, 1715–1733

Die Herkunft Elisabeth Christines aus dem Haus Braunschweig-Bevern gibt bis heute Anlass zu vielen Missverständnissen. Die geringe Größe und Bedeutung des Herzogtums ihres Vaters passt allzu gut zu der Vorstellung, sie sei ohnehin eine unpassende Partnerin für Friedrich »den Großen« gewesen. Tatsächlich aber war sie als geborene Welfin mit den wichtigsten Königshäusern Europas eng verwandt.

Elisabeth Christines Vater, Ferdinand Albrecht II. von Braunschweig-Bevern, war ein erfolgreicher Feldherr des kaiserlichen Heeres. Die Mutter, Antoinette Amalie, ebenfalls eine gebürtige Welfin, war die Schwester der Kaiserin Elisabeth Christine, Gattin Karls VI. Der ältere Bruder Elisabeth Christines wiederum, Anton Ulrich, heiratete die russische Großfürstin Anna Leopoldowna, deren gemeinsamer Sohn als Kleinkind zu Zar Iwan VI. erklärt wurde. Ludwig Ernst, der jüngere Bruder

Elisabeth Christines, stieg bis zum Regenten der Niederlande auf, während die jüngste Schwester, Juliane Marie, Königin von Dänemark wurde.

Die Wahl Friedrich Wilhelms I. von Preußen für die zukünftige Gattin seines Thronerben war also auf eine Prinzessin von besten dynastischen Verbindungen gefallen, stand aber von Anfang an unter keinem guten Stern. Kronprinz Friedrich hatte infolge seines 1730 missglückten Fluchtversuchs nach England ein sehr gespanntes Verhältnis zu seinem Vater. Daher empfand er die ohne seine Mitsprache vereinbarte Ehe als Strafe und Elisabeth Christines provinzielle Herkunft als Demütigung.

Tatsächlich unterschieden sich die familiären Verhältnisse Elisabeth Christines in Wolfenbüttel stark von denen in Berlin. Da ihr Vater sein Erbe als Herzog von Braunschweig-Wolfenbüttel noch nicht angetreten hatte, war der elterliche Haushalt während ihrer Kindheit nicht den Zwängen des höfischen Protokolls unterworfen. Elisabeth Christine wuchs mit ihren 13 Geschwistern in einer sehr liebevollen, offenen Atmosphäre auf und erhielt die gängige Ausbildung eines adeligen Mädchens ihrer Zeit: Sie lernte die internationale Hofsprache Französisch und neben dem Tanzen auch die Verhaltenscodes der Etikette.[9] Darüber hinaus unterschied sich Elisabeth Christine von den preußischen Prinzen und Prinzessinnen durch ihr unerschütterlich christliches Menschen- und Weltbild. Während es Friedrich Wilhelm I. von Preußen nicht gelungen war, seine protestantischen Überzeugungen mit Zwang auf seine Kinder zu übertragen, legte der vertrauensvolle Umgang in Wolfenbüttel die Grundlage für Elisabeth Christines lebenslanges Gottvertrauen und ihre ernsthafte Frömmigkeit.[10]

Mit dieser Erziehung entsprach die Prinzessin

34 Elisabeth Christine von Preußen mit Schloss Schönhausen im Hintergrund, Frédéric Reclam, nach 1764

35 *Luise Amalie von Preußen, die Schwester Elisabeth Christines, Christian Bernhard Rode, 1780*

trauten ihres Gatten und avancierte zum Helden des Siebenjährigen Krieges. Ihre Schwester Luise Amalie heiratete 1742 den Bruder Friedrichs II., August Wilhelm, und wurde so zur preußischen Kronprinzessin.

Die enge Bindung an ihre Familie spiegelt sich auch in der Ausstattung von Schloss Schönhausen wieder. Nach dem Tod Luise Amalies 1780 ließ Elisabeth Christine deren Porträt von Christian Bernhard Rode anfertigen. Es zeigt neben dem Bildnis der Schwester einen Putto, der ein Bündel von zusammengeschnürten Pfeilen trägt – das Symbol unverbrüchlichen Zusammenhalts (35). Dieses Porträt hing in einem von Elisabeth Christines privatesten Räumen, dem Zedernholzkabinett, in dem sie persönliche Erinnerungsstücke um sich versammelte (44, *Raum 17*). Auch die Büste ihres geliebten Bruders Ferdinand stand zunächst hier, bevor sie – wie heute wieder – in der Zedernholzgalerie aufgestellt wurde (15, *Raum 18*). Die kleine Büste wurde von der Porzellan-Manufaktur Fürstenberg hergestellt, die Elisabeth Christines ältester Bruder, Herzog Karl I. von Braunschweig, 1747 gegründet hatte. Karl förderte ab 1763 auch die Braunschweiger Manufaktur Stobwasser, die für ihre Lackmöbel berühmt war. Ein solcher Lacktisch mit einer Landschaftsdarstellung, der unter anderem im Schlafzimmer der Königin nachweisbar ist, entstand in den späten 1760er Jahren und dürfte Elisabeth Christine als ein Geschenk aus der Heimat sehr am Herzen gelegen haben.

Nach dem Verlust des Zedernholzkabinetts und des Schlafzimmers durch die Umbauten des 20. Jahrhunderts sind viele dieser emotional bedeutsamen Kunstwerke heute in einem eigenen Ausstellungsraum zusammengefasst und machen dort die innige Verbundenheit der Königin zu ihrer Heimat sichtbar (*Raum 20*).

ganz den Vorstellungen Friedrich Wilhelms: »[Die] älteste von Bevern [ist] modeste und eingezogen […] so müssen Frauen sein. […] Die Prinzessin ist nit häßlich, auch nit schön […]. Sie ist ein gottesfürchtiger Mensch.«[11] Gleichzeitig hätte diese Schilderung den Idealen Friedrichs nicht stärker widersprechen können. Alles in allem waren die Voraussetzungen für eine Partnerschaft schlecht, als Friedrich und Elisabeth Christine bei ihrer Verlobung am 10. März 1732 in Berlin zum ersten Mal zusammentrafen. Der Kronprinz fühlte sich in seinem Stolz verletzt und war fest entschlossen, Elisabeth Christine mit Missachtung zu behandeln. Nach der Verlobung vertraute er seiner Schwester Wilhelmine (von Bayreuth) jedoch an: »[Ich] hasse […] sie nicht so sehr, als ich vorgebe […]. Sie ist im Gegenteil hübsch […]. Sie hat aber gar keine Erziehung.«[12]

Unter diesen Umständen ist es nicht verwunderlich, dass Elisabeth Christine nach der Eheschließung im Juni 1733 großes Heimweh nach ihrer Familie empfand.[13] Umso größer war ihre Freude, als ihr im Laufe der Jahre mehrere Geschwister dauerhaft nach Berlin folgten. Ihr jüngerer Lieblingsbruder Ferdinand trat 1740 in preußische Dienste, wurde zu einem engen Ver-

Die Rheinsberger Jahre, 1733–1740

Das kurze Jahr zwischen der Verlobung und der Eheschließung am 12. Juni 1733 im Lustschloss Salzdahlum wurde in Wolfenbüttel mit fieberhaften Bemühungen verbracht, den Berliner Erwartungen an die Schwiegertochter zu entsprechen und vor allem ihre künstlerische Erziehung zu vervollkommnen.[14] Auch nach Elisabeth Christines Übersiedlung nach Berlin war der Wille der 18-Jährigen zur Anpassung ungebrochen – denn trotz der ungünstigen Umstände hatte sich die junge Frau in ihren Gatten verliebt und verehrte ihn glühend. Doch zu ihrer Enttäuschung musste sie die ersten Ehejahre allein im Kronprinzenpalais Unter den Linden verbringen. Erst ab 1736 lebte sie mit Friedrich in Rheinsberg unter einem Dach und versuchte dort, ihn durch Anteilnahme an seinen Interessen endlich für sich zu gewinnen.

So betätigte sie sich künstlerisch und malte unter Anleitung des Hofmalers Antoine Pesne unter anderem ein bis heute in Rheinsberg erhaltenes Selbstporträt als Schäferin.[15] Vor allem aber studierte sie philosophische Texte. Ihre späteren eigenen Schriften zeigen, wie intensiv sie sich mit antiken Autoren wie Cicero, Tacitus, Marc Aurel oder Socrates befasste.[16] Auch mit zeitgenössischen Schriftstellern wie Christian Wolff, Pierre Bayle oder Alexander Pope setzte sie sich auseinander.[17] Von Letzterem hat sich ein Buch aus Elisabeth Christines heute verstreuter privater Bibliothek erhalten,[18] das sie in der Rheinsberger Zeit erworben haben muss und das, zusammen mit zwei weiteren Büchern, heute in Raum 3 des Schlosses zu sehen ist. Ihre Lektüre verdeutlicht, wie sehr Elisabeth Christine bemüht war, sich die Grundsätze von Friedrichs Denken anzueignen.

Friedrich schätzte Elisabeth Christines Bemühungen und ihre Anwesenheit in Rheinsberg.[19] Andere Mitglieder des Rheinsberger Hofes schwärmten geradezu von der Kronprinzessin: »Sie spricht wenig, besonders während der Tafel, aber was sie sagt, hat Geist […], Frau von Katsch hat zu mir gesagt, daß ihr Herz vortrefflich, ihr Charakter engelhaft ist.«[20]

Vielfach ist aus Elisabeth Christines großem Willen zur Anpassung der Schluss gezogen worden, sie sei keine starke Persönlichkeit gewesen. Doch hier ist eine Differenzierung notwendig. Zum einen ließ sie sich auch in der Auseinandersetzung mit den aufgeklärten und berühmten Männern am Rheinsberger Hof niemals in ihrer christlichen Überzeugung erschüttern. Vielmehr behielt sie gegenüber religiösen Freigeistern wie Voltaire oder Algarotti eine kritische Distanz: »Algarotti ist zwar sehr amüsant und weiß viel, was mir aber nicht an ihm gefällt, ist, dass er so gar keine Religion hat und sich über alles lustig macht, was Religion betrifft«, schreibt sie 1739.[21] Zum anderen agierte sie in der Förderung ihrer Familie überraschend selbständig. Dabei verfolgte sie mit großer Vehemenz die immer engere Bindung ihres Hauses an die Hohenzollern, indem sie ab 1739 den Wechsel ihres Bruders Ferdinand in den preußischen Dienst unterstützte. Seit Generationen standen die männlichen Mitglieder ihrer Familie im Dienst des Habsburger Kaiserhauses, und Herzog Karl zögerte, die alten Bindungen aufzugeben. Seine Zurückhaltung drohte zu einer dauerhaften Verstimmung Friedrichs zu führen und gefährdete gleichzeitig die Verheiratung von Prinz August Wilhelm von Preußen mit Elisabeth Christines Schwester Luise Amalia.

36 *Aufgrund dieser Aufnahme von 1935 konnte die Herkunft des Konsoltischs aus der Kammer nachgewiesen werden*

37 Friedrich II. als Kron-
prinz, Georg Wenzeslaus
von Knobelsdorff, um 1735

Schließlich verschuldete sich Elisabeth Christine heimlich, um die finanziellen Hürden bei der Aufstellung eines Regiments für Ferdinand auszuräumen. So gelang es ihr, Bruder und Schwester nach Berlin zu holen und für ihr Haus das Wohlwollen des künftigen Königs von Preußen zu sichern. Über die reine Nähe zu ihren Geschwistern hinaus hatte ihr Handeln konkrete politische Implikationen, denn die dynastischen Beziehungen zwischen den Herrscherhäusern waren im 18. Jahrhundert hohe Politik. Hier vollzog sich unter Einflussnahme Elisabeth Christines die Hinwendung einer weiteren norddeutschen Dynastie zu Preußen, die den Beginn der Konkurrenz zwischen Wien und Berlin um die Vorherrschaft in Deutschland in den nächsten hundert Jahren einläutete.[22]

Nach der Thronbesteigung Friedrichs 1740 und dem plötzlichen und endgültigen Abschied Elisabeth Christines aus Rheinsberg nahm die neue Königin viele persönliche Erinnerungsstücke, zum Beispiel ein von Knobelsdorff gemaltes Porträt Friedrichs als Kronprinz, mit und bewahrte sie bis zu ihrem Lebensende (**37**, *Raum 20*). Da sie ihre Mitgift für die Einrichtung von Rheinsberg eingesetzt hatte, verwendete sie einen Großteil dieser Möbel auch für die Ausstattung ihres neuen Domizils.[23] So stammen viele der erhaltenen schlichten Sitzmöbel und auch einige Konsoltische aus den 1730er Jahren (**36**, *Raum 19*). Diese Möbel vermitteln in ihren schlichten Formen einen Eindruck der Ersteinrichtung von Rheinsberg.

Wie sehr Elisabeth Christine an den Erinnerungen an die Rheinsberger Tage hing, bezeugt auch ein Kunstwerk, das heute leider verloren ist: Noch 1764 ließ die Königin über einer Tür ihres Schlafzimmers in Schönhausen eine Ansicht von Rheinsberg anbringen, die die glückliche Atmo-sphäre ihrer Jugendtage widerspiegelte (**39**). So umgab sie sich in Schönhausen lebenslang mit Erinnerungen an Rheinsberg, ebenso wie es Friedrich in Sanssouci tat – doch hat auch diese gemeinsame Sehnsucht die beiden einander nicht wieder nähergebracht.

Die junge Königin, 1740–1757

Schon als Kronprinzessin hatte Elisabeth Christine auf dem Weg nach Rheinsberg immer wieder Station in Schönhausen gemacht. Obwohl die Hecken im Garten ungeschnitten waren und das Schloss mit seinen zerschlissenen Tapeten auch weitgehend ohne Möblierung war,[24] fasste die Kronprinzessin eine innige Neigung zu diesem Ort.[25]

Daher war Elisabeth Christine hocherfreut, als ihr Friedrich II., wenige Monate nach seiner Thronbesteigung, Schloss und Garten Schönhausen im August 1740 zum Geschenk machte.[26] Neben Schönhausen wies Friedrich seiner Frau auch im Berliner Schloss eine großzügige Wohnung zu, und auch beim Bau seines neuen Sommersitzes, dem Neuen Flügel von Schloss Charlottenburg, entstand eine Wohnung für die Königin.[27] Nachdem die Öffentlichkeit zunächst mit einer schnellen Scheidung gerechnet hatte,[28] schien das Verhalten des Königs nun anzudeuten, dass Elisabeth Christine doch ihre Rolle als Königin an seiner Seite einnehmen sollte.

Dementsprechend ging Elisabeth Christine mit großem Eifer daran, ihr Sommerschloss Schönhausen und dessen Garten zu modernisieren. Obwohl das Schloss weitgehend in der vorhandenen Form bestehen blieb (**23**), waren die Arbeiten so umfangreich, dass die Königin im Sommer 1741 nur zu Tagesausflügen nach Schönhausen kommen konnte, wie ein Zeitungsbericht vom Juli des Jahres belegt: »Der regierenden Königin […] bedienen sich bey der gegenwärtigen angenehmen Jahres = Zeit zum öfteren der Garten = Lust auf de[m] Königlichen Schloss Schönhausen […], an welche[m] der Bau fleißig fortgeführt wird.«[29]

Aus dieser Bauphase sind noch zahlreiche Elemente im Schloss erhalten. Während man im Kernbau den hohen Saal und die alten Stuckdecken beibehielt, die in den Räumen 22, 27 und 35 original erhalten sind, wurden die Pavillons weitgehend neu gestaltet. Bis heute sind einige aufwendig geschnitzte Türen und Supraporten vorhanden, die beim Umbau 1763/64 wiederverwendet wurden. Die Dekoration spielt mit Früchten, Schilf und Gartengeräten auf die ländliche Lage des Schlosses an und lässt stilistisch enge Parallelen zum Neuen Flügel in Charlottenburg erkennen (36, *Raum 3, 19*).

Auch die heute im Obergeschoss befindlichen Malereien im Stil Watteaus dürften aus dieser Zeit stammen. Die Malweise der Tafeln mit musizierenden Liebespaaren weist in den Umkreis des Hofmalers Antoine Pesne, der ganz ähnliche Szenen auch für Friedrich II. im Potsdamer Schloss fertigte.[30] Die Schönhausener Tafeln dürften daher ebenfalls schon in den 1740er Jahren, wahrscheinlich für ein Kabinett im nördlichen Pavillon, entstanden sein. 1764 wurden sie dann in einen kleinen Raum im Erdgeschoss des Neubaus versetzt, bevor sie 1935 im Obergeschoss eingebaut wurden. Hier ließ man sie schließlich 1964 in der heutigen Form neu arrangieren (9, *Raum 25*).[31]

Die Mittel der Königin waren nicht ausreichend, um das ganze Schloss im ersten Jahr in seinen endgültigen Zustand zu versetzen. Aus diesem Grund griff man zunächst auf eine schnell auszuführende, aber elegante Ausmalung der Räume direkt auf dem Putz zurück, von der zahlreiche Spuren gefunden wurden (102, *Raum 1, 19, 35*). (Vgl. S. 117 ff.) Die Ausstattung mit teuren Wandbespannungen und Spiegeln dauerte hingegen noch Jahre. Neben einer ganzen Reihe von geschnitzten Spiegelrahmen (101, *Raum 1*) haben

sich von den in den 1750er Jahren ergänzten Elementen auch die beiden Supraporten-Bilder in der Vorkammer erhalten. (Vgl. S. 117 ff.) Sie zeigen Früchte- und Blumenstillleben in der Art von Augustin Dubuisson, der auch für Sanssouci und das Potsdamer Stadtschloss ähnliche Bilder lieferte (16, *Raum 2*).

Es ist zu beobachten, dass sich Elisabeth Christine sowohl stilistisch als auch bei der Wahl der Künstler eng an den Bauten des Königs orientierte. Dennoch musste sie bald erkennen, dass Friedrich sein Leben zunehmend von dem ihren distanzierte. Er zog sich immer häufiger nach Potsdam zurück, das er mit dem Ausbau des Stadtschlosses (ab 1744) und dem Bau von Sanssouci (1745–47) zu seinem Lebensmittelpunkt machte. In beiden Schlössern gab es, entgegen allen Konventionen, keine Wohnung für die Königin. Diese Tatsache musste nicht nur Elisabeth Christine, sondern auch der Öffentlichkeit unmissverständlich deutlich machen, dass die Königin am Alltag des Königs keinen Anteil haben würde. Tatsächlich sah sie die prachtvollen Neubauten Friedrichs nur wenige Male, sozusagen als Touristin, in seiner Abwesenheit.[32]

Auch in Berlin traf die Königin mit ihrem Gatten fast ausschließlich bei seiner Mutter Sophie Dorothea zusammen, die bis zu ihrem Tod 1757 die dominierende Rolle am Berliner Hof spielte.[33] Stets blieb Elisabeth Christine in Berlin zurück, wenn die königliche Familie sich in Potsdam versammelte.[34] Über diese Zurücksetzungen beklagte sie sich bitterlich bei ihrem Bruder Ferdinand. Am 27. März 1745 berichtet die Königin ihm über ein Treffen der gesamten königlichen Familie in Rheinsberg und fügt hinzu: »Ich bleibe ganz allein in diesem alten Schloss [Berlin] zurück wie eine Gefangene, während die andern sich amüsieren […]«.[35] Die Schuld gab sie aber nicht Friedrich, sondern dessen Schwester Amalia.[36]

Schönhausen, das sich die Königin ursprünglich sicherlich nur als eines von mehreren Sommerrefugien erhofft hatte, wurde so zu ihrem persönlichen Rückzugsort. Am 15. Mai 1745 schrieb sie an Ferdinand: »Schönhausen ist mir noch nie so schön vorgekommen wie jetzt. […] diesen Morgen erging ich mich mit meiner Schwester, gefolgt von mehreren meiner Damen, und wir nahmen den Kaffee in einer der neuen Lauben [...].«[37] Wie der Brief zeigt, war die Königin nicht ganz einsam. Auch ihre Schwester, Luise Amalie, und Wilhelmine von Hessen-Kassel, die 1752 den Prinzen Heinrich von Preußen geheiratet hatte, wohnten den Sommer über meist in Schönhausen. Da die Ehen dieser beiden Prinzessinnen ebenso unglücklich waren wie die der Königin, waren die Frauen einander eng verbunden.

Neben den Prinzessinnen lebten im Sommer zudem über fünfzig Personen in Schönhausen, die den Hofstaat der Königin ausmachten.[38] Über der Schar der Dienerschaft in Haus, Küche und

38 Eleonore Louise Albertine v. Keyerlingk, geb. v. Schlieben-Sanditten, eine der ersten Hofdamen der Königin, Antoine Pesne, um 1742

Garten stand eine Gruppe Adliger an der Spitze der streng geregelten Hierarchie. Sie bekleideten Ehrenämter wie die des Oberhofmeisters, des Hofmarschalls oder des Kammerherrn und waren zwar regelmäßig am Hof der Königin anwesend, lebten aber nicht dauerhaft dort. Die zweithöchste Stellung nahm eine Gruppe von Damen ein, die zum direkten Lebensumfeld der Königin gehörten. Ihnen stand die Oberhofmeisterin vor, die eine hohe Vertrauensstellung genoss. Bezeichnend für deren Stellung ist die Tatsache, dass die Oberhofmeisterin Charlotte Albertine von Kannenberg in Schönhausen ein Appartement bewohnte, dass spiegelbildlich zu dem der Königin lag und damit die Position einnahm, die in anderen Schlössern dem König zukam (*Raum 7*).

Zudem standen drei bis vier Dames D'Atour und vier bis fünf Hofdamen im Dienst der Königin.[39] Das Amt der Hofdame war eine große Ehre für die jungen Frauen aus den ersten Familien Preußens. Der Aufenthalt bei der Königin gab ihnen die Möglichkeit, sich einige Jahre am Hof zu bewegen und sich nach einem passenden Ehemann umzusehen. Die Königin entwickelte zu den jungen Frauen oft ein freundschaftliches Verhältnis. Schon als Kronprinzessin ließ Elisabeth Christine Porträts ihrer Hofdamen anfertigen, wahrscheinlich wenn diese den Hof verließen, um zu heiraten. Dahinter steht eine alte Tradition von Schönheiten-Galerien, wie es sie seit dem 17. Jahrhundert an vielen Höfen gab. Das direkte Vorbild für Elisabeth Christine war eine Serie von Hofdamen-Porträts, die ihre Schwiegermutter Sophie Dorothea seit 1711 in Schloss Monbijou versammelte. Im Laufe der 1740er Jahre entstanden insgesamt zwölf beeindruckende Porträts des Hofmalers Antoine Pesne, die Elisabeth Christine in ihrer Wohnung im Berliner Schloss präsentierte. Die sieben heute erhaltenen Porträts werden nun gemeinsam im Gartensaal von Schönhausen gezeigt, obwohl sie niemals zuvor dort hingen. Viele der Dargestellten gingen allerdings in den 1740er Jahren in diesem Saal ein und aus (**8**, *Raum 1*). Als Beispiel sei Eleonore Luise Albertine von Schlieben-Sanditten genannt. Sie gehörte bereits zur Rheinsberger Gesellschaft der Kronprinzessin und wurde 1740 eine ihrer ersten Hofdamen. Ihr Porträt, das kurz vor ihrer Heirat mit Dietrich von Keyserlingk entstanden sein dürfte, zeigt sie im Garten beim Lautenspiel, für das sie berühmt war (38).[40]

Auch die anderen Porträts zeigen die Hofdamen entweder in festlichen Roben bei Bällen und Redouten, die in der Wintersaison in Berlin stattfanden, oder bei sommerlichen Theateraufführungen mit Masken und Instrumenten im Garten, wie sie unter Mitwirkung der Hofdamen in Schönhausen veranstaltet wurden.[41] So vermittelt die Hofdamen-Serie im Gartensaal einen lebendigen Eindruck vom Leben in Schönhausen während der ersten Regierungsjahre Friedrichs II. Wie wir aus den zeitgenössischen Zeitungen wissen, empfing die Königin den Hof im Sommer jede Woche zur Cour in Schönhausen, wobei es regelmäßig Konzerte der Königlichen Kapelle unter der Leitung von Carl Heinrich Graun gab.[42]

Der Siebenjährige Krieg und das Exil in Magdeburg, 1757–1763

Mit dem Ausbruch des Siebenjährigen Krieges 1756 stürzte Preußen in eine existenzielle Krise, die bald auch Berlin und das Leben der Königin mit voller Wucht erfasste. Nachdem schon im Oktober 1757 feindliche Truppen so dicht nach Berlin vorgerückt waren, dass der Hof Hals über Kopf für einige Wochen in die Festung Magdeburg fliehen musste,[43] schien im August 1759 der Untergang Preußens besiegelt. Friedrich II. selbst schrieb die verzweifelte Nachricht an den Grafen Finck: »Meine Infanterie ist niedergehauen, die Kavallerie in völliger Auflösung, ich habe nicht mehr als 3000 Mann. Rettet das königliche Haus!« Daraufhin floh man erneut in großer Verzweiflung nach Magdeburg.[44] Auch dieses Mal kehrte der Hof nach einigen Wochen zurück, doch im April 1760 spitzte sich die Lage erneut so dramatisch zu, dass Friedrich die endgültige Verlegung des Hofes, der Ministerien sowie des Staatsarchivs und -schatzes nach Magdeburg befahl. Der Tross machte sich mit 120 Wagen auf den

Weg und blieb bis zum Friedensschluss im Frühjahr 1763 im Exil.

In Magdeburg bewohnte Elisabeth Christine nicht das Königliche Palais, sondern das neuere und bequemere Haus des Gouverneurs am Domplatz.[45] Die Königin versuchte trotz der dramatischen Lage, die Routinen des Hoflebens aufrechtzuhalten und damit den Überlebenswillen der Monarchie unter Beweis zu stellen. Dazu gehörten insbesondere Spaziergänge und Diners auf dem Fürstenwall, einer Promenade auf der Festungsmauer an der Elbe, direkt hinter der Residenz.[46]

Die Nachrichten von den Schlachtfeldern wurden indes immer schlechter. Österreichische und

39 *Ansicht von Rheinsberg, Gottfried Hempel, um 1765. Das heute verlorene Bild hing über der Tür des Schlafzimmers der Königin*

40 *Promenade auf dem Fürstenwall in Magdeburg, Gottfried Hempel, um 1765. Das Bild war das Pendant zu der Ansicht Rheinsbergs in Raum 16*

russische Truppen nahmen am 3. Oktober 1760 Berlin ein. Da die Soldaten die Stadt selbst aufgrund der ausgehandelten Übergabebedingungen nicht plündern durften, hielten sie sich an den Vororten schadlos. So erfuhr die Königin, dass auch Schloss Schönhausen mehrmals Plünderern in die Hände gefallen war. Ein erschütternder Bericht über die Folter des Kastellanpaares, Vergewaltigungen im Dorf und die Verwüstung des Schlosses hat sich bis heute erhalten: »[Die Husaren] rißen die attlaßnen Tapeten, Gardienen, Stühle, Canapeés und Ihro Königl. Majestät attlaßenes Bett mit aller Gewalt ab, schlugen Spinde und Kommoden auf [...] und begaben sich nachgehnds bey dem Castellan in's Hauß, brachten ihn in eine Stube und seine Frau in die andere [...] peitschten ihm mit Kantschus und Ladestöcke auf das grausamste [...] und kniffen sie beyde mit glühenden Zangen [...].«[47] Erst im Frühjahr 1763, als sich nach dem plötzlichen Tod der Zarin der schon verlorene Krieg noch in einen Sieg verwandelte, konnte die Königin nach Berlin zurückkehren.[48]

Trotz der bedrückenden Umstände scheint Elisabeth Christine die Jahre in Magdeburg durchaus positiv in Erinnerung behalten zu haben. Die Nähe zu ihrer Heimat ermöglichte regelmäßige Besuche ihrer Familie, die sie nun so häufig wie nie zuvor seit ihrer Heirat um sich hatte.[49] Das erklärt, warum sie in ihrem Schlafzimmer im wiederhergestellten Schloss Schönhausen, gleichwertig zu der Darstellung Rheinsbergs, eine Supraporte anbringen ließ, die eine höfische Gesellschaft auf dem Fürstenwall in Magdeburg zeigt (40, *Raum 20*).

Königin, Bauherrin, Schriftstellerin, 1763–1786

Der Siebenjährige Krieg stellte für die Regierungszeit Friedrichs II. eine Zäsur dar. Der König zog sich, gesundheitlich angeschlagen und menschlich verbittert, immer stärker aus der Öffentlichkeit zurück, wodurch sich auch die Rolle der Königin zunehmend verschob. In den dramatischen Kriegsjahren und insbesondere bei der überstürzten Flucht aus Berlin 1757 bewies die Königin, wie Lehndorff schrieb, »einen männlichen Mut und eine ihres angestammten Hauses würdige Fassung«[50], die ihr allgemeinen Respekt einbrachte. Auch Friedrich erkannte nun, dass Elisabeth Christine ihm äußerst nützlich war. Er konnte sich auf ihre Pflichttreue verlassen, mit der sie alle Aufgaben der Repräsentation in Berlin erfüllte, die er selber mied. Zudem rechnete der König Elisabeth Christine hoch an, dass sie ihre Zurücksetzung skandalfrei hinnahm.

Man muss folglich bei der Bewertung von Elisabeth Christines Status am Berliner Hof grundsätzlich zwischen ihrer offiziellen Funktion als erster Frau am Hof und ihrer geringen persönlichen Nähe zum König und seiner Familie unterscheiden. Daher ist die weitverbreitete Vorstellung von einer »Verbannung« der Königin nach Schönhausen in mehrfacher Hinsicht irreführend. Sie trug vielmehr die Hauptlast des höfischen Zeremoniells in Berlin. Da Friedrich den Hof seit dem Krieg nur noch bei seltenen Gelegenheiten in Berlin empfing, absolvierte Elisabeth Christine das notwendige Programm, und die wöchentliche Cour der Königin war häufig über Monate die einzige Gelegenheit, bei denen der Berliner

41 *Der Elisabethsaal im Schlossplatzflügel des Berliner Schlosses, 1698 von Andreas Schlüter erbaut, war der Ort der regelmäßigen Couren und Konzerte Elisabeth Christines*

Hof überhaupt zusammenkam.[51] Ihre Wohnung im Berliner Schloss war die größte, die je einer preußischen Königin zur Verfügung stand – sie war sogar größer als die Wohnung des Königs. Der nach ihr benannte Elisabeth-Saal bildete dabei das Herz des höfischen Alltags in Berlin und wurde für die wöchentlichen Couren und Konzerte der Königin genutzt (41).[52]

Größe und Nutzung der Elisabeth-Wohnung machen deutlich, dass die Vorstellung, Elisabeth Christine habe sich ausschließlich an ihrem »Verbannungsort« Schönhausen aufgehalten, falsch ist. Wie die Auswertungen von zeitgenössischen Presseberichten zeigen, bewohnte sie Schönhausen nur etwa drei Monate im Jahr, zwischen Anfang Juni und Anfang September.[53] Der Rest der königlichen Familie hingegen verbrachte meist mehr als ein halbes Jahr auf seinen Sommersitzen, während Friedrich II., bis auf die Ballsaison im Dezember und Januar, ohnehin ganzjährig in Potsdam lebte.[54]

Diese Funktionsaufteilung des Hoflebens zeigt einmal mehr, dass die Kontaktpunkte des Königspaares rein offizieller Natur waren. Dies blieb für Elisabeth Christine stets eine Quelle des Schmerzes und untergrub auch ihr Ansehen in der Hofgesellschaft. Bei einer Mahlzeit im Jahr 1759 nahmen beispielsweise, noch bevor die Königin erschien, bereits alle Mitglieder des Hofes bei Tisch Platz. Ihr blieb daher nichts anderes übrig, als einen ihrem Rang nicht entsprechenden Platz einzunehmen.[55] Dennoch und gerade deshalb legte die Königin größten Wert auf eine pünktliche Erfüllung ihrer höfischen Pflichten. Die Tatsache, dass Friedrich sich in dieser Hinsicht auf sie verließ, war die einzige Form der Anerkennung, die Elisabeth Christine noch von ihrem Gatten erwartete und die sie keinesfalls aufgeben wollte. Bezeichnend hierfür ist ein Brief des Königs an seine Gattin vom Juli 1776: »Madame, ich höre, Sie werden durch ein Fieber incommodiert. Wenn Sie glauben, dass Sie wiederhergestellt sein werden, würden Sie mir eine Freude machen, nach Berlin zu kommen, aber wenn Sie krank sind, bleiben Sie vielleicht lieber in Schönhausen; ich wäre freilich sehr in Verlegenheit, wo ich den

Gran-Duc [Großfürst Paul von Russland] empfangen soll.« Selbstverständlich war die Königin am nächsten Tag in Berlin, um den Gast zu empfangen.[56]

Vor diesem Hintergrund verwundert es nicht, dass die Königin alles daransetzte, Schönhausen zu einer vorzeigbaren Residenz auszubauen. Doch trotz aller Bemühungen war das Schloss bis zu seiner Plünderung 1760 strukturell veraltet und viel zu klein, was auch Besuchern deutlich auffallen musste.[57] Nach dem Frieden von 1763 bot sich die Gelegenheit einer radikalen Verbesserung, als Friedrich Gelder für das »rétablissement de Schönhausen« zur Verfügung stellte.[58] Darunter verstand der König vermutlich nur die Wiedereinrichtung der verwüsteten Innenräume. Elisabeth Christine aber nutzte die Gunst der Stunde und bat im Oktober 1763, als das zunächst bescheidene Bauprogramm schon in der Umsetzung war, den Etats-Minister persönlich um eine Vervielfachung des veranschlagten Baumaterials und fügte hinzu: »[Da] Ich finde, dass in dem alten Schlosse Schönhausen [...] die Decken eingerissen und fast alle Zimmer müssen demeublieret werden, so habe ich mich, bey dieser Gelegenheit entschlossen die beyden Flügel durch alle drey Etagen hinausbauen und noch andere Veränderungen machen zu lassen.«[59] So setzte die Königin eine ehrgeizige Umplanung durch, die die Erweiterung des Schlosses auf die nahezu doppelte Größe bedeutete (24). (Vgl. S. 108 ff.)

Ziel dieser Maßnahmen, die unter der Leitung von Johan Boumann d. Ä. bis Ende 1764 erfolgten, war es ohne Zweifel nicht nur, das Platzangebot im Schloss zu erhöhen, sondern auch, die strukturellen Voraussetzungen für eine königliche Hofhaltung zu schaffen. Durch die Schaffung von zwei getrennten Sälen und den Bau einer repräsentativen Treppe konnten erstmals die Wohnräume im Erdgeschoss von den Repräsentationsräumen im ersten Obergeschoss getrennt werden (85). (Vgl. S. 102 ff.)

Im Erdgeschoss lagen nun südlich an der Hofseite die persönlichen Räume der Königin, das Schlafzimmer, die Garderobe und das Kabinett (48, *Raum 15, 16, 17*). Ersteres war über die Zedernholzgalerie, die als persönlicher Wohnraum genutzt wurde (**15**, *Raum 18*), mit den Gesellschaftsräumen an der Gartenseite verbunden.[60] Diese dienten im Alltag den Zusammenkünften des Hofes der Königin, wobei der neuentstandene Gartensaal den alltäglichen Tafeln und kleineren Konzerten vorbehalten war (**8**, *Raum 1*).

An den Tagen der Cour hingegen strömten die Gäste die elegant geschwungene, doppelläufige Treppe hinauf (**4**), um in den prächtigen neuen Saal zu gelangen (**14**, *Raum 21*). In den weiteren Räumen auf der Gartenseite ließ sich die Gesellschaft zum Kartenspiel nieder, und bei Bällen wurde in der Marmorgalerie getanzt (*Raum 33*). Darüber hinaus empfing die Königin im Sommer auch Gesandte zu offiziellen Audienzen, die im heutigen Pieckzimmer, einem Raum am Ende der repräsentativen Raumfolge aus Treppenhaus, Festsaal und Vorzimmer, abgehalten wurden (*Raum 23*). Zum Hof hingegen lagen in dieser Etage die beiden wichtigsten Gästeappartements, die den Prinzessinnen vorbehalten waren (**42**, *Raum 31–32, 25–27*).[61]

Der ständige Konflikt zwischen den Repräsentationspflichten der Königin und ihren finanziellen Möglichkeiten zeigt sich in der Ausstattung ihres Schlosses an vielen Stellen. Da die Mittel nur einer Renovierung dienen sollten, wurde das Mauerwerk in geringer Qualität ausgeführt, und auch die Fassaden mussten äußerst schlicht gehalten werden. Der gesamte bereits vorhandene

Schmuck konzentrierte sich auf die Mittelachse der Gartenfassade und stammte noch aus dem 17. Jahrhundert (**3**). Besonders bezeichnend ist die Anlage der neuen Treppe. Einerseits erhebt sie mit ihrer Zweiläufigkeit einen hohen repräsentativen Anspruch. Da sie vom ersten ins zweite Obergeschoss weitergeführt wird, obwohl dort nur untergeordnete Gästezimmer lagen, lässt sie das Schloss größer wirken. Andererseits ist die Ausführung der Treppe als reine Holzkonstruktion sehr bescheiden. Am auffälligsten sind die hölzernen, einfach geschnitzten Geländer, die in identischer Form auch in Berliner Bürgerhäusern verwendet wurden – das Geländer der Königin entsprach also dem eines Kaufmannes (**43**).[62]

Ihre Mittel konzentrierte Elisabeth Christine beim Innenausbau offenbar bewusst auf die Ausgestaltung der Säle und Galerien. Hier kam ihr zugute, dass durch den gleichzeitigen Bau des Neuen Palais in Potsdam (1763–1769) eine große Zahl hervorragender Kunsthandwerker zusammengeströmt war. Für Schönhausen engagierte sie den jungen Stuckateur Johann Michael Graff, der im Neuen Palais offenbar noch nicht selbständig gearbeitet hatte. (Vgl. S. 117 ff.) Mit dem Saal in Schönhausen schuf er dann ein Meisterwerk des späten friderizianischen Rokoko, das heute in Berlin einzigartig ist. Die kraftvollen Stuckarbeiten zeigen an den Wänden große Gebinde von Früchten und Blumen, in die Jagdwaffen, Musikinstrumente und Gartengeräte eingebunden sind und so auf die Vergnügungen des Landlebens verweisen (**14**, *Raum 21*). Die Marmorgalerie mit ihren tiefliegenden Fenstern verwandelte er dagegen mit sehr plastischen und naturnahen Rosengirlanden in eine Art Gartenlaube (**105**, *Raum 33*). (Vgl. S. 117 ff.)

Nach dem Ausbau des Schlosses blieb Schönhausen nach wie vor der Fluchtpunkt der Königin. Als Elisabeth Christine 1767 wieder einmal umsonst gehofft hatte, zu einer Familienfeier nach Potsdam gebeten zu werden, schreibt Lehndorff: »Ihr geht es immer wie Moses; sie sieht das Gelobte Land von ferne, ohne je hinzukommen. Sie tröstet sich in ihrem Schönhausen, wo sie sich immer hinflüchtet, wenn sie verstimmt ist.«[63]

42 Ursprünglicher Grundriss des ersten Obergeschosses (1824). Der südöstliche Bereich wurde 1964 gänzlich verändert

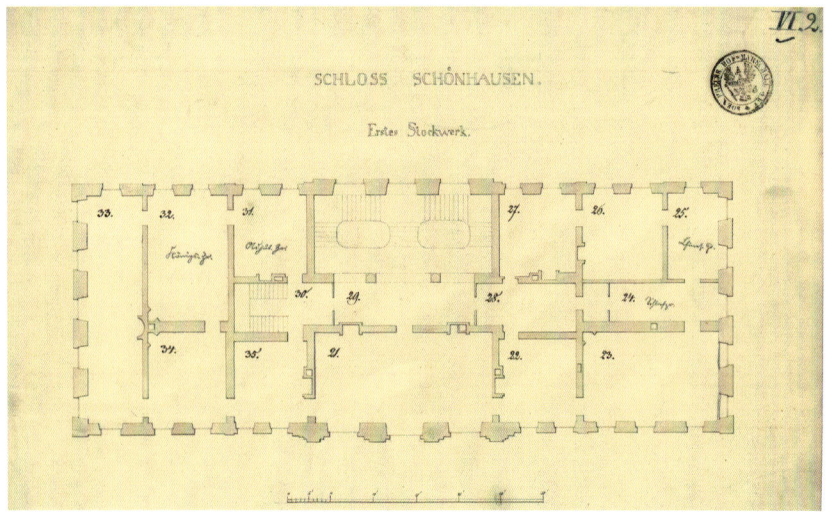

Seit dieser Zeit beschäftige sich die Königin immer intensiver mit theologischen Schriften, auch um die Enttäuschungen ihres Alltags zu verarbeiten. Schon in Rheinsberg hatte sie sich intensiv mit klassischen und zeitgenössischen Schriftstellern befasst, und in Magdeburg hatte sie die berühmte preußische Poetin Anna Louise Karsch an ihre Tafel gebeten. In Berlin pflegte sie engen Kontakt zu führenden Vertretern des aufgeklärten Protestantismus, der sogenannten Neologie. Regelmäßig predigten der bedeutende Neologe Johann Joachim Spalding (Probst der Nikolaikirche) und der Domprediger August Friedrich Sack bei Privatgottesdiensten in Berlin und Schönhausen vor Elisabeth Christine.[64] Eine ganz persönliche Beziehung pflegte die Königin zu dem Theologen und Geographen Anton Friedrich Büsching, dessen »Neue Erdbeschreibung« zu den wichtigsten geographischen Werken in deutscher Sprache im 18. Jahrhundert zählt. Büsching verkehrte in den frühen 1770er Jahren regelmäßig bei Elisabeth Christine im Berliner Schloss oder in Schönhausen, wo er die offene Gesprächskultur an der Tafel der Monarchin schätzte.[65]

In den späten 1760er Jahren begann Elisabeth Christine Texte, die ihr wichtig waren, ins Französische zu übersetzen. Unter diesen theologischen Schriften waren zum Beispiel Predigten von Sack oder Spaldings Werk »Über die Bestimmung des Menschen«. Seit Mitte der 1770er Jahre trat die Königin mit ihren Texten auch an die Öffentlichkeit. Obwohl sie unter Pseudonymen veröffentlichte, war allgemein bekannt, um wen es sich bei der Autorin handelte.[66] Zwischen 1776 und 1789 publizierte sie nachweisbar elf Bücher.[67] Der Umfang reichte dabei von dünnen Heften wie dem selbstverfassten Text »De l'amour de Dieu« bis zu einem Buch von 1500 Seiten wie »Considérations sur les oevres des Dieu dans la regne de la nature et de la providence«.

Zunächst war die Idee, die Texte drucken zu lassen, wahrscheinlich aus dem Wunsch heraus entstanden, ihre Arbeit Freunden zugänglich zu machen,[68] doch die schriftstellerische Tätigkeit wurde bald zu einem wichtigen Zentrum ihres

Lebens: »[Sie übersetzte] erbauliche Schriften [...] um, wie Sie Sich Selbst darüber erklärte, desto tiefer in den Geist derselben einzubringen [...] – Ihre Büchersammlung, Ihr Schreibtisch, der Genuß der Natur und künstliche Handarbeiten füllten alle Ihre Zeit aus«, heißt es in einem Nachruf.[69] Die Auflage der Bücher war groß genug, um auch in der Öffentlichkeit wahrgenommen zu werden. In der Jenaer »Allgemeinen Literatur Zeitung« erschien 1789 ein Artikel über ihre Gellert-Übersetzungen. Hier wurde ihre Arbeit einer erstaunlich offenen Kritik unterzogen: Sie habe aus der deutschen Poesie Gellerts lediglich ein »leidliches« französisches Erbauungsbuch gemacht.[70]

Mit ihrer literarischen Tätigkeit beschwor die Königin bewusst den Vergleich zu Friedrich II. herauf, der als »philosophe de Sans-Souci« seinerseits großen Wert auf seine Publikationen legte.[71] Auch mit ihrem Pseudonym »Constance« – die Beständige –, welches sie in ihrem Werk »Considérations sur les oevres des Dieu« von 1777 annahm, wandte sie sich bewusst an diesen. »Constance« und »Le Constant« waren die Scherznamen Elisabeth Christines und Friedrichs am Rheinsberger Hof. Sie stellte sich so als intellektuell würdige Gattin dar, beharrte aber inhaltlich auf ihrem christlichen Weltbild, denn ihre

44 *Das Zedernkabinett von 1764 wurde um 1947 zerstört. Das einzige erhaltene Foto zeigt seine Ähnlichkeit zu der erhaltenen Zederngalerie*

45 *Relief Friedrichs des Großen, Johann Andreas Schlott, 1792*

Schriften sind Betrachtungen über die Güte und Allgegenwart Gottes und darüber, wie alle Schicksalsschläge des Lebens durch Ergebung in den Willen Gottes gemeistert werden können. Es war offenbar ihr Ziel, die eigene Bitterkeit zu überwinden und Frieden mit den Gegebenheiten ihres Lebens zu machen, was ihr mit den Jahren mehr und mehr gelungen zu sein scheint. Während Lehndorff in den 1750er Jahren noch häufig über den Jähzorn der in ihrem Stolz oft verletzten Königin klagt,[72] schreibt Büsching zwanzig Jahre später anerkennend, sie habe sowohl über ihre im Vergleich zu anderen Königinnen mangelhafte finanzielle Ausstattung »große christliche Zufriedenheit« geäußert als auch »viel zärtlichen Eifer für den Nutzen und Ruhm des Königs« an den Tag gelegt.[73] Insofern zeigt Elisabeth Christine in ihren Werken eine Alternative zu der Verheißung der Aufklärung von der Befreiung des Geistes allein durch die Vernunft auf – eine Befreiung, wie sie der verbitterte und einsame Friedrich nie erreichte.

Die Königin-Witwe, 1786–1797

Der Tod Friedrichs II. am 17. August 1786 läutete den letzten Lebensabschnitt Königin Elisabeth Christines ein. Sie sollte ihren Gatten um mehr als ein Jahrzehnt überleben, und diese Jahre waren für sie, trotz einiger Altersbeschwerden, eine ausgesprochen glückliche Zeit.

Diese Tatsache steht nur scheinbar im Widerspruch zu der Trauer, die Elisabeth Christine um Friedrich II. empfand. Ihre Liebe und Bewunderung für ihn waren über all die Jahrzehnte stets erhalten geblieben.[74] In Schönhausen umgab sich die Königin in ihren intimsten Räumen, dem Zedernholzkabinett und der Zedernholzgalerie (*Raum 17, 18*), mit einer ganzen Sammlung von Porträts des Königs, die dessen ganzes Leben umfassten. Neben dem Jugendbildnis aus der Rheinsberger Zeit (37), besaß sie auch eine Variante des 1764 von Ziesenis geschaffenen Porträts – Ziesenis war der einzige Maler, für den der König in seiner Regierungszeit Porträt saß. Nach Fried-

richs Tod folgten eine von Bettkober angefertigte lebensgroße Büste des alten Königs (1792) und ein Relief von Schlott, das auf Grundlage der Totenmaske entstand und ursprünglich im Zedernholzkabinett hing (44, 45). Diese Bildnisse konnten nun nach Schönhausen zurückkehren (*Raum 18, 2*).

Bei aller Verehrung nahm Elisabeth Christine die menschlichen Defizite des Königs dennoch war, entschuldigte sie aber mit seiner historischen Größe, die ihn über bestimmte menschliche Rücksichten erhebe. Sie schrieb dazu 1796 an ihren Neffen, Friedrich Wilhelm II.: »Friedrich, der aus sich selbst so groß war, wäre seiner Eigenschaften wegen angebetet worden, wenn er nicht so wunderlich gewesen wäre. Alle großen Fürsten liefern dieses Beispiel.«[75]

Die Offenheit dieses Briefes belegt auch das vertrauensvolle Verhältnis Elisabeth Christines zu Friedrich Wilhelm II., dem sie als Sohn ihrer Schwester Luise Amalia von Kindheit an eng verbunden war und der seinerseits ein sehr schwieriges Verhältnis zu Friedrich II. hatte. Schon den Skandal um die Scheidung der ersten Ehe Friedrich Wilhelms 1769 hatte sich Elisabeth Christine sehr zu Herzen genommen. Da seine Verheiratung mit ihrer Nichte, der jüngeren Elisabeth Christine von Braunschweig-Wolfenbüttel (1746–1840), auch unter ihrer Vermittlung zustande gekommen und schließlich in einer tragischen Variation ihrer eigenen Erfahrungen gescheitert war, fühlte sich die Königin mitverantwortlich. Auch deshalb kümmerte sie sich liebevoll um die Tochter aus dieser Ehe, Friederike von Preußen, die sogar von 1780 bis zu ihrer Verheiratung mit dem Herzog von York 1791 bei Elisabeth Christine lebte.

Von dem innigen Verhältnis zwischen Neffe und Tante zeugt bis heute das lebensgroße, repräsentative Porträt der Königin-Witwe, das sich Friedrich Wilhelm von ihr gewünscht hatte. Zusammen mit der Übersendung des Porträts schrieb sie 1789: »Es ist einige Zeit her, dass Ihre Majestät mich wissen ließen, das Sie mein altes Gesicht gern als Portrait haben möchten. [Das Bild] hat keinen anderen Vorzug, als eine gute alte Tante darzustellen, die Ihnen mit Herz und Seele verbunden ist, und die Ihnen, mein lieber Neffe, immer die zärtliche Freundschaft einer Mutter entgegengebracht hat«.[76] Das Bild von Anton Graff zeigt Elisabeth Christine in offizieller Witwentracht mit schwarzem Hermelinmantel und einem Buch in der Hand, was vermutlich einen persönlichen Hinweis auf ihre eigenen Publikationen darstellt. Diese lagen Friedrich Wilhelm sehr am Herzen, denn die tiefe Religiosität beider war ein weiterer Grund ihrer engen Verbindung (**46**, *Raum 3*).

Mit dem Regierungsantritt ihres Neffen erfüllte Elisabeth Christine erstmals nicht mehr nur die formellen Aufgaben einer Königin-Witwe, sondern genoss auch das Ansehen in der königlichen Familie, dass ihr zuvor stets versagt geblieben war. Demonstrativ speiste der neue König regelmäßig bei seiner Tante und machte so deutlich, welche Rolle er ihr beimaß.[77] Dementsprechend wurden bei ihr nicht mehr nur die Pflichtveranstaltungen des Hofes absolviert, sondern selbst zentrale Familienfeste, wie 1787 der Geburtstag des Königs mit Ball und Illumination des Gartens, fanden nun in Schönhausen statt.[78]

Solche Feierlichkeiten waren nur möglich, weil sich die finanzielle Lage Elisabeth Christines im Witwenstand sehr verbessert hatte. Zum einen hatte ihr Gatte in seinem Testament ihre jährlichen Bezüge kräftig erhöht,[79] zum anderen zeigte sich auch Friedrich Wilhelm freigiebig, was sich unter anderem im Aussehen des Schlosses Schönhausen niederschlug. Stärker als in den Jahren zuvor war die Königin in der Lage, neue Kunstwerke und Ausstattungsgegenstände zu erwerben. Anders als Friedrich II., der bis zu seinem Lebensende an den Formen des Rokoko festgehalten hatte, öffnete sich Elisabeth Christine den modernen Formen des Frühklassizismus. Seit Mitte der 1780er Jahre ergänzte sie ihre Einrichtung um Möbel im Louis-seize-Stil, ohne dass es sie gestört hätte, diese mit Möbeln und Spiegeln aus dem Rokoko zu mischen. Dazu gehörten auch die heute in Raum 2 ausgestellten Stühle und der in Raum 24 präsentierte Spiegel (**16**).

Als ganz besondere Kostbarkeit haben sich in Schönhausen Teile von drei Papiertapeten aus

den Witwenjahren Elisabeth Christines erhalten. Schon um 1788 ließ sie eine chinesische Print-Room-Tapete in Schönhausen anbringen, die mit Holzschnitten von fernöstlichen Alltagsszenen geschmückt war. Wahrscheinlich gehörte diese zu einer Gruppe solcher Tapeten, die Friedrich Wilhelm II. 1788 in Amsterdam erwarb. Ein Exemplar verwendete er für sich selbst in Charlottenburg, eines schenkte er seinem Onkel Heinrich für Rheinsberg, und ein drittes überließ er seiner Tante (**47**, *Raum 19*).[80]

46 Elisabeth Christine in Witwentracht, Anton Graff, 1789

47 *Fragment einer Print-room-Tapete aus China, um 1787. Von der Tapete aus Raum 19 ist noch eine Reihe von Fragmenten erhalten. Sie kehren nach der Sanierung an ihren ursprünglichen Ort zurück*

anbringen. Diese Tapete, die sich für eine Wand erhalten hat,[83] dürfte in Berlin entstanden sein (**6**, *Raum 3*). Vorbild war eine Tapete, die 1795 im Schloss auf der Pfaueninsel angebracht worden war und ihrerseits auf ein französisches Vorbild zurückging. Da die Einrichtung der Pfaueninsel und besonders die dortige Verwendung von Papiertapeten für die weitere Entwicklung der Berliner Raumkunst richtungsweisend war, zeigt sich einmal mehr, wie sehr Elisabeth Christine auch mit achtzig Jahren noch am Puls der Zeit blieb.[84]

Alles in allem zeugen die Umgestaltungen der 1790er Jahre von der großen geistigen Beweglichkeit und Weltoffenheit, die Elisabeth Christine bis ins hohe Alter auszeichnete. Zusammen mit ihrem ausgeprägten sozialen Engagement[85] erregte ihre Persönlichkeit gegen Ende des 18. Jahrhunderts zunehmend Verehrung in der Berliner Bevölkerung. Hatte es ihr als junger Frau wohl an Schlagfertigkeit und Raffinesse gemangelt, um am Hof Eindruck zu machen, so waren ihre Frömmigkeit und Bescheidenheit Tugenden, die nun, am Beginn der bürgerlichen Gesellschaft, hoch im Kurs standen. Als Elisabeth Christine schließlich am 17. Januar 1797 im Berliner Schloss im Alter von 82 Jahren verstarb, trauerte die Bevölkerung ehrlichen Herzens um diese Frau, die ein halbes Jahrhundert die menschlichere Seite des friderizianischen Hofes verkörpert hatte.[86]

In den folgenden Jahrzehnten wurde Schloss Schönhausen von verschiedenen Mitgliedern des preußischen und niederländischen Königshauses als Sommeraufenthalt genutzt, blieb aber bis um 1900 weitgehend in dem Einrichtungszustand erhalten, den es beim Tod Elisabeth Christines erreicht hatte. Die Fragmente der Ausstattung, die jetzt in Schönhausen freigelegt oder dorthin zurückgekehrt sind, geben den Zustand um 1795 wieder. Gleichzeitig sind die Räume ein faszinierender Spiegel der fünfzigjährigen rastlosen Tätigkeit Elisabeth Christines in Schönhausen und ein einzigartiges Zeugnis ihres bewegten und langen Lebens.

Um 1790 wurden in Preußen dann auch Papiertapeten aus europäischer Produktion mit klassizistischen Formen populär, von denen zwei sehr frühe Beispiele in Schönhausen zu finden sind. Nachdem Elisabeth Christine der Aufstieg zu den Empfangsräumen im Obergeschoss offenbar zu beschwerlich geworden war, ließ sie zwei Räume im Erdgeschoss zu Vorkammer und Audienz umgestalten. Dabei wurden auch neue Tapeten angebracht, die sich wie durch ein Wunder seit ihrer Deponierung 1935 erhalten haben.[81] Die französische Tapete der Vorkammer zeigt eine elegante Gliederung mit Blumenvasen, Girlanden und Medaillons mit antiken Figuren.[82] Passend zu den Blau- und Grüntönen der Tapete, war auch das Dutzend klassizistischer Stühle des Raumes in Grün und Weiß gehalten (**16**, *Raum 2*).

In der folgenden Audienzkammer blieb die Rokoko-Einrichtung zwar erhalten, doch ließ Elisabeth Christine auch hier zwischen 1795 und 1797 eine moderne Tapete mit Rosenbouquets

Schloss Schönhausen in
den 1930er Jahren

Umbau zum Ausstellungsschloss durch Erich Schonert

von Detlef Fuchs

Blättert man den Nachlass des ehemaligen Oberregierungs- und Oberbaurates Erich Schonert durch,[87] findet man auch seinen Aufsatz über »Schloss Schönhausen und seine Erneuerung«, den er 1936 anlässlich der Eröffnung des Schlosses im Zentralblatt der Bauverwaltung veröffentlichte und in dem er feststellt: »Niemand hatte mehr Interesse an Schloß Schönhausen.«[88]

Erich Schonert, am 24. August 1881 in Schmiedeberg (Riesengebirge) geboren, diplomierte 1905 an der TH Charlottenburg und war bis 1945 als Leiter der Schlossbauverwaltung der Preußischen Bau- und Finanzdirektion tätig. Damit war er auch für die Baumaßnahmen und tiefgreifenden Veränderungen im Schloss Schönhausen von 1935/36 verantwortlich, die aufgrund der steten Vernachlässigung des Hauses ab Mitte des 19. Jahrhunderts notwendig geworden waren.

Das 1918 verstaatlichte, aber in die 1927 gegründete Verwaltung der Staatlichen Schlösser und Gärten nicht aufgenommene Schönhausen war für verschiedene Nutzungen vakant. Der Versuch der Verpachtung und Nutzung als Sanatorium scheiterte am Widerstand der Pankower Bürger.[89] Der vermutlich im Januar 1928 durch Brandstiftung ausgelöste Brand im Schloss, der vor allem das 1764 errichtete große Treppenhaus betraf, führte zu ersten umfangreichen, von Schonert eingeleiteten Planungs- und Reparaturarbeiten. Dabei wurde auch das 1902 gekappte Dach in der bauzeitlichen Kubatur rekonstruiert (27, 28).

Straßenbauvorhaben im Bereich der Klosterstraße in der Berliner Altstadt, bei denen sowohl das Hohe Haus mit seinen Stuckdecken aus dem 17. Jahrhundert als auch das Volkskundemuseum im Palais Kreutz weichen sollten, führten zu der Überlegung, Schönhausen künftig als musealen Ersatzstandort vorzusehen. 1931 verpachtete das Finanzministerium Teile Schönhausens an den Künstlerbund Norden, der bis 1935 alljährlich Kunstausstellungen im Schloss ausrichtete. Diese Ausstellungstätigkeit machte das Schloss erstmals der Öffentlichkeit zugänglich.[90]

Nicht zuletzt wegen des Erfolges dieser Ausstellungen gelang es Schonert, seinen obersten Dienstherrn, den preußischen Staats- und Finanzminister Johannes Popitz, zur Freigabe der notwendigen Mittel für die Instandsetzung des Schlosses zu bewegen. In seiner Eröffnungsrede am 24. Oktober 1936 erinnerte sich der monarchistischnationalkonservativ gesinnte Popitz[91] an die Besichtigung des Schlosses: »Schwamm und Wurm nagten an dem Bau, Parkett und Treppen waren eingebrochen, die Tapeten hingen in Fetzen von den Wänden, der schöne Rokokoschmuck fiel von Decken und Spiegeln. In diesem Zustande fand ich das Schloß, als ich es besuchte, um mich über die Notwendigkeit von Erhaltungsarbeiten zu überzeugen, ohne die der völlige Untergang zu befürchten war.«[92]

Es war vorgesehen, das Schloss nach der Sanierung für Ausstellungen der Reichskammer der bildenden Künste zu nutzen. Hierdurch ergab sich für Schonert eine Gratwanderung zwischen denkmalpflegerischem Erhalt und musealen Anforderungen.[93] Der Sanierungsansatz des Architekten band zwar denkmalpflegerische Erhaltungsmaßnahmen mit ein, unterschied sich jedoch deutlich von der Konzeption der Museumsschlösser. Die Planungen waren weitestgehend auf die Schaffung eines Schlossmuseums mit 25 Ausstellungsräumen ausgerichtet. Somit ereilte Schönhausen das Schicksal der von Georg Dehio bereits 1911 bedauerten »Zerreißung des Bandes zwischen mobiler und monumentaler Kunst«.[94] Vermutlich wurden erst jetzt die letzten noch vorhande-

48 Ehemalige Schlaf-
kammer der Königin nach
dem Umbau zu einem
Gastraum. Die in einem
Nebenraum entdeckte
Wandmalerei wurde auf-
gegeben zugunsten einer
rekonstruierten Wieder-
holungsfassung im neuen
Caféraum

nen Tapeten aus der ursprünglich reichen Kollektion des 18. Jahrhunderts entnommen: »Die Wände der Ausstellungsräume erhielten, soweit sie nicht Vertäfelung hatten, helle, grau getönte Rauhfasertapeten.«[95] Mit den Umbauarbeiten 1935/36 wurde der bis dahin erhaltene Grundriss des barocken Sommersitzes in Teilen schmerzhaft gestört, um die Infrastruktur – Zentralheizung, Toilettenanlagen und Café – für ein modernes Schlossmuseum zu schaffen. Die noch vorhandenen bauzeitlichen Ausstattungen wie Türen, Holzverkleidungen und Fußböden blieben zwar weitestgehend erhalten, jedoch gingen die barocken Farbfassungen auf den Holzbauteilen durch allzu gründliche Renovierungsanstriche fast ausnahmslos verloren.

Der Zwiespalt von »Genuss« und »Pietät«[96] dem Denkmal gegenüber mündete in die Zerstö-

rung der vollkommen erhaltenen Raumsituation aus der Zeit Elisabeth Christines (48). Beispielsweise wurden für den Einbau der bereits erwähnten Stuckdecken aus dem Hohen Haus zwei Wände des Raumes verschoben und die erhaltenen Tapeten an das Hohenzollernmuseum übergeben (79, *Raum 7*). Die Bergung einer Kaminplatte aus der frühen Umbauphase unter Friedrich III./I. verführte die Architekten zu Reproduktionen ähnlicher Platten für fast alle Kamine, um die Räume zu schönen.

Im Ergebnis dieser dringend notwendigen Erhaltungsarbeiten verlor das Schloss zwar an bauzeitlicher Authentizität. Es war jedoch durch die öffentliche Nutzungsmöglichkeit – behaftet mit der ganzen Zwiespältigkeit der nationalsozialistischen Kulturpolitik – für nachfolgende Generationen gerettet.

Depot für »Entartete Kunst«

von Andreas Hüneke

Eine beziehungsreiche Photographie veranschaulicht auf eindrucksvolle Weise die Rolle von Schloss Schönhausen im Nationalsozialismus. Vor der Fassade des Schlosses steht eine junge Frau neben einem großformatigen Gemälde; an der Seite, kaum zu erkennen, wirbt ein Plakat für »Weihnachtsspiele« (**49**). Die junge Frau ist Gert Werneburg. Sie war als Mitarbeiterin des »Kunstdienstes« zuständig für die im ersten Obergeschoss des Schlosses veranstalteten Ausstellungen.

Das Gemälde mit dem Titel »Das Leben« hatte der Norweger Edvard Munch 1908 geschaffen. 1926 war es auf der Internationalen Kunstausstellung in Dresden gezeigt und für die dortige Gemäldegalerie erworben worden. 1937 wurde es schließlich als »entartet« beschlagnahmt und am 23. Januar 1939 durch Harald H. Halvorsen in Oslo versteigert, wo es sich heute im Munch-Museum befindet. Das Photo entstand, worauf auch das Plakat hindeutet, im Dezember 1938, bevor die Werke von Munch nach Norwegen transportiert wurden.

Der »Evangelische Kunstdienst« war 1928 zunächst als freie Vereinigung in Dresden gegründet worden und hatte 1933 seinen Sitz nach Berlin verlegt.[97] Er hatte es sich zur Aufgabe gemacht, die Qualität der neuen Kirchenkunst zu erhöhen. Als Deutschland im Frühjahr 1933 aufgefordert wurde, auf der im Sommer zu eröffnenden Weltausstellung in Chicago eine Kapelle mit neuer religiöser Kunst zu bestücken, beauftragte das soeben gegründete Propagandaministerium unter anderem den »Kunstdienst« mit der Zusammenstellung. Man einigte sich schnell darauf, die neue deutsche Kirchenkunst auch durch Emil Nolde und Ernst Barlach vertreten zu lassen.[98] Beide waren zu diesem Zeitpunkt schon heftigen Angriffen ausgesetzt, hatten aber auch unter den Nationalsozialisten einige enthusiastische Anhänger, insbesondere setzte der Propagandaminister Joseph Goebbels noch auf den »nordischen« Expressionismus. Dadurch fühlten sich einige Künstler, Kunsthistoriker und Kunstfreunde im Sommer 1933 ermutigt, den Expressionismus als vorbildlich für die Kunst des »neuen Staates« zu proklamieren. Nach der Gründung der Reichskulturkammer im Herbst 1933 wurde der »Kunstdienst« in die Reichskammer der bildenden Künste integriert und erhielt im folgenden Jahr Veranstaltungsräume im Schloss Schönhausen zugewiesen, wo Ausstellungen und Konzerte stattfanden. Der »Kunstdienst« gehörte damit zu jenen Einrichtungen, die einerseits dem nationalsozialistischen Staat dienten, sich aber andererseits nicht vollständig vereinnahmen ließen, so dass sie auch eine Zuflucht für all diejenigen darstellten, die dem umfassenden ideologischen Zugriff des Staates wenigstens zeitweise entgehen wollten. In diesem Zwiespalt bewegten sich auch die Ausstellungen und Veranstaltungen im Schloss Schönhausen.

49 *»Das Leben« von Edvard Munch vor Schloss Schönhausen, Dezember 1939*

1937 war es für Goebbels bereits nicht mehr opportun, den Expressionismus zu unterstützen. Er hatte erkannt, dass es seinem Machtstreben mehr diente, sich entschlossen an die Spitze derjenigen zu stellen, die die künstlerische Moderne diffamierten und bekämpften. So veranlasste er die Ausstellung »Entartete Kunst« in München und die Beschlagnahme aller einschlägigen Bestände in den deutschen Museen, noch bevor der eigentlich für die Museen zuständige Erziehungsminister Bernhard Rust mit seinen bereits angekündigten »Säuberungsmaßnahmen« beginnen konnte. Rund 20 000 Werke wurden in Berlin zunächst im Victoria-Speicher in der Köpenicker Straße zusammengetragen und inventarisiert. Was man ins Ausland verkaufen zu können hoffte – etwa 800 Gemälde und Plastiken sowie 4000 Papierarbeiten –, wurde im August 1938 in das Schloss Schönhausen überführt und dort im Erdgeschoss und im zweiten Stockwerk eingelagert. Praktischerweise übernahmen, neben dem zu diesem Zweck ins Propagandaministerium geholten Kunsthistoriker Rolf Hetsch, Mitarbeiter des »Kunstdienstes« Verwaltungsarbeiten für den Bestand der »entarteten« Kunst: Gert Werneburg als Sekretärin und der Maler Günter Ranft als Expedient. Ranft fertigte Ende 1938 bis Anfang 1939 einige Raumaufnahmen des Lagers (**50**)

50 *Die Audienzkammer als Depot der beschlagnahmten »entarteten« Kunst mit Werken von Lehmbruck und Corinth*

und eine große Anzahl Einzelaufnahmen an, die bis heute wichtige Quellen für die Forschung darstellen.[99] Hugo Kükelhaus hielt die Situation in einigen Zeichnungen fest.[100]

Zur Besichtigung der Bestände und zu Verhandlungen mit dem Propagandaministerium kamen zunächst Halvorsen aus Oslo, der fast alle Werke Munchs erwarb,[101] und der Schweizer Auktionator Theodor Fischer, der am 30. Juni 1938 in Luzern 125 ausgewählte »Gemälde und Plastiken moderner Meister aus deutschen Museen« versteigerte.[102] Zu Pfingsten 1938 reiste der neue Leiter des Basler Kunstmuseums, Georg Schmidt, an, der außer bei der Auktion der Luzerner Galerie Fischer auch direkt aus Berlin eine Anzahl Meisterwerke für die Sammlung seines Museums erwarb.[103] Auch das Ehepaar Sophie und Emanuel Fohn hielt sich 1939 mehrfach im Depot der »Entarteten Kunst« in Schloss Schönhausen auf. Der österreichische Maler Emanuel Fohn lebte damals in Rom und hatte sich eine Sammlung deutscher Romantiker zugelegt, aus der er im Rahmen dreier Verträge mit dem Propagandaministerium jetzt einige Zeichnungen und Sepiamalereien gegen eine große Anzahl an Graphiken, Zeichnungen, Aquarellen, Gemälden und Textilarbeiten der »entarteten« Kunst eintauschte.[104] Natürlich gingen im Schloss auch die vier Händler ein und aus, die vom Ministerium zum Verkauf der beschlagnahmten Kunstwerke ins Ausland autorisiert worden waren: Ferdinand Möller und Karl Buchholz aus Berlin, Hildebrand Gurlitt aus Hamburg und Bernhard A. Böhmer aus Güstrow. Sie waren verpflichtet, die Werke gegen Devisen ins Ausland zu verkaufen, vermittelten sie aber entgegen dem ausdrücklichen Verbot auch an Kollegen und Sammler in Deutschland. Die Devisenforderung konnten sie allerdings nur durch Tauschverträge umgehen, die mit Fortschreiten des Krieges verstärkt genutzt wurden.[105]

Gleichzeitig veranstaltete der »Kunstdienst« bis 1942 weiterhin jeden Herbst Ausstellungen im ersten Obergeschoss von Schloss Schönhausen. Jährlich stellten Künstler aus einem anderen Gau Werke dort aus. Die Besucher konnten also im ersten Obergeschoss regimekonforme Kunst, zum Beispiel aus dem »Moselland«, besichtigen, während in den anderen Räumen die verfemte Kunst lagerte.[106]

Die »Verwertung der Produkte entarteter Kunst« wurde im Sommer 1941 offiziell abgeschlossen. Im Anschluss wurden die Restbestände zunächst in den Keller des Propagandaministeriums und später zumindest teilweise in das von Böhmer genutzte ehemalige Atelier Barlachs in Güstrow ausgelagert. In den Jahren von 1938 bis 1941 war Schloss Schönhausen gewiss der Ort mit der größten Ansammlung herausragender Kunstwerke des frühen 20. Jahrhunderts, die es je gab.

Schloss Schönhausen während des Kalten Krieges

DDR-Staatspräsident Wilhelm Pieck in Schönhausen

von Robert Rauh

Seinen 70. Geburtstag feierte Wilhelm Pieck am 3. Januar 1946 in Schloss Schönhausen. Nach einer »offiziellen humorlosen und langgedehnten« Festveranstaltung kamen am Abend hochrangige Funktionäre der KPD und anderer Parteien sowie Vertreter der Sowjetischen Militäradministration (SMAD), die das Schloss nach Kriegsende beschlagnahmt hatte, zu einer »kurzweiligen« Feier in Pankow zusammen. »Schnaps, Krimwein und Sekt« sowie »ein großes Feuerwerk im Schlossgarten« sorgten für eine »gelöste Stimmung«.[107] Niemand vermutete an diesem Abend, dass Schloss Schönhausen vier Jahre später zu einer repräsentativen Kulisse des zweiten deutschen Teilstaates und Pieck als Staatspräsident Schlossherr werden würde.

Wer war dieser Politiker, der noch heute für viele ehemalige DDR-Bürger als »Papa Pieck« die letzte Ikone des sozialistischen Staates darstellt und dessen Namen noch zirka 90 Straßen in Ostdeutschland tragen? (51)

Während der deutschen Teilung wurde Pieck in der westlichen Forschung als der »typische Parteibeamte« charakterisiert, der sich zu keinem Parteiflügel bekannte und sich nach der Stalinisierung der KPD durch kritiklose Gefolgschaftstreue gegenüber Moskau auszeichnete. Nach der Gründung der DDR 1949 habe Pieck lediglich als Dekoration der Macht Ulbrichts gedient.[108] Von den SED-Historikern hingegen wurde er »zu einem der hervorragendsten Führer der deutschen Arbeiterbewegung« verklärt. Als Präsident der

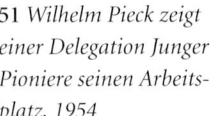 51 *Wilhelm Pieck zeigt einer Delegation Junger Pioniere seinen Arbeitsplatz, 1954*

DDR habe Pieck »den Staatsmann neuen Typs« verkörpert, »der, aus der Arbeiterklasse hervorgegangen, als Vertrauensmann des Volkes seine ganze Kraft dafür einsetzte, dem Sozialismus zum Durchbruch zu verhelfen«.[109]

Bisher ist keine Biographie über den Politiker erschienen, der in der ersten Hälfte des 20. Jahrhunderts sechs Jahrzehnte lang in der deutschen Arbeiter- und Zeitgeschichte eine wesentliche Rolle spielte. Bei der notwendigen Revision der systemgebundenen Wertungen Piecks steht die Forschung unter anderem vor einem quantitativen Problem: Im ehemaligen SED-Parteiarchiv existiert kein größerer Nachlass als der von Wilhelm Pieck.

Vom Tischlergesellen zum Staatspräsidenten

Der 1876 als Sohn eines Kutschers und einer Waschfrau in Guben (Niederlausitz) geborene Wilhelm Pieck engagierte sich schon frühzeitig in der Gewerkschafts- und Arbeiterbewegung. Nachdem er eine Tischlerlehre absolviert hatte, trat er während seiner Wanderschaft 1894 dem Deutschen Holzarbeiter-Verband und ein Jahr später der SPD bei. In Bremen, wo er sich 1896 niedergelassen und 1898 die Schneiderin Christine Häfker geheiratet hatte, schloss er sich dem linken Parteiflügel des Sozialdemokratischen Vereins Bremen (SDVB) unter Heinrich Schulz an, der für den jungen Pieck zum entscheidenden parteipolitischen Mentor und Förderer wurde.[110] In seiner Funktion als erster hauptamtlicher Sekretär des SDVB profilierte sich Pieck als effizienter Parteimanager, der die Strukturen zentralisierte und die politische Schulungsarbeit forcierte. Auf Initiative Schulz' wurde Pieck 1910 Zweiter Sekretär des Zentralen Bildungsausschusses der SPD in Berlin und kam durch seinen Gönner in Kontakt mit prominenten Vertretern des linken Parteiflügels, darunter auch Rosa Luxemburg und Franz Mehring.[111] Nach Beginn des Ersten Weltkrieges verweigerte er nicht nur den Fronteinsatz, sondern engagierte sich auch an der Seite der Kriegsgegner in der SPD. Er schloss sich dem von Liebknecht und Luxemburg gegründeten Spartakusbund an und beteiligte sich 1918/19 an der Gründung der KPD. Als einziger kommunistischer Spitzenfunktionär gehörte er bis zu seinem Tod zum Führungskern der Partei (KPD, ab 1946 SED). Obwohl Pieck zunächst mit dem rechten Parteiflügel sympathisiert hatte, legte er sich während der heftigen Auseinandersetzungen in den 1920er Jahren fraktionell nicht fest, sondern erklärte 1924, »Gruppierungen in der KPD« bekämpfen zu wollen und »die widerstrebenden Elemente zusammenzubringen«.[112] Neben seinem Engagement in der Internationalen Roten Hilfe setzte er sich in der Weimarer Republik als KPD-Abgeordneter der Berliner Stadtverordnetenversammlung, des Preußischen Landtages und des Deutschen Reichstages für die Interessen der Arbeiter ein. Gleichzeitig trug er in der zweiten Hälfte der 1920er Jahre mit seiner uneingeschränkten Loyalität gegenüber der Kommunistischen Internationale (Komintern)[113], deren Exekutivkomitee er von 1928 bis 1943 angehörte, zur Stalinisierung der KPD bei. So vertrat Pieck die Sozialfaschismus-Doktrin Stalins, die die Spaltung zwischen den beiden deutschen Arbeiterparteien, SPD und KPD, weiter vertiefte. Andererseits unterstützte er, angesichts der drohenden Machtübernahme der Nationalsozialisten, im Frühjahr 1932 die von der Komintern kurzzeitig angeordnete flexiblere Auslegung der Einheitsfrontpolitik gegenüber der SPD, indem er – über die Moskauer Vorgaben hinausgehend – der SPD und dem Zentrum im Preußischen Landtag eine punktuelle Zusammenarbeit gegen die NSDAP ohne Vorbedingungen anbot.[114]

Piecks widersprüchliches Agieren setzte sich nach der Machtübernahme Hitlers fort. Gegen den vehementen Widerstand einer Politbüro-Mehrheit erwirkte er zusammen mit Walter Ulbricht im Moskauer Exil den von der Komintern 1934/35 vollzogenen Kurswechsel zur Volksfront-Politik. Diese Entwicklung verlief parallel zu den Stalinschen Säuberungen 1936–1938, denen auch zahlreiche KPD-Funktionäre zum Opfer fielen. Dafür trägt Pieck – seit Herbst 1935 Interims-Vorsitzen-

52 *Bankett in Schloss
Schönhausen anlässlich
des Besuches des jemeni-
tischen Kronprinzen Emir
Seif al-Islam Mohamed
el-Badr, 1956*

der der KPD für den von den Nationalsozialisten verhafteten Thälmann – die politische Verantwortung, da den Haftstrafen und Hinrichtungen als Legitimation häufig Parteiausschlüsse vorausgingen. Zudem sah sich Pieck, der wie Ulbricht die Säuberungen unbeschadet überstanden hatte, dem Verdacht ausgesetzt, innerparteiliche Gegner preisgegeben zu haben. Während dafür bisher keine Nachweise gefunden wurden, ist belegt, dass er sich für verhaftete Kommunisten einsetzte, wenn auch spät und zögerlich.[115]

1944 wurde Wilhelm Pieck mit der Ausarbeitung der KPD-Programmatik für die Nachkriegszeit beauftragt. Aufgrund der »Kombination von Verwurzelung in der deutschen Arbeiterbewegung, Integrationsfähigkeit, absoluter Gefolgschaftstreue gegenüber Stalin und organisatorischer Effektivität« war er ohne Zweifel prädestiniert für die operative Umsetzung der sowjetischen Deutschlandpolitik nach dem Zweiten Welt-

krieg.[116] Nach seiner Rückkehr in das kriegszerstörte Berlin Anfang Juli 1945 wurde Pieck als Parteivorsitzender bestätigt und begann, die Moskauer Vorgaben in der Sowjetischen Besatzungszone (SBZ) konsequent umzusetzen. Als Wortführer der KPD- bzw. ab 1946 der SED-Delegationen nahm er bei Besuchen in Moskau die Direktiven von Stalin entgegen, in Berlin von der SMAD und ab Oktober 1949 von der Sowjetischen Kontrollkommission (SKK). Zeitzeugen berichten zwar, dass Pieck und Ulbricht bei den Verhandlungen »stets in devoter Haltung auftraten«,[117] die Quellen belegen aber auch, dass Pieck gegenüber den sowjetischen Vertretern intern die Belastungen durch die Besatzung, insbesondere die Reparationen, ansprach und – häufig vergeblich – um Abhilfe ersuchte.[118]

In Anlehnung an die Volksfront-Politik engagierte sich Pieck 1945/46 für die Vereinigung von KPD und SPD. Im Gegensatz zu Ulbricht setzte er in den Verhandlungen mit den Sozialdemokraten auf Überzeugung und Konsens, war jedoch wie sein Parteifreund der Auffassung, dass den Kommunisten künftig die uneingeschränkte Führungsrolle zukomme. Bereits 1944 hatte Pieck im Moskauer Exil notiert: »Einheit ist die Frage der SPD – sie wird dadurch ausgeschaltet.«[119] Zudem griff Pieck bei öffentlichen Auftritten auf die Einheitsfrontpolitik aus der Weimarer Zeit zurück, indem er erneut zwischen sozialdemokratischer Basis, die er umwarb, und SPD-Führung, der er eine einheitsfeindliche Politik vorwarf, differenzierte.[120] Mit Hilfe der SMAD erzwang die KPD schließlich die Vereinigung beider Parteien in der SBZ und entledigte sich so ihres wichtigsten politischen Konkurrenten. Auf dem Gründungsparteitag der SED im April 1946 wurden Pieck (KPD) und Otto Grotewohl (SPD) zu formal gleichberechtigten Vorsitzenden gewählt. Zusammen mit Ulbricht sorgte Pieck allerdings dafür, dass der SED das unangefochtene Macht- und Meinungsmonopol in der SBZ, zum Beispiel durch den Ausbau der Vormachtstellung der kommunistischen Führungskader, garantiert wurde. Nach dem Scheitern der alliierten Außenminis-

terkonferenz Ende 1947 begannen in den Westzonen und in der SBZ die Vorbereitungen für separate Staatsgründungen. In Absprache mit Stalin initiierte die SED eine demokratisch nicht legitimierte »Volkskongressbewegung«, aus der die Provisorische Volkskammer hervorging, die am 7. Oktober als Staatsgründungsakt die Verfassung der DDR verabschiedete. Die Wahl Piecks zum ersten und einzigen Präsidenten der DDR am 11. Oktober 1949 stellte zugleich den Höhepunkt in dessen politischer Karriere dar.

Staatspräsident ohne Macht?

Wie kein anderes Mitglied der SED-Führung war Wilhelm Pieck prädestiniert für die Funktion des Staatspräsidenten, da er für die SED-Mitglieder die Nachfolge heroisierter Arbeiterführer wie Ernst Thälmann symbolisierte und für die Blockparteien und die Bevölkerung, vor allem aufgrund seiner NS-Gegnerschaft, integer erschien. Zu den ersten Amtshandlungen Piecks gehörten am 12. Oktober 1949 die Vereidigung der ersten Regierung unter Ministerpräsident Grotewohl sowie

53 *Wilhelm Pieck empfängt Außenminister Lothar Bolz nach dessen Besuch in der Volksrepublik China in seinem Amtszimmer, 1954*

54 *Wilhelm Pieck verleiht Victor Klemperer im bürgerlichen Cutaway den Vaterländischen Verdienstorden, 1956*

verständlich »keinerlei diplomatische Beziehungen zu anderen Ländern«.[125] In Wahrheit aber war die DDR bis zum Ende der 1960er Jahre international isoliert. Sie erlangte im Rahmen ihrer Ostintegration bis 1955 zwar einen gleichberechtigten Status gegenüber den osteuropäischen Staaten, was sich einerseits in Piecks Staatsempfängen im Schloss Schönhausen, beispielsweise für den polnischen Präsidenten Bierut 1951 und den tschechoslowakischen Präsidenten Gottwald 1952, andererseits 1955 in der Anerkennung der Souveränität der DDR durch die UdSSR und die Mitgliedschaft im Militärbündnis »Warschauer Vertrag« zeigte. Ihre diplomatische Isolierung, verursacht durch die ausbleibende Anerkennung der Westalliierten und die Hallstein-Doktrin der Bundesregierung[126], konnte die DDR jedoch nicht überwinden. Selbst ein kurzer Briefwechsel zwischen Bundespräsident Heuss und Pieck, den dieser in Abstimmung mit der sowjetischen Seite 1951 initiiert hatte,[127] blieb ohne Ergebnis und mündete in gegenseitigen Anschuldigungen.[128]

Innenpolitisch konzentrierte sich Pieck auf die Rolle des überparteilichen Landesvaters. In seinem Amtssitz empfing er neben Staatsgästen und Botschaftern auch Betriebsdelegationen, Mitglieder der staatlichen Jugendorganisationen sowie namhafte Wissenschaftler, Künstler, Sportler und Schriftsteller der DDR. So waren zum Beispiel Ernst Busch, Wolfgang Langhoff, Arnold Zweig, Helene Weigel, Bertolt Brecht und Victor Klemperer zu Gast in Schönhausen (**54**).[129] Darüber hinaus wurde im September 1950 eine »öffentliche Sprechstunde beim Präsidenten« eingerichtet.[130] Koordiniert wurde Piecks Arbeitsalltag von der Präsidialkanzlei (PK), in der die Korrespondenzabteilung einen besonderen Stellenwert besaß. Sie sollte, neben der Bearbeitung von Eingaben, Pieck über die Probleme der Bevölkerung und Mängel in der Verwaltung und Gesetzgebung informieren sowie dazu beitragen, »die Person des Präsidenten zu popularisieren«.[131] Während seiner Amtszeit erhielt Pieck zirka 1,6 Millionen Briefe, die ein differenziertes Gesellschaftspanorama der ersten zehn Jahre der DDR abbilden.[132] Forciert durch die SED-Propaganda, die Pieck in den

der anschließende Empfang mit Staatsbankett anlässlich seiner Präsidentschaft. Beide Staatsakte fanden im Schloss Schönhausen statt. Es eignete sich als »Amtssitz des Präsidenten«, da es, im Gegensatz zu den Regierungsgebäuden im Zentrum Berlins, politisch unbelastet war und einen repräsentativen Rahmen für die Selbstdarstellung des zweiten deutschen Staates bot. (Vgl. S. 75 ff.)

Die Übernahme repräsentativer Aufgaben, die Pieck als Staatsoberhaupt durch die erste DDR-Verfassung zugewiesen wurden, gelang ihm problemlos: Er besaß sowohl »Verständnis für Regeln und Praktiken im Umgang mit ausländischen Vertretern« als auch die »natürliche Fähigkeit, die Autorität eines Präsidenten zum Ausdruck zu bringen«.[121] Neben der Vereidigung der Regierung und der Verkündung von Gesetzen oblag dem Präsidenten in erster Linie die völkerrechtliche Vertretung der DDR (**52, 53**).[122]

In der Außenpolitik waren dem Präsidenten und der Regierung, primär durch die Abhängigkeit von der UdSSR, enge Grenzen gesetzt.[123] Wie die Bundesrepublik erhob die DDR den Alleinvertretungsanspruch. Pieck betonte in seiner Antrittsrede, die DDR-Regierung besitze die Legitimation, »für das ganze deutsche Volk zu sprechen«[124], und behauptete im Sommer 1950, »die Bonner Marionettenregierung« habe selbst-

Medien als »Vertrauensmann des Volkes« präsentierte und sich mit Zeitungsbeiträgen wie »Genosse Pieck, was macht meine Rente?«[133] an die Bevölkerung appellierte, Pieck zu schreiben, stieg die monatliche Anzahl von anfangs rund 1000 auf nahezu 21 000 Briefe.[134] Die Präsidialkanzlei führte die Flut von Anschreiben auf die fehlende »Initiative und Beweglichkeit« der örtlichen Verwaltungsorgane sowie auf »das seelen- und herzlose Verhalten mancher Staatsfunktionäre« zurück.[135] Im Regelfall leitete die Präsidialkanzlei die Schreiben an die entsprechenden Institutionen weiter und konnte mit der Autorität des Präsidenten durch gezielte Nachfragen und konkrete Vorschläge – häufig auf die Initiative Opitz' – einzelne Probleme lösen oder Veränderungen bewirken (**64, 65**).[136] So begründete nicht nur die gezielte Propaganda, sondern auch die Vermittlerrolle des Präsidenten zwischen Bevölkerung und staatlichen Behörden seinen Ruf als »Papa Pieck«, den er in weiten Teilen der ostdeutschen Bevölkerung bis heute genießt.

Auch in der SED besaß Pieck, im Gegensatz zum steifen und unnahbaren Ulbricht, hohes Ansehen. Die Popularität resultierte auch aus seiner konkreten Hilfe für einige prominente Parteimitglieder, die im Rahmen von »Säuberungswellen« Opfer von Verdächtigungen geworden waren. Exemplarisch seien die von Pieck »gewünschte[n]« Haftentlassungen des Rostocker Oberbürgermeisters Albert Schulz 1947[137] sowie des Politbüro-Mitglieds Paul Merker 1956[138] genannt. Diese Beispiele dürfen jedoch nicht darüber hinwegtäuschen, dass Pieck nur in wenigen Fällen helfen konnte oder wollte und dass er als Parteivorsitzender nicht nur die politische Verantwortung trug, sondern die innerparteilichen Repressionen auch aktiv forcierte. Nach den ersten und relativ freien Landtagswahlen in der SBZ im Herbst 1946, bei der die SED nicht wie erhofft die absolute Mehrheit erlangte, aber auch vor dem Hintergrund des beginnenden Kalten Krieges initiierten Pieck und Ulbricht im Jahr 1948 die Umwandlung der SED nach sowjetischem Vorbild in eine

55 *Wilhelm Pieck empfängt die Regierung der DDR 1952. Das Gesicht von Justizminister Fechner wurde nach dem Volksaufstand vom 17. Juni 1953 »ausgebrannt« – er wurde als »Feind des Staates und der Partei« seines Amtes enthoben*

»Partei neuen Typs«. In diesem Kontext verteidigte Pieck auf einer Tagung des Parteivorstandes die Bildung einer Zentralen Parteikontrollkommission, die »unsere Partei nach faulen Stellen zu durchforschen« habe, um diese gründlich »aus(zu)brennen«[139]. Der Rückgriff auf den Sprachstil aus der Zeit der Moskauer Säuberungen brachte die parteioffizielle Aufforderung zur Jagd auf politisch Andersdenkende zum Ausdruck.[140] Nach seiner Wahl zum Präsidenten blieb Pieck Vorsitzender der SED, für deren totalitären Herrschaftsanspruch er sich einsetzte. So forderte er 1950 auf dem III. Parteitag der SED »die ständige Wachsamkeit der breiten Massen und aller Parteimitglieder zur Entlarvung der Schädlinge zu entwickeln sowie die Tätigkeit der Staatssicherheitsorgane zu verbessern«.[141] Unter Missachtung seines Amtseides, wonach er »Gerechtigkeit gegen jedermann üben werde«[142], repräsentierte Pieck als parteilicher Staatspräsident von Anfang an den DDR-Unrechtsstaat (55).

56 *Ratifizierung des Moskauer Vertrages durch den Staatsrat in Raum 1 am 11. November 1963*

57 *Nach Gründung des Staatsrates nutzte dessen Vorsitzender Walter Ulbricht das Amtszimmer Piecks, um 1962*

Im Schatten Ulbrichts

Wilhelm Pieck war es nach einer Erkrankung im Frühjahr 1953 nicht mehr möglich, seine Amtsgeschäfte als Präsident und Parteivorsitzender in vollem Umfang auszuüben. Während der Ereignisse um den 17. Juni 1953 hielt er sich zu einer Kur in der UdSSR auf. Mit der Rückendeckung der sowjetischen Führung, die bereits 1947 intern die Einschätzung vertrat, dass Pieck die politische Linie in der SED Grotewohl und Ulbricht überlassen habe,[143] begann Ulbricht sukzessive, seine Machtstellung in Partei und Staat auszubauen. Zunächst rückte er 1953 mit Zustimmung Piecks als Erster Sekretär auch formal an die Spitze der SED. Im Februar 1960 ließ sich Ulbricht vom bereits schwerkranken Pieck zum Vorsitzenden des neugebildeten Nationalen Verteidigungsrates (NVR) ernennen.[144] Obwohl Pieck noch amtierte, sah der NVR in seinem Statut statt des Präsidentenamtes bereits einen »Staatsrat« vor.[145] Fünf Tage nach Piecks Tod konstituierte sich am 12. September 1960 unter dem Vorsitz Ulbrichts der neugebildete Staatsrat der DDR in Schloss Schönhausen. Das Schloss blieb bis zur Fertigstellung des Staatsratsgebäudes in Berlin-Mitte 1964 Amtssitz des neuen Verfassungsorgans. Das »kollektive Staatsorgan« ersetzte das Präsidentenamt und erhielt darüber hinaus legislative Kompetenzen.[146] Ulbricht war nun auch auf staatlicher Ebene Nachfolger Piecks und konzentrierte bis zu seinem Sturz 1971 die gesamte politische Macht in der DDR auf seine Person (**56, 57**). Seinem Parteifreund richtete er im September 1960 unter Anteilnahme Hunderttausender DDR-Bürger ein Staatsbegräbnis aus.

Wilhelm Pieck entspricht weder dem Bild vom »willigen Vollstrecker« Stalins noch dem der »ältesten Ikone des sozialistischen Staates«, vielmehr sollte er als ein personifiziertes Beispiel für die Ambivalenz der kommunistischen Bewegung in Deutschland im 20. Jahrhundert gesehen werden.

Schönhausen als Gästehaus des Ministerrates der DDR

von Hans-Michael Schulze

Mit der Errichtung des Staatsratsgebäudes in Berlin-Mitte verlor Schloss Schönhausen seine Funktion als Sitz des Staatsoberhauptes der DDR. Am 6. November 1964 beschloss die DDR-Regierung den Umbau des Schlosses zum ersten Gästehaus des Ministerrates (GMR). Damit wurde das Schloss erneut zu einem wichtigen Ort der DDR-Diplomatie und deren Selbstdarstellung.

Bereits in den 1950er Jahren beherbergte die DDR ihre Staatsgäste in der Nähe des Schlosses. Außenpolitisch von der Bundesrepublik durch ihren Alleinvertretungsanspruch isoliert, nahmen allerdings nur die Länder des Ostblocks diplomatische Beziehungen mit der DDR auf. Zu diesem Zweck stand eine gründerzeitliche Villa am Majakowskiring 2, keine dreihundert Meter südwestlich des Schlosses, zur Verfügung. Hier nächtigte beispielsweise der sowjetische Regierungschef Nikita Chruschtschow bei seinen vier offiziellen DDR-Besuchen.[147]

Betrachtet man die Auswahl der am Ausbau des Schlosses zum Gästehaus beteiligten Firmen und Architekten, so wird die gesellschaftliche Situation der DDR in den 1960er Jahren ersichtlich. Leiter des beauftragten Entwurfsbüros Dynamobau[148] war der Architekt Walter Schmidt, der ab 1955 gewissermaßen zum »Regierungsarchitekten« der DDR aufgestiegen war. Schmidt, Sohn eines sächsischen Bauunternehmers, hatte in Dresden bei Wilhelm Kreis studiert und wurde von Otto March mit dem Bau des Reichssportfeldes und der Freilichtbühne für die Olympischen Spiele 1936 betraut. Nach dem Ende der NS-Diktatur zog sich Schmidt in seinen Heimatort zurück. Im Auftrag der Akademie der Wissenschaften der DDR war der Stadtplaner Hermann Henselmann auf der Suche nach fähigen Gestaltern für den Wiederaufbau Berlins und holte

Schmidt im Januar 1950 als wissenschaftlichen Mitarbeiter an das Institut für Bauwesen. Dort war Schmidt zunächst in die Entwurfsplanungen für die Stalinallee in Berlin-Friedrichshain eingebunden.[149] Seine Laufbahn steht dabei exemplarisch für eine systemübergreifende Kontinuität, wie sie in ganz Deutschland vorhanden war.

Im Gegensatz dazu steht die Biographie des Bauleiters Willi Schroeder. Er war bis 1953 bei der »Reichsbahn-Bauunion« beschäftigt und gehörte bei den sich im Juni 1953 in der DDR erhebenden Protesten zu den Streikenden. Nachdem diese erste große Krise beim Aufbau des Sozialismus in Ostdeutschland[150] niedergeschlagen worden war, verfolgte der DDR-Staatssicherheitsdienst (MfS) die »Rädelsführer« mit großer Härte. Auch Willi Schroeder wurde als »Provokateur« verurteilt und eingesperrt. In einem geheimen Arbeitslager in Berlin-Hohenschönhausen zog das DDR-Innenministerium insbesondere politisch inhaftierte Fachspezialisten für besondere Aufgaben zusammen.[151] Eine solche Ausbeutung von Opfern des MfS durch staatliche Stellen war Alltag und galt nicht als anrüchig.[152] So übertrug man beispielsweise dem Häftling Willi Schroeder die Bauleitung der Schanze am Aschberg in Klingenthal, bevor »Dynamobau« den exzellenten Baufachmann als zivilen Mitarbeiter beim Umbau des Schlosses Schönhausen übernahm. Schmidts Vergangenheit und die Kriminalisierung Schroeders machen deutlich, wie groß der Widerspruch zwischen propagandistischem Anspruch und politischer Realität in der SED-Diktatur war.

Die 1960er Jahre waren eine Zeit großer außenpolitischer Hoffnungen der DDR-Regierung – mit der Herrichtung des ehemaligen Hohenzollernsitzes verfügte sie über eine repräsentative und zeitgemäße Unterkunft für Staatsgäste. Die Anerkennung einer separaten DDR-Mannschaft bei den Olympischen Spielen 1968 durch das Internationale Olympische Komitee und ein Besuch Walter Ulbrichts im »nichtsozialistischen« Ausland interpretierten die Entscheidungsträger als Zeichen für die »wachsende Autorität« und das »internationale Ansehen der DDR«.[153] In der Tat war der Empfang Ulbrichts durch den ägyptischen Präsidenten Gamal Abd el Nasser im Februar 1965 für die DDR ein erheblicher Prestigegewinn, da Ägypten aufgrund seiner Erdölvorkommen zu den wirtschaftlich bedeutenden arabischen Staaten zählte. Die offizielle Anerkennung der DDR von Seiten Ägyptens erfolgte jedoch erst nach der Machtübernahme Erich Honeckers im Mai 1971.

Während Heinrich Lübke als bundesdeutsches Staatsoberhaupt in über dreißig Länder reiste und im Schloss Augustusburg in Brühl bei Bonn im Juni 1963 den amerikanischen Präsidenten John F. Kennedy und zwei Jahre später Queen Elisabeth empfing,[154] ist in dem mit großem Aufwand ausgebauten Gästehaus Schloss Schönhausen in den 1960er Jahren kein Besuch eines bedeutenden Staatsgastes nachgewiesen.

Der erste wichtige Gast, der in Schönhausen wohnte, war Fidel Castro, Staatschef von Kuba und somit wichtiger Partner der DDR. Er nutzte das Schloss während seiner Besuche im Juni 1972 und im April 1976 (58).[155]

Einen Höhepunkt der DDR-Außenpolitik bildete die Aufnahme beider deutschen Staaten bei den Vereinten Nationen (UNO) im September 1973. In deren Folge stellte die DDR vielen westlichen Staaten diplomatische Vertretungen und Residenzen im Umfeld des Schlosses Schönhausen zur Verfügung.[156] So befand sich die Wohnung

58 *Fidel Castro und Ministerratsvorsitzender Willi Stoph in der Ossietzky-straße auf dem Weg nach Schloss Schönhausen anlässlich des Staatsbesuches des kubanischen Präsidenten in der DDR 1972*

des Ständigen Vertreters der Bundesrepublik, Günter Gaus, 1975 in der Kuckhoffstraße 41/43, unmittelbar daneben die Residenz des Schweizer Botschafters. Die Residenzen Frankreichs und Belgiens befanden sich zu der Zeit am Majakowskiring 5 und Majakowskiring 33.

Bei einem Gartenfest anlässlich der 1973 stattfindenden X. Weltfestspiele diente Schloss Schönhausen als Kulisse für einen weiteren internationalen Auftritt der DDR.[157] Gastgeber war bereits Erich Honecker, obwohl er erst 1976 zum Staatsoberhaupt aufstieg. Die Ausrichtung der Konferenz der kommunistischen und Arbeiterparteien Europas im Juni 1976 war der erste bedeutende internationale Auftritt des SED-Chefs und Ausdruck für das Vertrauen der sowjetischen Führung in seine Partei.[158] Bei dieser Zusammenkunft beanspruchte die Sowjetunion die führende Rolle für sich, was insbesondere durch die repräsentative Unterbringung der Delegation im Schloss Schönhausen deutlich wurde. Bei anderen Gelegenheiten, wie den Treffen aller Staaten des Warschauer-Paktes in Berlin, stand das Rokokoschloss der sowjetischen Delegation ebenfalls zur Verfügung.[159]

Große außenpolitische Hoffnungen machte sich die SED-Führung bezüglich der Republik Indien. Dieser wichtige südostasiatische Staat hatte zwar die Bundesrepublik bereits 1952 als erstes Land nach den Westmächten anerkannt.[160] Doch die Beziehungen zur DDR vernachlässigte Indira Gandhi, die 1966 Premierministerin geworden war, deswegen nicht. Im Juli 1976 war die indische Regierungschefin als erster weiblicher Staatsgast zu Besuch im Schloss Schönhausen. Da man bei den Planungen 1964 noch selbstverständlich davon ausgegangen war, dass alle Staatsgäste männlich sein würden, war das Herrenschlafzimmer wesentlich größer als das Zimmer der Dame. Daher bewohnte Indira Gandhi in Schönhausen das Herrenschlafzimmer (*Raum 27*).[161]

Aufgrund der wirtschaftlichen Situation der DDR in diesen Jahren wurde die Sicherung der Versorgung mit Rohstoffen zur zentralen Aufgabe der Außenpolitik erklärt. Dies führte dazu, dass Honecker einen der wohl brutalsten Dikta-

toren der 1970er Jahre, den persischen Schah Reza Pahlavi, umwarb. Als dieser seinen Besuch in Ost-Berlin für September 1978 ankündigte, veranlasste Honecker eigens für dieses Ereignis die Neueinrichtung des Schlosses. Da der Schah ein separates Appartement für seine Gattin Farah forderte, es in Schönhausen jedoch lediglich ein Gästeappartement gab, wurde im Schloss ein weiteres Schlafzimmer mit innenliegendem Bad in der Beletage eingebaut (*Raum 32*). Um dem Schah ein eigenes Arbeitszimmer zu schaffen, wurde die bisher museal erhaltene Einrichtung des Amtszimmers von Wilhelm Pieck ins Museum für Deutsche Geschichte (heute Deutsches Historisches Museum) verlagert (*Raum 23*) und der Raum neu eingerichtet. Diese Umbauten waren zunächst nur als Provisorium gedacht, doch da der Besuch des Diktators aufgrund der Revolution im Iran niemals stattfand, blieb die neue Einrichtung für zahlreiche Empfänge und Staatsbesuche bis 1989 in Nutzung (**59**).[162]

Der erste Gast, der in den Genuss der frisch renovierten Räume kam, war zugleich der erste westliche Staatsgast der DDR im Kalten Krieg: Im März 1978 besuchte Österreichs langjähriger Bundeskanzler Bruno Kreisky Schloss Schönhausen.

Von einer breiten Öffentlichkeit konnte das

Schloss zu dieser Zeit erstmals bewusst wahrgenommen werden. Für die Berichterstattung in Presse und Fernsehen zeigte sich der DDR-Staatschef dort regelmäßig mit seinen Gästen. Besonders die gemeinsamen Fotos auf einem Sofa in der Audienzkammer (*Raum 3*) erlangten große Bekanntheit.

Neben den politischen Führern des Ostblocks empfing Honecker im Schloss Schönhausen, vollkommen abgeschirmt vom DDR-Alltag, zunehmend dem Kommunismus aufgeschlossene Vertreter junger Nationalstaaten in Afrika, Südamerika und Asien. Dem Schlossareal kam die Aufgabe zu, ein Klima der Exklusivität zu erzeugen. Die üppige Ausstattung mit Unterhaltungselektronik, Telefonen und Luxusprodukten wie Meißener Porzellan sollte die Gesprächspartner von der Bedeutung der DDR und ihrem hohen kulturellen und wirtschaftlichen Niveau überzeugen. Diese Manipulation hatte allerdings unerwünschte Nebeneffekte: Die Mitglieder der Delegationen waren oftmals vor allem daran interessiert, für sich selbst hochwertige Konsumgüter zu erwerben. So musste beispielsweise beim Besuch einer ghanaischen Regierungsdelegation im Oktober 1961 der Besuch im VEB Großdrehmaschinenwerk »7. Oktober« in Berlin-Weißensee abgesagt werden, weil die Delegationsmitglieder »lieber einkaufen wollten«.[163]

Für die Versorgung der Bewohner des Schlosses war die Hauptabteilung Personenschutz, Abteilung IX des Staatssicherheitsdienstes zuständig,[164] in deren Diensten Fahrer, Hauswirtschafter, Handwerker und Gärtner, allesamt mit Bodyguard-Ausbildung, standen. Wegen der Furcht vor Anschlägen versetzte Erich Mielke sein Ministerium stets in erhöhte Gefechtsbereitschaft, wenn Gäste in Schönhausen weilten.[165] Derartige Befehle trugen Decknamen wie »Gastfreundschaft« oder »Kampfbündnis«.

Die Sorgen des Ministers für Staatssicherheit waren aufgrund der umstrittenen Politik mancher Besucher nicht unberechtigt. Am 13. Dezember 1988 beispielsweise sprach der Vertreter der Palästinenser, Yassir Arafat, vor der UNO in New York. Nach jahrelangen blutigen Konflikten billigte er Israel nun zumindest ein Recht auf nationale Selbstbestimmung zu. Für viele Israelis war er jedoch nach wie vor ein Terrorist. Auf seiner Rückreise landete Arafat zwei Tage später in Berlin-Schönefeld und zog sich außerhalb des diplomatischen Protokolls erschöpft nach Schloss Schönhausen zurück.[166]

Umworben wurden in dieser Zeit ebenfalls zahlreiche westdeutsche Politiker, die im Rahmen ihrer Ostpolitik jeweils eine Nacht in diesem »Palast« verbrachten, darunter Willy Brandt (1985), Oskar Lafontaine (1987), Johannes Rau (1988), Lothar Späth (1989), Björn Engholm (1989) und Ernst Albrecht (1989).[167] Spätestens mit dem offiziellen Staatsbesuch Erich Honeckers in der Bundesrepublik 1987 war es für westdeutsche Politiker opportun, die DDR – außerhalb des Protokolls – zu besuchen. Die Erörterung von Entspannungs- und Abrüstungspolitik bot dafür ausreichend Anlass.

Wenige Tage, bevor die SED-Diktatur unter dem Druck der Demonstrationen in sich zusammenbrach, stand Schloss Schönhausen noch einmal im öffentliche Interesse: Im Oktober 1989 reiste Michail Gorbatschow zum 40. Jahrestag der DDR an – er sollte der letzte offizielle Gast sein, den Honecker in Schönhausen empfing (**60**).

Die folgenden Verhandlungen über die Wiedervereinigung Deutschlands wurden 1990 im Rahmen der Zwei-plus-Vier-Gespräche in den Hauptstädten aller beteiligten Staaten abgehalten.[168] Am 22. Juni 1990 kamen so die Außenminister der beiden deutschen Staaten, Hans-Dietrich Genscher und Markus Meckel, mit den

60 *Michail Gorbatschow im Gespräch mit Wojciech Jaruselski bei einem Empfang anlässlich des 40. Gründungstags der DDR im Schloss Schönhausen, 7. Oktober 1989*

61 *Zwei-plus-Vier-Gespräche in Schönhausen am 22. Juni 1990 (von links nach rechts: Roland Dumas, Hans-Dietrich Genscher, James Baker, Markus Meckel, Eduard Schewardnadse, Douglas Hurd)*

Außenministern James Baker (USA), Eduard Schewardnadse (Sowjetunion), Douglas Hurd (Vereinigtes Königreich Großbritannien) und Roland Dumas (Republik Frankreich) im Konferenzsaal des ehemaligen Präsidialamtes in Schönhausen zusammen (**61**).[169] Schewardnadse bewohnte das Schloss und durfte sich so gewissermaßen als Gastgeber fühlen. Außer den ostdeutschen Vertretern (die oftmals jahrelang sogar in direkter Nachbarschaft des Schlossgeländes gewohnt hatten) war keiner der Konferenzteilnehmer schon einmal vor Ort gewesen. Der aus den komplizierten Gesprächen hervorgehende

Zwei-plus-Vier-Vertrag bereitete den Weg für den Beitritt der DDR zur Bundesrepublik.

Schloss Schönhausen blieb nach der deutschen Wiedervereinigung ein Treffpunkt hoher Repräsentanten aus Politik, Wirtschaft und Gesellschaft. In den 1990er Jahren fanden dort auf Einladung des Bundesverbandes deutscher Banken die sogenannten Schönhauser Gespräche statt – ein Treffpunkt für den freien Meinungsaustausch zu den Problemen der Zeit. Dort kam es bisweilen unfreiwillig zu einem Zusammentreffen ehemaliger Schlossgäste. Im Oktober 1993 etwa sprach dort die Schriftstellerin Monika Maron über die Entfremdung zwischen Ost und West[170] – als Pflegetochter eines DDR-Innenministers war sie regelmäßig zu Besuch bei Wilhelm Pieck gewesen. 1995 sprach Lothar Späth bei den Schönhauser Gesprächen, diesmal als Geschäftsführer der Jenoptik GmbH, dem Rechtsnachfolger des ehemaligen VEB Carl Zeiss Jena.[171] Im Anschluss an die Gespräche fand regelmäßig ein gemeinsames Essen in der unverändert gebliebenen Atmosphäre des Schlosses statt.

62 *Staatsbesuch im Schloss Schönhausen, 1960er Jahre*

Die Ausstattung des Schlosses unter der DDR-Regierung

von Alfred P. Hagemann

Die unterschiedlichen Funktionen, die Schloss Schönhausen für die Regierung der DDR zwischen 1949 und 1990 erfüllte, hinterließen dort eine Fülle von Spuren. In diesen vierzig Jahren wurde das Schloss viermal entsprechend der wechselnden politischen Ansprüche und der unterschiedlichen Positionen der DDR-Kunstpolitik neu eingerichtet.

Die Ersteinrichtung als Amtssitz des DDR-Präsidenten, 1949/50

Es muss zunächst überraschen, dass man für das Staatsoberhaupt eines sozialistischen Staates ein Hohenzollern-Schloss wählte. Immerhin wurde fast zeitgleich das Berliner Schloss mit der Begründung beseitigt, es sei ein Symbol des preußischen Militarismus. An dessen Stelle sollte ein Regierungshochhaus nach Moskauer Vorbild den Neuanfang der sozialistischen Gesellschaft demonstrieren.[172] Diese Planungen wurden jedoch nie umgesetzt, und die realen Regierungsgebäude im Zentrum Berlins blieben bis in die 1960er Jahre auffällig bescheiden. So nutzte das ZK der SED bis 1959 ein ehemaliges Kaufhaus an der Torstrasse, die Volkskammer tagte bis 1976 in einem Hörsaal der Chirurgischen Gesellschaft in Berlin-Mitte.[173] Die wahren Machtverhältnisse wurden in Form des von 1949 bis 1952 errichteten gewaltigen Baus der Sowjetischen Botschaft Unter den Linden ersichtlich. Nach dem Krieg einer der ersten Neubauten im Zentrum Berlins, verkörperte er die unübersehbare Dominanz der Schutzmacht UdSSR.

Somit war Schloss Schönhausen in den ersten Jahren der DDR der einzige Ort, an dem sich der neue Staat repräsentativ darstellen konnte. Im Ringen um internationale Anerkennung war das Rokokoschloss von großer Bedeutung, da es mit der eleganten Treppe und den großzügigen Sälen die Standards der internationalen Diplomatie erfüllte. Mit Blick auf diese Möglichkeiten traten Bedenken über die Vereinbarkeit der aristokratisch-bürgerlichen Gepflogenheiten der Diplomatie mit dem sozialistischen Gesellschaftsbild in den Hintergrund (54).

Der Ausbau des Schlossareals zum Sitz des Staatsoberhauptes hatte für die Umgebung gravierende Folgen. Das gesamte Gelände wurde für die nächsten vierzig Jahre rücksichtslos aus dem Stadtorganismus herausgetrennt. Die Abmauerung des inneren Gartens zerschnitt dabei 1949 die Hauptverbindung zwischen Pankow und Niederschönhausen. Die Straßenbahnlinie zwischen den beiden Ortsteilen, die zuvor in einem Bogen dicht am Schloss vorbei verlaufen war, macht bis heute einen weiten Umweg (109).

Da das Schloss zu klein war, um alle Funktionen der Präsidialverwaltung darin unterzubringen, entstanden innerhalb der Mauer eine Reihe von Neubauten, die architektonisch den repräsentativen Charakter der Gesamtanlage unterstreichen sollten. Verschiedene Torhäuser und der Garagenkomplex im Norden wurden von Willi Weng 1950–1952 entworfen. Am südlichen Zugang entstand nach dem Entwurf von Hanns Hopp 1951/52 die Präsidialkanzlei für die Verwaltung sowie ein Kasinogebäude für die Mitarbeiter (117).[174]

Am Schloss selbst kam es äußerlich nur zu geringen Veränderungen. Als einzige Geste der Aneignung wurden das Monogramm der Königin und die Krone vom Bogengiebel entfernt (30). Darüber hinaus zeigte sich die neue protokollarische Funktion in der Aufstellung von drei Fahnenmasten und dem Anbringen von Schutzdächern für die Ehrenwache (29).

Im Inneren des Schlosses wurden 1950 die zentralen Funktionen des Präsidialamtes untergebracht. Neben dem Amtszimmer des Präsidenten im ersten Obergeschoss (*Raum 23*) und den Büros der Staatssekretäre im Erdgeschoss (*Raum 2, 3, 19, 18*) gehörten auch repräsentative Festsäle und Salons dazu. Darüber hinaus gab es für Pieck auch private Aufenthaltsräume, darunter der Ruheraum (*Raum 25*) und das Speisezimmer (*Raum 27*), obwohl er nicht im Schloss, sondern in einer Villa am Majakowskiring wohnte.[175]

Das Hauptaugenmerk bei der Umformung des Schlosses lag auf dessen Neueinrichtung. (Vgl. S. 108 ff., 117 ff.) Die prestigeträchtige Aufgabe, die Möblierung des Amtszimmers von Pieck zu entwerfen, wurde zwei führenden Architekten der DDR übertragen: Hanns Hopp und Kurt Liebknecht. Beide arbeiteten zur gleichen Zeit auch an Entwürfen für große Universitätskomplexe und ganze Neustadtplanungen.[176] Während die komfortable Einrichtung eines der Büros in der Präsidialkanzlei nur 700 D-Mark kostete, be-

liefen sich die Kosten für das Amtszimmer auf stattliche 60 000 D-Mark.[177] Die Sonderanfertigungen waren dementsprechend aufwendig gearbeitet und mit allen technischen Raffinessen ausgestattet. Neben einer integrierten Telefonanlage gab es auch einen Radio- und Musikschrank. Passend zu den dunklen Holzmöbeln mit seladongrünen Bezügen wurde ein Teppich in kräftigem Rostorange entworfen. Alle wesentlichen Ausstattungsstücke dieses Raumes haben sich bis heute erhalten und konnten als Leihgabe des Deutschen Historischen Museums nach Schönhausen zurückkehren (53, 63). Die Ausstattung der anderen Räume ist leider nur noch durch Photographien überliefert (89).[178]

In den Empfangsräumen wurden ebenfalls mit großem Kostenaufwand speziell angefertigte Möbel aufgestellt,[179] wohingegen in den Büros und Salons eine recht bunte Mischung von seriellen Stilmöbeln, wahrscheinlich aus dem Zentrum der DDR-Möbelproduktion Zeulenroda, herrschte (64).[180]

Stilistisch wurde versucht, die Möbel dezent dem historischen Ort anzupassen, ohne dabei ganz auf einen zeitgenössischen Bezug zu ver-

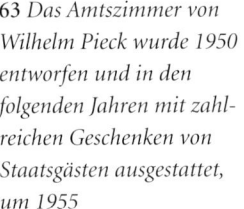

63 *Das Amtszimmer von Wilhelm Pieck wurde 1950 entworfen und in den folgenden Jahren mit zahlreichen Geschenken von Staatsgästen ausgestattet, um 1955*

zichten. So beziehen sich die Möbel des Pieckzimmers auf klassizistische Entwürfe, doch stehen sie mit dem Verzicht auf plastischen Schmuck
und der Betonung der Materialien in der Tradition der 1920er und 1930er Jahre. Diese Ausrichtung dürfte dem persönlichen Geschmack Piecks
entsprochen haben, der als gelernter Tischler
großen Wert auf handwerkliche Qualität legte.[181]

Besonders aufschlussreich für die politische
Selbstdarstellung der DDR-Repräsentanten ist
die Auswahl der im Schloss gezeigten Kunstwerke. Auf eindeutig ideologische Kunst wurde
dabei bewusst verzichtet. So nahm man von der
ursprünglich geplanten Aufstellung von Marx-,
Engels-, Lenin- und Stalinbüsten im Garten Abstand und platzierte dort stattdessen die Skulptur
eines Stahlgießers, wie sie damals auch im westlichen Europa hätte stehen können.[182] Im Schloss
selbst dominierten Kunstwerke, die die klassische
deutsche Kultur repräsentierten und die aus den
wichtigsten Museen der DDR entliehen waren.[183]
Im Treppenhaus waren großformatige Canaletto-
Ansichten von Dresden und Pirna zu sehen, in
den Salons standen Büsten von Bach und Beet-
hoven. In der Zederngalerie befand sich die Weimarer Gesamtausgabe der Werke Goethes in einem
eigens dafür entworfenen Schrank, beides war
Pieck 1951 aus Anlass seines 75. Geburtstages
übergeben worden.

Auch die Gemälde in Piecks Amtszimmer füg-
ten sich in dieses Bild ein. Sie waren 1949 im Museum der bildenden Künste in Leipzig ausgewählt
worden. Von einzelnen Objekten trennte sich der
Museumsdirektor nur widerwillig, wozu auch ein
prominentes Tischbein-Porträt von Schiller gehörte, das seitlich des Schreibtisches von Wilhelm
Pieck platziert wurde.[184] Die prominentesten Positionen im Raum nahmen zwei Landschafts-
gemälde mit überraschendem Inhalt ein. Direkt
hinter dem Schreibtisch des Präsidenten hing das
Gemälde »Landschaft aus dem Sabinergebirge
mit dem barmherzigen Samariter« von Friedrich
Preller. Gegenüber wurde Heinrich Gärtners »Ita-
lienische Landschaft mit der Rückkehr des ver-
lorenen Sohnes«[185] gezeigt (51).

Alles in allem ließ die Ausstattung des Schlos-

64 *Die Audienzkammer
als Arbeitszimmer von
Max Opitz, um 1955. Die
Ersteinrichtung des Büros
des Staatssekretärs bestand
aus einer zusammenge-
würfelten Kombination
dunkler Möbel*

ses die sozialistische Ausrichtung des Staates, den
es repräsentieren sollte, kaum erkennen. Die Vermeidung ideologischer Aussagen ist nur vor dem
Hintergrund der außenpolitischen Situation der
DDR in den 1950er Jahren zu verstehen, als sie
sich in Konkurrenz zu Bonn als das »wahre
Deutschland« präsentieren wollte. (Vgl. S. 62 ff.)
Der Schwerpunkt lag dabei auf der deutschen
Klassik, aber auch eine »Westfälische Mühle«
durfte nicht fehlen.[186] Ein direkter Bezug zum
gerade aufgelösten Preußen, wie ihn das Hohenzollern-Schloss nahelegte, wurde hingegen vermieden. Das so entstandene, betont zivile und
regelrecht harmlose Ambiente von Schönhausen
stellte eine politische Inszenierung dar, die sym-
bolisch war für die Konsolidierung der stalinistischen Diktatur im Osten Deutschlands.

Die Neueinrichtung ab 1952

Die Ersteinrichtung des Schlosses erfolgte zu
einem Zeitpunkt, da sich die Kunst- und Architekturpolitik des Regimes noch im Prozess der
Meinungsbildung befand. Daher waren 1949/50
noch Vertreter der Vorkriegsmoderne in Ent-
scheidungen über die Schloss- und Gartengestaltung involviert. (Vgl. S. 130 ff.) 1951 setzte jedoch
nach Vorgabe der Sowjetunion eine radikale Ab-
wertung der Moderne ein, die als »Formalismus«

und Ausdruck des Niedergangs des Kapitalismus interpretiert wurde. Statt ihrer wurde der »Stil der nationalen Tradition« propagiert, der in Berlin Bezug auf die Architektur Knobelsdorffs und Schinkels nehmen sollte.[187] Unter dem Eindruck dieser Debatte entstand 1952–1955 als erster innerstädtischer Repräsentationsbau der DDR die Staatsoper Unter den Linden von Richard Paulik. Der Wiederaufbau erfolgte dabei im »Geiste Knobelsdorffs«, und auch die Möblierung war konsequent im Stil des 18. Jahrhunderts gehalten.[188] Das Staatsopernprojekt hatte auch Auswirkungen auf Schönhausen. Im Vergleich mit dem ästhetisch gelungenen Gesamtergebnis der Staatsoper beurteilten Fachleute der Bauakademie der DDR die Ausstattung von Schönhausen 1954 als dem historischen Charakter des Schlosses nicht angemessen.[189] Daraufhin wurden die dunklen Holzmöbel von 1950 Schritt für Schritt durch historische Rokokomöbel ersetzt, die den Vorbildern aus der Staatsoper eng verwandt waren (**89**).[190]

Einen weiteren Schub erlangte die Umorientierung, als Staatssekretär Max Opitz 1959 den Architekten Alfred Grupe mit der Neumöblierung seines Arbeitszimmers beauftragte (**65**, *Raum 3*). Grupe erhielt die Weisung, die Serienmöbel durch eine stilistisch einheitliche Neo-Rokoko-Einrichtung zu ersetzen. So wurden vom gestickten Möbelbezugsstoff »Perikles« bis zur Tischleuchte »Maria Theresia« alle Raumelemente aufeinander abgestimmt. Bezeichnend für die veränderte Haltung gegenüber 1950 ist die Tatsache, dass Opitz mit den Entwürfen für die Fenstergriffe erst zufrieden war, als die ausführende Firma versicherte, diese entsprächen »in Form und Art der Ausführung in Schloss Sanssouci«[191].

Es zeigt sich, dass Mitte der 1950er Jahre die Scheu vor einem impliziten Bezug auf die preußische Geschichte überwunden war.

Der Umbau zum Staatsgästehaus 1964

Auch nach dem Tod Piecks 1960 blieb Schloss Schönhausen Sitz des höchsten Organs der DDR, da der neugegründete Staatsrat bis 1964 im Festsaal des Schlosses tagte. Dennoch stellt dieser Zeitabschnitt eine Zäsur dar. Die DDR konsolidierte sich in der Zeit des Mauerbaus zusehends und begann sich mit wachsender Selbstgewissheit zu repräsentieren. (Vgl. S. 70 ff.) An die Stelle der

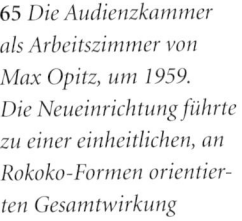

65 *Die Audienzkammer als Arbeitszimmer von Max Opitz, um 1959. Die Neueinrichtung führte zu einer einheitlichen, an Rokoko-Formen orientierten Gesamtwirkung*

bewusst unideologischen Ausrichtung an der deutschen Kultur unter Pieck trat nun auch in Schönhausen die deutliche Selbstdarstellung als sozialistischer Staat. Während der Staatsratsvorsitzende Walter Ulbricht die Möblierung des Schlosses und auch des Amtszimmers beibehielt, ersetzte er in einer symbolischen Geste das Gemälde hinter dem Schreibtisch durch das programmatische Bild »Die Plandiskussion« von Willi Gerike und Hans Zank (1950)[192] (57).

In dieser Zeit vollzog sich in der gesamten Architekturpolitik der DDR eine entscheidende Wende. Gerade hatte sich der Nationale Baustil stalinistischer Prägung nach dem Formalismusstreit durchgesetzt, da verkündete die sowjetische Führung bereits 1954 die Hinwendung zum International Style. Für die Umsetzung dieser Kehrtwende benötigte die DDR zwar einige Jahre,[193] doch dann demonstrierte die Staatsführung mit den modernen Planungen für das neue Berliner Zentrum ab 1959 ihre Gefolgschaft. Das 1962–1964 als erstes Regierungsgebäude im Herzen Berlins errichtete Staatsratsgebäude übernahm die Funktionen von Schloss Schönhausen und entsprach mit seinem modernen Design

und einer großen Zahl eindeutig sozialistischer Kunstwerke der selbstbewussten Überzeugung, die Moderne sei Ausdruck der Entwicklung des »neuen sozialistischen Menschen« in der DDR.[194]

Schloss Schönhausen wurde nach dem Umzug des Staatsrates 1964 zum Staatsgästehaus des Ministerrates der DDR umgebaut. In dieser Funktion war das Schloss prädestiniert dafür, den Anschluss der DDR an die internationalen Entwicklungen zu demonstrieren. In selbstbewusstem Kontrast wurde das historische Ensemble mit zeitgenössischen Elementen kombiniert. So entstand als direkter Gegensatz zum Schloss 1965 das kompromisslos moderne Appartementhaus, das mit seiner künstlerisch hochwertigen Ausstattung die das Staatsoberhaupt begleitenden Minister beherbergte.[195]

In den Räumen des Schlosses, die nur für die Nutzung durch den Staatsgast mit Begleitung (Ehepartner, Ärzte, Dolmetscher, Sicherheitskräfte) und für Empfänge offenstanden,[196] kam es zu einer funktionalen wie stilistischen Aufteilung in drei Bereiche. Das Amtszimmer Piecks wurde in der Ausstattung von 1950 belassen und musealisierte so als historischer Raum die kurze Geschichte der DDR, der es an anderen Gründungssymbolen mangelte.[197]

In den Repräsentationsräumen und Salons indes wurde die historistische Rokoko-Ausstattung komplettiert, indem man weitere Möbel nach dem Entwurf Grupes von 1959 herstellen ließ. Auch bei der baulichen Modernisierung ging man den Weg der späten 1950er Jahre konsequent weiter: Heizungsgitter wurden nach Vorbildern

66 In der Kombination mit den historischen Malereien sollte die Möblierung des Damenschlafzimmers eine feminine Ausstrahlung erhalten, um 1965

67 Das Herrenschlafzimmer des Staatsgästeappartements sollte in seinen Materialien bewusst zeitgenössisch wirken, um 1965

der Kaiserzeit im Neuen Palais in Potsdam gestaltet, und auch die Muster der neuen, mehrfarbig eingelegten Parkettböden (6) lehnten sich an Beispiele aus preußischen Schlössern an. Diese Elemente sind heute noch im Erdgeschoss erhalten.[198] Darüber hinaus wurden auch restauratorische Maßnahmen ergriffen, die erstmals Rücksicht auf die Geschichte des Schlosses nahmen. Zum Beispiel wurden die schwer beschädigten Innenwände der Zederngalerie durch Nachbauten ersetzt, die die historische Gliederung der Wände aufgriff – allerdings nicht ohne eine Symmetrie herzustellen, die es im Original nicht gegeben hatte (*Raum 18*).

Auch im Staatsgästeappartement im ersten Obergeschoss, für dessen Einbau der historische Grundriss völlig verändert werden musste (42), wurden historische Elemente integriert, hier aber bewusst mit einer modernen Möblierung kombiniert (*Raum 24–27*). So ließ der Architekt des Umbaus, Hans Hoßfeld, im Damenschlafzimmer die bereits mehrmals versetzten Malereien des 18. Jahrhunderts neu arrangieren und mit neuen Rokokorahmen versehen, da die galanten Szenen offenbar als besonders passend für einen Damenraum empfunden wurden. Die Möblierung hingegen spielt in der Formgebung nur dezent auf Vorbilder des Empire an, zeigt sich aber in der Materialkombination von Schleiflack, Emaille und Spannteppichboden auf der Höhe der internationalen Mode (66). Einen besonderen Effekt hat bis heute der Kontrast zu dem sich anschließenden Bad in der typisch kräftigen Farbgestaltung der 1960er Jahre mit lila Wand- und anthrazitfarbenen Bodenfliesen (11).

Die Möbel des Herrenschlafzimmers zeigen einen ähnlichen Entwurf, sollten aber durch fehlende Zierleisten »männlicher« wirken. Auch die Materialien wie Leder und Lammfell sowie die großen reinweißen Wandflächen unter der strengen Stuckdecke geben dem Raum eine herbere Note (67, *Raum 27*).

Mit der Kombination von Antiquitäten und eigenen Möbelentwürfen im Ankleidezimmer stellt Hoßfeld einen Übergang zwischen beiden bewusst zeitgenössisch eingerichteten Schlafräumen und den historistischen Empfangsräumen her (*Raum 24*).[199]

Schloss Schönhausen diente der DDR auch als eine Leistungsschau von Handwerk, Kultur und Industrie. Doch Anspruch und Wirklichkeit klafften besonders bei der Materialbeschaffung stark auseinander. Die scheinbare Selbstverständlichkeit, mit der internationale Moden bei Fliesen, Stoffen und der technischen Ausstattung aufgegriffen wurden, stand im scharfen Kontrast zu der realen Mangelwirtschaft im Land.

Die letzte Umgestaltung 1978

Fünfzehn Jahre nach der Einrichtung zum Staatsgästehaus kam es in der Regierungszeit Erich Honeckers zu einer nochmaligen Umgestaltung. In dieser Zeit fand in der DDR eine grundlegende Neubewertung der Geschichte und insbesondere des preußischen Erbes statt. Im Schloss Schönhausen – inklusive des Staatsgästeappartements und des Pieckzimmers – ersetzte man nun endgültig die gesamte Einrichtung durch Rokokomobiliar. Dabei griff man auf die Formen zurück, die schon 1959 entwickelt worden waren. So beruhen die Möbel in Raum 22 sämtlich auf den Entwürfen Grupes (59). Ergänzt wurde der Gesamteindruck durch Textiltapeten, die nach einem Vorbild im Neuen Palais entstanden, und Neuabformungen berühmter Tierfiguren der Meißener Porzellanmanufaktur.

Über die allgemeine stilistische Annäherung hinaus wurden aber auch erstmals ganz konkrete historische Bezüge hergestellt, wozu auch die Wiederanbringung der 1949 entfernten Krone an der Gartenfassade gehörte. Ganz bewusst wurde Schloss Schönhausen den Staatsgästen nun als Ort preußischer Geschichte präsentiert. Das zeigt sich besonders in der Tatsache, dass eigens für die wenigen offiziellen Besucher ein mehrsprachiger Führer gedruckt wurde, der das Schloss als eines »der bedeutenden Geschichts- und Kulturdenkmäler unseres Landes« vorstellt – wobei der Nutzung als wichtigstes Regierungsgebäude in der Gründungsphase der DDR nur ein Satz gewidmet ist.[200]

Schloss Schönhausen nach der Deutschen Einheit: Bau- und Sanierungsplanung

Vom Volkseigentum zum Stiftungsschloss

von Alfons Schmidt

Schloss Schönhausen wurde zum 1. Januar 1995 nicht in die neugegründete Stiftung Preußische Schlösser und Gärten Berlin-Brandenburg (SPSG) aufgenommen, da nur diejenigen Berliner Schlösser in das Stiftungsvermögen überführt wurden, die als Museum geführt wurden.

Schönhausen war bis 1918 Eigentum des preußischen Königshauses, dessen Vermögen im November 1918 beschlagnahmt und ab 1923 von der Preußischen Krongutverwaltung verwaltet wurde, die ihrerseits dem Preußischen Finanzministerium unterstand. Die folgende Vermögensauseinandersetzung zwischen Staat und Königshaus endete 1925 mit einem Vertrag, der 1926 Gesetzesform erhielt. Seither waren »Schloß und Park Niederschönhausen« preußisches Staatseigentum.[201] 1927 wurde die dem Kulturministerium nachgeordnete Verwaltung der Staatlichen Schlösser und Gärten eingerichtet, die alle Häuser aus der Krongutverwaltung übernahm, welche über ein kunst- oder kulturhistorisch wertvolles Inventar verfügten. Es entstanden die sogenannten Museumsschlösser. Schönhausen wies dieses Merkmal nach damaligen Maßstäben nicht auf und verblieb daher als Staatseigentum beim Preußischen Finanzministerium.[202]

Ab Oktober 1945 unterlag die Schlossliegenschaft der Verfügungsgewalt der Sowjetischen Militäradministration (SMAD), die 1946–1949 eine Schule für die Kinder ihrer Militärangehörigen einrichten ließ.[203] Mit Gründung der DDR 1949 wurden Schloss und innerer Schlosspark in »Eigentum des Volkes« umgewandelt; schon vor Gründung der DDR erfolgte die Verwaltung von deutscher Seite, was mit der künftigen Nutzung des Hauses als Amtssitz des ersten Präsidenten der DDR zusammenhing.[204] Mit dem Beitritt der DDR zur Bundesrepublik Deutschland am 3. Ok-

tober 1990 ging die Schlossliegenschaft in Bundesvermögen über. Dieser Übergang wurde 1991 formal vollzogen, seitdem wird die Schlossliegenschaft im Auftrag des Bundesfinanzministeriums durch das Bundesvermögensamt verwaltet.

Über dieses Amt wurden in den Folgejahren die »wirtschaftlich verwertbaren« Teile der Schlossliegenschaft einzeln veräußert respektive einer Nutzung zugeführt. Obgleich dieses »scheibchenweise« Vorgehen aus heutiger Sicht denkmalpflegerisch bedenklich war, ist es unter Berücksichtigung der damaligen Situation nachvollziehbar. Der Bund war aufgrund der »Wende« plötzlich mit einer großen Zahl von Immobilien aus dem DDR-Nachlass konfrontiert und musste handeln.

Die Eingangsgebäude an der Ossietzkystraße, bestehend aus Bürogebäude und Casino, wurden über das Bundesverteidigungsministerium zur Bundesakademie für Sicherheitspolitik (BAKS) entwickelt, nachdem vergeblich versucht worden war, dort eine Diplomatenschule des Auswärtigen Amtes einzurichten.

Das an der Dietzgenstraße gelegene ehemalige Hofgärtnerhaus mitsamt Grundstück wurde 1998 an einen privaten Erwerber veräußert, der das Gebäude sanierte und als Mietobjekt nutzt. Das unmittelbar benachbarte Grundstück der ehemaligen Hofgärtnerei mit der Orangerie wurde an die bundeseigene Gesellschaft Deutschbau, jetzt Deutsche Annington, abgegeben, die dort Wohnungen plant. Bisher befindet sich das Grundstück jedoch in einem zunehmend verwahrlosten Zustand.

Westlich des Parkeingangs, an der Tschaikowskistraße, befindet sich das als Plattenbau errichtete Appartementhaus, welches erst 2006 an einen privaten Erwerber veräußert wurde. Mangels Investition befindet es sich mittlerweile in einem bedenklichen Zustand. Das sogenannte Areal der Nordgaragen und Wirtschaftsgebäude nordwestlich des Parkeingangs ist mangels bisheriger Verwertung noch in der Verwaltung des Liegenschaftsfonds (LF). Intendiert wird durch den LF vorrangig eine Wohnbebauung in diesem Bereich.[205]

Der äußere Schlosspark wird seit der Vermögenszuordnung an Berlin vom Bezirk Pankow als öffentliche Grünanlage betrieben. Als letztes Teilstück der Liegenschaft Schönhausen verblieben somit das Schloss sowie der von der Gartenmauer umgebene, innere Schlossgarten.

Nachdem der Bund keine Verwendung für Schloss und inneren Schlossgarten finden konnte und das Land Berlin 1993 die Zuordnung beantragt hatte, wurden sie im Zuge der Vermögenszuordnung (Gesetz über die Zuordnung ehemals volkseigenen Vermögens – VZOG) im Oktober 1996 dem Land Berlin übergeben.[206] Da sich auch hierdurch keine wirtschaftliche Verwertung erreichen ließ[207] und sich der Bezirk Pankow finanziell außerstande sah, das Schloss zu übernehmen, wurde 1997 die Berliner Landesentwicklungsgesellschaft mbH (BLEG) vom Land Berlin mit der Verwaltung beauftragt.[208] Infolge der Liquidation der BLEG übernahm zum 1. Juli 2002 der Liegenschaftsfonds Berlin Entwicklungsgesellschaft mbH (LF) für das Land Berlin den Betrieb von Schloss und innerem Garten mit dem Ziel der Verwertung. Das Spektrum der Verwertungsmöglichkeiten lag dabei zwischen Veräußerung und öffentlicher Nutzung.[209]

Bis zur Konkretisierung der Übernahme des Schlosses durch die SPSG wurden zahlreiche Nutzungs- und Verwertungsalternativen entwickelt. Die BLEG erstellte 1998 Nutzungsvarianten für das Schloss, welche sowohl eine rein museale Nutzung als auch eine Mischnutzung aus Museum und Ort für protokollarische Zwecke der Berliner Landesregierung vorsahen. Untersucht wurden das Schloss und die Nebengebäude zudem auf ihre Eignung als Standort für eine internationale Musikakademie für Hochbegabte, aber auch eine ertragsorientierte Nutzung als Gebäu-de für Tagungen, Konferenzen, Hotel und Gastronomie wurde in Betracht gezogen.[210]

Die Übernahmebestrebungen durch die erst 1995 gegründete SPSG begannen bereits 1996, unterstützt durch Bürger, die Familie Dohna, die Politik und maßgeblich durch den Vorsitzenden des Fördervereins Freunde der Preußischen Schlösser und Gärten e. V. (FPSG), Thomas Gaethgens. Wie sich später herausstellen sollte, war es ein Glücksfall, dass im selben Jahr durch Ruth Cornelsen die Cornelsen Kulturstiftung anlässlich des 50-jährigen Bestehens des Cornelsen Verlags gegründet wurde, insbesondere in Erinnerung an den 1989 verstorbenen Firmengründer Franz Cornelsen. Durch Presseberichte jener Zeit, insbesondere in der »Frankfurter Allgemeinen Zeitung«, wurde Ruth Cornelsen auf Schloss Schönhausen aufmerksam.[211] Zu diesem Zeitpunkt wurden auch erstmals die bauphysikalischen Probleme der Schlossfassade durch die Medien an die Öffentlichkeit getragen.[212] Hierdurch entstand der Kontakt zwischen den Hauptakteuren jener Zeit, die sich fortan für die Eingliederung von Schloss Schönhausen als »Schloß Nr. 32« in die SPSG stark machten: Ruth Cornelsen, Joachim Giersberg (erster Generaldirektor der SPSG) und Thomas Gaethgens.

Die bauphysikalischen Probleme und die Angst vor einer denkmalpflegerisch und kulturell inadäquaten Verwertung des Schlosses führten dazu, dass Ruth Cornelsen, um dieses Juwel zu retten, dem Senat von Berlin und dem Regierenden Bürgermeister Eberhard Diepgen 1998 ein Angebot über eine Million D-Mark Fördermittel aus der Cornelsen Kulturstiftung zur denkmalpflegerischen Wiederherstellung der Außenfassade des Schlosses machte. Vom eigentlichen Problem – der schwerwiegenden Schadstoffbelastung – hatte man damals noch keine Kenntnis. Es bestand vielmehr die Hoffnung, dass nach erfolgter Fassadensanierung die Einrichtung des Schlosses als Museum relativ problemlos zu erzielen sei.

Eberhard Diepgen ging jedoch nicht auf das Angebot der Cornelsen Kulturstiftung ein,[213] obwohl er sich nach einem Besuch im Schloss Niederschönhausen bereits im Herbst 1997 gegenüber Bundesinnenminister Manfred Kanther dafür ausgesprochen hatte, das Haus für protokollarische Zwecke und eventuell zugleich als öffentliches Museum zu nutzen. Dabei schlug er auch vor, das Schloss der SPSG zuzuordnen, da so auch »die Gewichte innerhalb der Stiftung, die Sanssouci-bedingt eine gewisse brandenburgische Dominanz erkennen läßt, ein wenig ausgeglichen« würden.[214]

Bereits Anfang 1998 teilte die Senatskulturverwaltung der Stiftung mit, dass sich das Land Berlin »zur Frage der Nutzung des Schlosses Niederschönhausen dahingehend entschieden hat, mit vorrangiger Priorität die Übernahme dieses Schlosses durch die Stiftung Preußische Schlösser und Gärten Berlin-Brandenburg anzustreben«, und bot hierzu entsprechende Verhandlungen an.[215] Seitdem intensivierten sich die Bestrebungen des Generaldirektors der SPSG, Joachim Giersberg, zur Übernahme des Schlosses in das Stiftungsvermögen. Die damaligen Verhandlungen waren geprägt von der Idee, das Schloss nicht nur als Museum, sondern auch für protokollarische Zwecke durch das Land Berlin zu nutzen.[216]

Ein Personalwechsel der Akteure erfolgte 2001 mit Klaus Wowereit als Regierendem Bürgermeister von Berlin und 2002 mit Hartmut Dorgerloh als Generaldirektor der SPSG. Ruth Cornelsen hatte 2002 auf Initiative von Kulturstaatssekretär André Schmitz ihr Spendenangebot für die Fassadensanierung wiederholt, aber infolge der Einführung des Euro von einer Million D-Mark auf eine Million Euro aufgestockt. Verbunden war dieses Angebot mit der Bedingung, Schönhausen als »32. Schloß« in die SPSG einzubringen.[217]

2003 suchte das Bundespräsidialamt wegen der anstehenden Sanierung von Schloss Bellevue für etwa zwei Jahre ein temporäres Ausweichquartier für protokollarische Zwecke und ein Gästehaus des Bundespräsidenten.[218] Im Vorfeld war bereits das Bundesamt für Bauwesen und Raumordnung (BBR) beauftragt worden, ein baufachliches Gutachten zur Herrichtung Schönhausens als Gästehaus des Bundes zu erstellen.[219] Der Bund nahm nicht zuletzt wegen der hohen Investitionskosten, die vom BBR nachvollziehbar mit rund

14,8 Millionen Euro angegeben wurden, Abstand von diesem Vorhaben. Mit entscheidend war die extrem hohe Schadstoffbelastung insbesondere der Decken- und Dachkonstruktionen mit zell- und nervenschädigenden Holzschutzmitteln, die bei den Sanierungen zu DDR-Zeiten eingebracht worden waren.[220] Ebenso waren ein Sanierungs- und Nutzungskonzept sowie eine Kostenermittlung durch die SPSG ausschlaggebend, in der die vom BBR berechneten Investitionskosten für eine Gästehausnutzung unter weitgehender Entkernung des Bauwerks mit den Kosten für eine überwiegend museale Nutzung verglichen wurden. Durch die SPSG wurden hierfür nur rund 8,6 Millionen Euro berechnet, ausgehend von einer fast vollständigen Erhaltung der historischen Substanz.[221]

Ab 2003 standen die Verhandlungen zur Übernahme des Schlosses mit den drei Zuwendungsgebern der SPSG (Brandenburg, Berlin, Bundesrepublik Deutschland) unter dem Vorzeichen des für 2005–2008 neu abzuschließenden Finanzierungsabkommens. Dieses wurde unter der Maßgabe beschlossen, dass Brandenburg Schloss Paretz und Berlin Schloss Schönhausen in die SPSG überführte sowie dass der Betrieb des Schlossmuseums Oranienburg von brandenburgischer Seite finanziell abgesichert wurde.[222] Brandenburg hatte bereits 1997 begonnen, Schloss Paretz mit dem Ziel einer Übergabe an die SPSG zu sanieren. Auch in diesem Fall war es Ruth Cornelsen, die mit der Finanzierung der Restaurierung der berühmten Paretzer Papiertapeten durch eine millionenschwere Spende den entscheidenden Impuls gab. 2003 sprachen sich die drei Zuwendungsgeber der SPSG für die Übernahme der beiden Schlösser und des Schlossmuseums Oranienburg durch die SPSG aus, vorbehaltlich einer Einigung über die weitere Finanzierung und die Sanierung der Häuser.[223]

Der Regierende Bürgermeister Klaus Wowereit konnte am 20. April 2004 mit dem Bund dahingehend Übereinstimmung erzielen, dass der SPSG Schloss Schönhausen mitsamt innerem Garten übertragen werden sollte, vorbehaltlich der Klärung der Finanzierung von Investitionen und Betriebskosten. Damit war die Grundlage für die Senatsverwaltung geschaffen, konkrete Schritte in diese Richtung zu unternehmen.[224]

Im Februar 2005 legte der Berliner Senat daraufhin die Voraussetzungen für die Übertragung an die SPSG fest: Einhaltung der Kostenobergrenze von 8,6 Millionen Euro für die Schlosssanierung unter Inanspruchnahme eines Finanzierungsmodells aus verschiedenen Finanzquellen, vorzeitige Besitzeinweisung der SPSG sowie die Schlosssanierung im Rahmen der Fördermittelzeiträume.[225] Damit war von Berliner Seite alles getan, um die Eckpunkte für den Entwurf des Finanzierungsabkommens 2005–2008 für die SPSG zu definieren.[226]

Der Berliner Senat entschied dementsprechend am 16. August 2005, das Brandenburger Kabinett am 23. August 2005 über den verhandelten Entwurf.[227] In diesem Finanzierungsabkommen, unterzeichnet am 30. August 2005 durch den Stiftungsrat der SPSG, legten Kulturministerin Johanna Wanka (Brandenburg), Staatsministerin Christina Weiss (Bund) und Kultursenator Thomas Flierl (Berlin) in § 1 fest: »Die vertragschließenden Seiten sind sich einig, dass Schloß und Park Paretz, das Schloßmuseum Oranienburg und das Schloß Schönhausen Bestandteil der Stiftungseinrichtungen im Sinne der Präambel werden. Unter der Bedingung der nach Maßgabe der Absätze 2 und 3 abgeschlossenen Sanierung sollen die Liegenschaften Schloß und Park Paretz und Schloß Schönhausen in das Eigentum der Stiftung übernommen werden.«[228] Damit waren die formalrechtlichen Voraussetzungen für die Finanzierung der Schlosssanierung und den Planungsbeginn geschaffen.

Auf Verwaltungsebene hatten die Vorbereitungen hierzu zwischen Senatsverwaltung und SPSG bereits Ende 2004 begonnen.[229] Das Hauptthema war dabei die Sicherstellung der Finanzierung der Gesamtbaukosten in Höhe von 8,6 Millionen Euro. Hier stellte sich abermals die Millionenspende der Cornelsen Kulturstiftung als tragende Säule heraus. Aufgestockt mit Mitteln aus der Europäischen Union, des Mauerfonds, der Deutschen Stiftung Denkmalschutz, des Bundesbeauf-

tragten für Kultur und Medien und der Stiftung Deutsche Klassenlotterie Berlin, konnte die Finanzierung gesichert werden. Ruth Cornelsen erhöhte 2008 die Gesamtsumme zusätzlich um 350 000 Euro aus der Cornelsen Kulturstiftung für die Restaurierung der wertvollen Wand- und Deckenfassung des 18. Jahrhunderts im Festsaal.

Das Jahr 2005 war von der formalen Antragstellung und Bewilligung der Fördermittel geprägt. Parallel erfolgten hierzu die Sanierungsplanung durch die Abteilung Baudenkmalpflege der SPSG und die Bauaufnahme. Um die SPSG handlungsfähig zu machen, wurde am 24. Juni 2005 ein Verwaltervertrag für das Schloss zwischen dem Liegenschaftsfonds und der SPSG geschlossen, der am 1. August 2005 mit der vorzeitigen Besitzeinweisung des Schlosses in das Stiftungsvermögen durch das Bezirksamt Pankow endete. Die Eigentumsübertragung von Schloss und innerem Schlossgarten an die SPSG war im Rahmen der Vermögenszuordnung nach dem VZOG nach Abschluss der Sanierung, spätestens zum 31. Dezember 2009, vorgesehen.[230]

Mit der Eingliederung von Schloss Schönhausen in die SPSG sind das Schloss Königin Elisabeth Christines und Schloss Sanssouci, Wohnsitz ihres Gemahls Friedrichs II., wieder unter dem Dach einer Verwaltung zusammengeführt, wie es schon bis 1918 der Fall war. Wertvolle Kunstwerke konnten dadurch an ihren angestammten Standort zurückkehren. Bei den langwierigen und oft zähen Verhandlungen mit den Zuwendungsgebern der SPSG war nicht nur der wirtschaftliche Blickwinkel der öffentlichen Stellen entscheidend. Ziel der Verhandlungen war es vor allem, die Kulturgüter zu bewahren und der Öffentlichkeit zugänglich zu machen. Die Entwicklungen hätten aber auch anders verlaufen können. Wäre frühzeitig ein Investor auf den Plan getreten, wäre Schloss Schönhausen heute vielleicht ein Hotel oder ein privates Wohnhaus. Es ist auf die Beharrlichkeit der Mäzene, der Denkmalpfleger, der Politiker und einer engagierten öffentlichen Verwaltung zurückzuführen, dass dieses Juwel des preußischen Rokoko künftig der Öffentlichkeit dienen kann.

Die Leitlinien zur Denkmalpflege und Restaurierung

von Alfons Schmidt

Der Planungsprozess für die Sanierung von Schloss Schönhausen war von vier wesentlichen Parametern geprägt:

1. Die Baukosten wurden mit maximal 8,6 Millionen Euro gedeckelt.

2. Die Giftstoffbeseitigung musste unter Erhaltung der Denkmalsubstanz erfolgen.

3. Die Baumaßnahmen mussten trotz langwieriger Verwaltungs- und Genehmigungsverfahren im Frühjahr 2005 aus dem Stand heraus begonnen werden, um die Termine für die Gebäudesanierung bis Ende 2007 und die Herrichtung des Museums bis Ende 2009 sicherzustellen. Der Baubeginn musste ohne vorherigen Abschluss der Planung organisiert werden und zugleich flexibel in Bezug auf spätere Erkenntnisse aus der Bauforschung bleiben.

4. Die Erhaltung aller Geschichtsepochen im Haus erforderte unterschiedliche, zum Teil konträre denkmalpflegerische, restauratorische und technische Herangehensweisen.

Die Leitlinien zur Denkmalpflege und Restaurierung wurden durch den Arbeitsprozess definiert. Verschiedene Ansätze standen hier zur Diskussion. So beispielsweise eine weitgehende Rekonstruktion der Räume im Stile des 18. Jahrhunderts, was jedoch bedeutet hätte, die Zeugnisse der nachfolgenden Epochen zu negieren.

Die Kosten der Restaurierung in Höhe von 8,6 Millionen Euro wurden 2004 von der SPSG durch die Abteilung Baudenkmalpflege unter der Prämisse »Armut ist der beste Denkmalpfleger« ermittelt. Die Summe war auf Grundlage der Erhaltung aller Zeitschichten im Gebäude festgelegt worden.[231] Im Laufe der Umsetzung konnte dieser Kostenrahmen sogar auf 8,4 Millionen Euro reduziert werden. Auf diese Weise konnte die SPSG mit 8,4 Millionen Euro als »Mindestbieter« für das Schloss auftreten. Eine vollständige Rekonstruktion im Sinne des 18. Jahrhunderts hätte hingegen nicht nur mindestens die doppelte Summe verschlungen und in weiten Teilen einen Neubau unter Vernichtung der Spuren des 19. und 20. Jahrhunderts bedeutet, sondern mangels Finanzierbarkeit die Herrichtung des Schlosses als Museum und dessen Übernahme in die Schlösserstiftung wohl unmöglich gemacht.

Aufgrund der kategorischen Festlegung der Kostenobergrenze seitens des Berliner Senats[232] und des hohen Termindrucks, die Fördermittel der Europäischen Union bis Ende 2007 ausgeben zu müssen, wurde von Anfang an konsequent nach der Grundregel der Denkmalpflege gearbeitet: Konservieren statt rekonstruieren. Daher wurden alle Planungen und die Restaurierung darauf ausgerichtet, in denjenigen Raumgruppen, die für eine bestimmte Epoche im Schloss besonders repräsentativ sind, die typischen Merkmale wieder herauszuarbeiten und damit auch vermeintliche Brüche bewusst in Kauf zu nehmen.

Schließlich sollte diese Vorgehensweise auch dazu dienen, baukonstruktive und materielle Veränderungen aller Epochen zu erhalten, wie die vielfach umgebauten Holzbalkendecken, den kontaminierten Dachstuhl oder die Veränderungen des Grundrisses. Substanzverluste sollten nur dann akzeptiert werden, wenn anderenfalls eine gefahrlose Nutzung als Museum unmöglich gewesen oder die Denkmalsubstanz selbst geschädigt worden wäre.

Denkmalpflege im Überblick

von Ayhan Ayrilmaz und Steffen Domalski

Die Sanierung von Schloss und Garten Schönhausen war nicht nur unter denkmalpflegerischen Aspekten sehr anspruchsvoll. Als »öffentlich-rechtliche Baumaßnahme« war die Sanierung im Hinblick auf ihre Planung und Realisierung einer Vielzahl von kommunalen, nationalen und europäischen Vorschriften unterworfen.[233] So musste ein Großteil der Planungs- und Bauleistungen europaweit öffentlich ausgeschrieben und vergeben werden. Das zog zeitaufwendige Auswahlverfahren nach sich, in denen Firmen aus ganz Europa ihre Fachkunde, Leistungsfähigkeit und Zuverlässigkeit im Bereich der Denkmalpflege nachweisen mussten.

Im ersten Schritt wurde stiftungsintern eine Arbeitsgruppe aus den jeweiligen Experten gebildet,[234] die zunächst Grundsatzfragen erarbeitete und klärte. Aufgabe der Arbeitsgruppe war die gemeinsame detaillierte Entwicklung sämtlicher Konzepte, so des Denkmalpflege-, Nutzungs-, Ausstellungs- und Marketingkonzepts.

Der nächste Schritt war die konkrete Umsetzung der Sanierungsplanung. Dazu wurde ein Planungsteam aus unmittelbaren Vertretern der Abteilungen der SPSG gebildet, welches als Bauherrenvertretung sämtliche Maßnahmen zu beauftragen und zu koordinieren hatte.

Finanzierung der Baumaßnahme

Anfangs bestand die größte Aufgabe in der Klärung der Gesamtfinanzierung der Baumaßnahme.[235] Es gab diverse Zuwendungsgeber und Sponsoren, die zu einer Mitfinanzierung bereit waren. Die Sicherung der Gesamtfinanzierung war für das Engagement dieser Geldgeber aber die zwingende Voraussetzung. Die Gesamtbaukosten wurden nach einer gutachterlichen Stellungnahme der Abteilung Baudenkmalpflege im April 2004 auf ca. 8,6 Millionen Euro geschätzt, konnten aber schließlich auf 8,4 Millionen gesenkt werden.[236] Diese Summe war weitaus geringer als zahlreiche andere Schätzungen, da sie nicht die Rekonstruktion der Innenräume beinhaltete.[237] Auch wurde in vielen Bereichen bewusst auf eine aufwendige haustechnische Gebäudeausrüstung verzichtet. So war beispielsweise keine Klimatisierung der Räume mit Be- und Entfeuchtung vorgesehen, was auch im Hinblick auf den Erhalt der historischen Bausubstanz wünschenswert war.

Da die SPSG bis zur Eigentumsübertragung des Schlosses und des Gartens durch das Land Berlin keine Eigenmittel investieren durfte,[238] kam es nach langwierigen Verhandlungen und nach der Prüfung einer Vielzahl möglicher Finanzierungsmodelle zu folgendem »Fördermittelcocktail«:

a) Cornelsen Kulturstiftung
   0,50 Mio. Euro
b) Bundesbeauftragter für Kultur und Medien
   0,45 Mio. Euro
c) Mauerfond
   0,85 Mio. Euro
d) Stiftung Deutsche Klassenlotterie Berlin
   3,00 Mio. Euro
e) Europäischer Fonds für regionale Entwicklung
   (EFRE) 3,50 Mio. Euro
f) Deutsche Stiftung Denkmalschutz
   0,10 Mio. Euro

Die Summe der Gesamtbaukosten betrug:
   8,40 Mio. Euro

Darüber hinaus finanzierte Ruth Cornelsen die Schlosssanierung über die Cornelsen Kulturstiftung mit weiteren 850 000 Euro für die Fassade und den Festsaal.

Von den Gesamtbaukosten in Höhe von 8,4 Millionen Euro betrugen die Kosten für die Bau- und Restaurierungsmaßnahmen zirka 4,8 Millionen Euro. Jeweils eine Million Euro wurden für die technische Gebäudeausrüstung und den Garten verausgabt. Die übrigen zirka 1,6 Millionen Euro wurden für zahlreiche Planungstätigkeiten wie Bauforschungen und die Erstellung von Gutachten durch Planungs- und Fachplanungsbüros aufgewendet.

Grundlagenermittlung und Planung

Vor Beginn der Baumaßnahme wurden umfangreiche Untersuchungen durchgeführt. Neben einer Fotodokumentation[239] wurde ein verformungsgerechtes Aufmaß[240] erstellt. Zudem wurden tiefgreifende Untersuchungen im Bereich der Bauforschung durchgeführt. Sämtliche Pläne, Dokumente und Inventarlisten wurden systematisch erfasst und in einem Raumbuch dokumentiert.[241] Hier fanden auch alle Erkenntnisse, die im Laufe der planungsbegleitenden Arbeiten zu Tage kamen, sowie die Ergebnisse der restauratorischen Untersuchungen[242] ihren Eingang. Um die denkmalgerechte Planung vorbereiten zu können, waren im Vorfeld eine Vielzahl von Gutachten erforderlich. So wurden neben einem detaillierten Schadstoffgutachten auch ein bauphysikalisches und baukonstruktives sowie ein Brandschutzgutachten erstellt. Insgesamt waren ca. 20 Planungsbüros und 35 ausführende Firmen an den Bau- und Restaurierungsmaßnahmen beteiligt.

Projektablauf

Bei der Übernahme von Schloss und Garten Schönhausen im Jahre 2005 befand sich die gesamte bauliche Anlage in einem dringend sanierungsbedürftigen Zustand. Die historische Bausubstanz war zwar größtenteils erhalten, aber vor allem die unterschiedlichen Überformungen und Sanierungsmaterialien der 1960er bis 1980er Jahre waren inzwischen wieder schadhaft. Die Gebäudesubstanz war allgemein durch hohe Schadstoffmengen belastet, die eine gefahrlose Nutzung nicht möglich machten und daher dringenden Handlungsbedarf implizierten.

Die Aufgabe der SPSG bestand darin, Schloss und Garten Schönhausen unter der Maßgabe einer denkmalgerechten Sanierung wieder als Schlossmuseum nutzbar zu machen. Alle Zeitschichten bis zur letzten großen Umgestaltung der Schlossräume im Jahr 1978 sollten, sofern keine baukonstruktiv notwendigen Eingriffe dagegen sprachen, nachvollziehbar erhalten bleiben. Brüche und Zäsuren in Schloss und Garten sollten somit für den Besucher ablesbar und erlebbar werden. Das betraf nicht nur den historischen Ausbauzustand des 18. Jahrhunderts, sondern auch die jüngeren Zeitschichten ab dem Zweiten Weltkrieg, welche aus denkmalpflegerischer Sicht eine besondere Bedeutung für die Nachkriegsgeschichte Deutschlands aufwiesen.[243]

Vorgehen

Nachdem die konkrete Befundsituation der einzelnen Räume und eine differenzierte Bewertung der Bauphasen vorlagen, erfolgte auf deren Grundlage die Erarbeitung und Umsetzung der baulichen und restauratorischen Maßnahmen – immer unter der Prämisse der Konservierung aller bauzeitlich relevanten Phasen des Schlosses.

Bei der Übernahme von Schönhausen wurden im Wesentlichen folgende Schadensbilder festgestellt:[244]

– Massive Schadstoffbelastungen aus dem Umbau in den 1960er Jahren
– Starke Schäden im gesamten Fassadenbereich, insbesondere durch den feuchtigkeitsundurchlässigen Glaskröselputz von 1983
– Starke Schäden im Granitsockelbereich durch Feuchtigkeit und Frost
– Schäden an der Dachdeckung

- Riss- und Setzungsschäden durch die zahlreichen Bauphasen und Ergänzungen
- Stark veralteter und teils kontaminierter Zustand der gesamten technischen Gebäudeausrüstung
- Weitere »klassische Schäden« durch unterbliebenen Bauunterhalt, wie beispielsweise Mängel an Fenstern und Verblechungen

Nach einer Bestandsanalyse der Liegenschaft wurde im ersten Schritt festgelegt, dass die gesamte Gebäude- und Nutzungsstruktur mit ihren baulichen Veränderungen als erhaltenswerte Grundstruktur zu bewerten sei. Auf Grundlage der restauratorischen und bauarchäologischen Untersuchungsergebnisse wurde von den Projektbeteiligten in enger Abstimmung mit dem Landesdenkmalamt Berlin eine Wertung durchgeführt – mit dem Ergebnis, dass lediglich die Veränderungen von 1983, die sowohl aus denkmalpflegerischer als auch aus baukonstruktiver Sicht massive Schwächen aufwiesen, entfernt werden sollten. Der Rückbau dieser Bauphase bezog sich in erster Linie auf den Bereich der Fassade. Als Grundsatz wurde festgelegt, dass sowohl die künftige Nutzung als auch die baulichen Maßnahmen aus dem vorgefundenen Bestand zu entwickeln seien. Somit wurden beispielsweise die Räume, die seit Anfang des 20. Jahrhunderts als Nebennutzflächen in Gebrauch waren (Toilettenanlagen, Haustechnikräume, Aufzugsschächte), modernisiert und beibehalten. Unvermeidbare Eingriffe in die Bausubstanz wurden auf die Bereiche im Gebäude konzentriert, die bereits durch vorangegangene Sanierungsmaßnahmen gestört waren.

Umsetzung der Planungen

Der 2005 begonnene Planungsprozess war innerhalb eines Jahres so weit gediehen, dass im September 2006 mit der Ausführung der Leistungen in Schloss und Garten begonnen werden konnte. Um eine Gefährdung durch austretende Giftstoffe während der Bauzeit auszuschließen, wurden

gleich zu Beginn Dekontaminationsarbeiten ausgeführt, im Zuge derer die Schadstoffe beseitigt oder durch Abschottung unschädlich gemacht wurden. Im Anschluss daran wurden umfangreiche Arbeiten an der Fassade und am Dach vorgenommen, danach wurden die Maßnahmen in den Innenräumen umgesetzt. Sämtliche Leistungen wurden auf der Grundlage der von der Senatsverwaltung für Wissenschaft, Forschung und Kultur genehmigten Bauplanungsunterlage[245] realisiert.

Die Dekontamination des Bauwerkes

Im Rahmen der umfangreichen Schadstoffuntersuchungen wurde im Schloss Schönhausen eine Vielzahl von Schadstoffen[246] festgestellt, die stark gesundheitsgefährdend sind. Exemplarisch für die schwierigen Dekontaminationsarbeiten im Schloss Schönhausen stehen die Holzbalkendecken sowie die hölzerne Dachkonstruktion. Hier wurden die als krebserregend und erbgutschädigend eingestuften Verbindungen Pentachlorphenol (PCP), Lindan und Dichlordiphenyltrichlorethan (DDT) nachgewiesen, die in Kombination miteinander auftraten.[247] Diese Kontamination[248] war auf den Eintrag von Holzschutzmitteln im Rahmen der in den 1960er Jahren ausgeführten Umbauarbeiten zum Gästehaus zurückzuführen (**68**).

Die Sanierungsmethode wurde unter Berücksichtigung der geplanten Nutzung, denkmalpflegerischer Aspekte sowie der Kosten gewählt. Die Holzkonstruktionen im Dachbereich und die Holzbalkendecken wurden mit einem mehrlagigen Anstrich maskiert, die Holzbalken wurden

68 *Kontaminierte Holzbalkendecke*

zusätzlich mit Folien versiegelt, um sicherzustellen, dass keine Giftstoffe in die Raumluft entweichen können. Dies sind übliche Vorgehensweisen zur Giftstoffabschottung in Bauwerken.

Die erst in den 1990er Jahren aufgebrachte Dachdeckung wies aufgrund fehlerhafter Ziegel irreversible Frostschäden auf, weshalb diese vollständig abgedeckt werden mussten (19). Somit konnte auch die Wahl der Dekontaminationstechnik im Dachbereich auf eine allseitige Behandlung der Konstruktionshölzer fallen. Diese Behandlung war die Voraussetzung für eine Maskierung, bei der sämtliche Holzoberflächen gesperrt werden konnten, um einen weiteren Austritt von Schadstoffen aus den Holzbauteilen auszuschließen.

Vor Baubeginn mussten ein Wetterschutzdach über dem gesamtem Schloss sowie Personenschleusen zur Einhaltung des Arbeitsschutzes auf der Baustelle errichtet werden (69). Sämtliche Dekontaminationsarbeiten waren unter »Vollschutz« auszuführen, d. h. alle Bauarbeiter mussten in Schutzanzügen und mit Atemmasken arbeiten (70). Zur Vermeidung der Schadstoffverschleppung in nicht kontaminierte Bereiche des Schlosses mussten die Arbeitsbereiche im Dachgeschoss von den übrigen Gebäudeteilen isoliert werden. Hierzu wurden in einem aufwendigen Verfahren staubdichte Schleusen eingebaut.

Zu Beginn der Dekontaminationsarbeiten wurden sämtliche Oberflächen im Dachbereich im Trockenverfahren abgesaugt. Nach dieser ersten Reinigung konnten die Dachziegel abgenommen werden, so dass nach Freilegung der Konstruktionshölzer die eigentlichen Maskierungsarbeiten

70 *Anlegen der Schutz-*
anzüge

71 *Granitsockel an der*
Westfassade

beginnen konnten. Die entstaubten Holzoberflächen wurden mit mehrlagigen Schutzanstrichen im Spritzverfahren versiegelt.

Mit dem gewählten Sanierungskonzept der Maskierung konnten weite Teile der Bausubstanz erhalten werden. Die Entstaubung der Dachgeschossebene muss regelmäßig etwa alle drei Jahre wiederholt, die schadstoffbindende Wirkung der Maskierung erst nach rund dreißig Jahren erneuert werden. Diese Unterhaltsarbeiten sind unter dem Aspekt der substanzschonenden Vorgehensweise angemessen, weil hierdurch die denkmalgeschützte Baukonstruktion erhalten werden konnte und gleichzeitig das Schloss gefahrlos als Museum nutzbar ist.

Nach der erfolgten Dekontaminierung des Dachstuhls wurde nach historischem Vorbild eine klassische Doppeldeckung mit Biberschwänzen als Dachdeckung gewählt. Die rote Farbe der Ziegel, welche seit dem 18. Jahrhundert die ursprünglich anthrazitfarbene ersetzt hatte, wurde beibehalten. Auch die Dachkontur und die Dachelemente wurden weitestgehend beibehalten.

Die Fassadenrestaurierung

Die 2005 vorgefundene Situation an der Außenfassade war das Ergebnis der letzten, in den 1980er Jahren durchgeführten Überformung mit einem sogenannten Glaskröselputz.[249] Dabei handelt es sich um einen Kunstharzputz mit feingestoßenen scharfkantigen Glaszusatzstoffen, der eine feuchtigkeitsundurchlässige Schicht auf der

Fassade erzeugt (19, 97). Im Sockelbereich waren allseitig umlaufend Granitplatten vorgeblendet, vermutlich zur Kaschierung von früher aufgetretenen Feuchtigkeitsschäden im Sockelputz (72). Eine Sperrschicht gegen aus dem Erdreich in das Mauerwerk aufsteigende Feuchtigkeit war nicht vorhanden.

Um das Schadensbild detaillierter beurteilen zu können, wurden die Granitplatten in Teilbereichen demontiert sowie Putzflächen und Fundamente freigelegt. Die aus den bauphysikalischen Eigenschaften der verwendeten Materialien entstandenen Probleme konnten an den geschädigten Fassadenteilen abgelesen werden (71, 73).

Am Sockelmauerwerk waren nach der Demontage der Granitplatten durchfeuchtete, salzbelastete Bereiche erkennbar, die vermutlich aus Feuchtigkeit hinter den Granitplatten resultierten. Die im Labor untersuchten Proben ergaben, dass der Feuchteeintrag fast ausschließlich von einsickerndem Oberflächenwasser stammte. Der Schadensanteil im Mauerwerk aufgrund der aus dem Erdreich aufsteigenden Feuchtigkeit wurde hingegen als gering erachtet. Um weitere Schädigungen bei größtmöglichem Erhalt der Bausubstanz zu vermeiden, wurden Maßnahmen zur Verbesserung der Oberflächenwasserableitung in der Sockelzone getroffen, so unter anderem das Einbringen einer Tonschicht bis zirka 30 Zentimeter unter der Geländeoberkante, das Aufbringen einer Dichtschlämme und durchlässige Anstriche auf Kalk- beziehungsweise Silikatbasis auf dem Mauerwerk (74).

Im Zuge dieser Arbeiten wurden auch die Werksteinstufen auf der Gartenseite des Schlosses entfernt und die Fensterfußpunkte saniert und ergänzt. Die neuen Stufen aus Sandstein wurden entsprechend den Ergebnissen der Bauforschung um zirka 5 Zentimeter tiefer eingesetzt, um die Proportionsverzerrungen, welche in den 1950er Jahre durch eine Geländeanhebung entstanden waren, etwas zu korrigieren. Im Vorfeld wurde in diesem Bereich das Gelände geringfügig abgesenkt.

Nach Entfernung des Glaskröselputzes an einzelnen Fassadenbereichen, auch in oberen Putzlagen, war erkennbar, dass Teile des Ziegelmauer-

Gartenfassade mit Feuchteschäden (73, o. r.), nach der Demontage der Granitplatten im Sockelbereich (72, o. l.) und nach der Sanierung (74, u.)

werks sowie überwiegende Teile der Kalkputzschichten aus dem 17. und 18. Jahrhundert nicht mehr die erforderliche Festigkeit aufwiesen. Die Eigenschaft des Glaskröselputzes, Feuchtigkeit nicht entweichen zu lassen, hatte die Tragfähigkeit der tieferliegenden Putzlagen stark beeinträchtigt. Um eine nachhaltige Sanierung der Fassade zu erreichen, wurde der Glaskröselputz vollständig entfernt, die nicht tragfähigen früheren Putzschichten wurden substanzschonend abgenommen und neu aufgebaut (76).

75 *Geschädigter Fenster-
sturz, Mittelrisalit Westfassade, Erdgeschoss,
Bauzustand 2007*

76 *Ausbesserungen der
beschädigten Mauerwerks-
bereiche*

77 *Waschbetonverkleidung
an der Westfassade, Mittelrisalit*

Darüber hinaus zeigte sich nach Freilegung der Putzflächen, dass das Mauerwerk nicht nur durch den Glaskröselputz geschädigt war, sondern das Mauerwerksgefüge auch durch die Umbauarbeiten in der über dreihundertjährigen Geschichte des Gebäudes stark in Mitleidenschaft gezogen worden war. Eine umfangreiche Sanierung der gestörten Mauerwerksbereiche nach Vorgaben der Tragwerksplanung war daher im Vorfeld der Putzarbeiten zwingend notwendig.[250]

Das Mauerwerk war unter anderem in den Sturz- und Laibungsbereichen der Fensteröffnungen stark geschädigt. Durch zahlreiche Umbau-

ten war das statische Gefüge aufgrund loser Steine und fehlender Verzahnung gestört. Darüber hinaus lagen die im Rahmen der Umbauarbeiten in den 1960er und 1980er Jahren eingebauten Stahlstürze über den Fenstern nicht mehr in der Fassadenflucht. Das Gefüge der gemauerten Stürze war in weiten Teilen instabil, so dass auch hier umfangreiche Sanierungsarbeiten erforderlich wurden (75).

Einige Bauteilergänzungen waren in der gesamten Gebäudehöhe vom Bauwerkskern aus dem 17. Jahrhundert gelöst. Um das statische Gefüge der Fassadenkonstruktion wiederherzustellen, wurden die voneinander »getrennten« Gebäudeteile mittels Vernadelung durch diagonal angeordnete Edelstahlanker wieder miteinander verbunden. Das gesamte Gebäude wurde mit Stahlankern horizontal verspannt. Hierzu wurden oberhalb der Deckenlagen in der Erd- und Dachgeschossebene Flachstahlbänder parallel zu den Fassaden angeordnet. Mit diesen minimalinvasiven Eingriffen in die tragende Baukonstruktion wurde unter größtmöglichem Erhalt der vorhandenen Denkmalsubstanz das in weiten Teilen gestörte Gefüge des Mauerwerks wiederhergestellt, so dass eine weitere Rissbildung der Fassadenflächen, die wegen des Baualters nicht auszuschließen ist, in Zukunft auf ein Mindestmaß reduziert sein wird.

Nach diesen Vorleistungen konnten die Fassadenarbeiten mit der Neufassung beendet werden. Dabei näherte man sich der durch restauratorische Befunde gesicherten Farbfassung aus dem Jahr 1764 an und brachte auf einem Kalkputz einen rötlich-ockerfarbenen freskalen (das heißt feucht aufgebrachten) Kalkanstrich auf. (Vgl. S. 114 ff.) Zur Annäherung an das Bild des 18. Jahrhunderts gehörte auch die Entfernung der Waschbetonverkleidung der 1980er Jahre um den Eingang. Die 1764 hier ursprünglich vorhandene Putzrustika konnte auf Grundlage von restauratorischen Befunden exakt wiederhergestellt werden (77). (Vgl. S. 114 ff.)

Sämtliche Leuchten und die geschwungenen Wetterschutzdächer für die Wachposten aus der Nachkriegszeit sind denkmalgerecht überarbeitet worden (77). Auch die Fenster, welche in den

1930er bis 1960er Jahren größtenteils ausgetauscht worden waren, wurden denkmalgerecht überarbeitet und instand gesetzt. Dabei wurden die Einfachfenster mit einer Spar-Isolierverglasung versehen, um eine Kondensbildung und daraus resultierende Feuchteschäden im Inneren des Schlosses zu vermeiden.

Schließlich wurde zur Wiederherstellung des äußeren Erscheinungsbildes von Schloss Schönhausen auch die Naturstein-Pergola an der Südseite des Schlosses, die durch einen Sturm 1992 zusammengebrochen war, wiederaufgebaut. Dabei wurden die noch vorhandenen Teile wiederverwendet, repariert und teilweise ergänzt. Eine Stabilisierung der Natursteintrommeln der Pergola hätte eine starke Schädigung der bauzeitlichen Substanz zur Folge gehabt. Daher wurde aus Gründen der Standsicherheit der Bereich der aufliegenden Hölzer durch eine filigrane, moderne Stahlzugkonstruktion ergänzt (**120**).

*Raum 7 als Garderobe 2005 (**78**, o.) und nach Freilegen der abgehängten Decke 2009 (**79**, u.)*

Schlossinnenräume

Die denkmalpflegerische Leitlinie,[251] alle Zeitschichten zu erhalten und zu präsentieren, wurde auch im Schlossinneren fortgesetzt. Die vorhandenen Raumzusammenhänge, deren Erschließung und die Nutzungsbereiche wurden im Wesentlichen erhalten. Auch hier waren die Ergebnisse der bauhistorischen Forschung und der restauratorischen und baukonstruktiven Untersuchungen Grundlage für das denkmalpflegerische Konzept und die Bauplanung (78, 79).

Die Oberflächen wurden, soweit möglich, repariert und instand gesetzt, Fehlstellen ergänzt. Die schadhaften Wandbespannungen aus den 1980er Jahren (20) wurden deponiert und durch neue, farbige Bespannungen ersetzt, welche mit Fondtönen auf Grundlage einer Inventarliste aus dem Jahre 1797[252] versehen wurden. Die Holzvertäfelungen im Obergeschoss erhielten wieder einen Anstrich mit Ölfarbe. Sämtliche Parkettböden, welche zum größten Teil aus den 1960er Jahren stammen, sind denkmalgerecht überarbeitet worden (14).

Auch bei der Erneuerung der gesamten technischen Gebäudeausrüstung orientierte man sich am Denkmalbestand. Um die Entstehung von Kondenswasser aufgrund großer Temperaturunterschiede zwischen innen und außen zu vermeiden, wurde keine Klimaanlage eingebaut. Vielmehr wird das Gebäude lediglich temperiert, so dass im Winter eine Mindesttemperatur von 8 Grad Celsius gehalten wird. In den Nutz- und Veranstaltungsräumen ist hingegen eine Erhöhung der Raumtemperaturen möglich. Durch diese Maßnahmen konnten schwerwiegende, irreversible Eingriffe in die Bausubstanz vermieden werden.

Dennoch wurde nicht überall auf Erleichterungen durch zeitgemäße technische Maßnahmen verzichtet. So wurden kleine Klimafühler eingebaut, die Temperatur und Luftfeuchtigkeit in allen Räumen des Schlosses dauerhaft messen, aufzeichnen und auswerten. Darüber hinaus wurden aus sicherheitstechnischen Gründen Überwachungskameras installiert. Die Türen und Fenster wurden als Diebstahl- und Einbruchschutz mit einer sogenannten Außenhautsicherung versehen. Besonders erfreulich ist, dass Schloss Schönhausen durch den ebenerdigen Zutritt barrierefrei zugänglich ist. Durch den Neubau eines Aufzugs ist jedes Geschoss für gehbehinderte Menschen erreichbar. Die WC-Anlage im Erdgeschoss ist ebenfalls behindertengerecht ausgebaut.

Gesetzlich vorgeschriebene Maßnahmen, so unter anderem zum Brandschutz, wurden unter Berücksichtigung denkmalpflegerischer Belange umgesetzt. Der vorbeugende Brandschutz erforderte bei der Planung ganz besondere Lösungen. Im Normalfall wäre nach den gesetzlichen Vorschriften ein zweiter Rettungsweg notwendig gewesen, da ein Großteil des Schlosses nur über das Haupttreppenhaus zu erschließen ist. Ein Lösungsvorschlag bestand deshalb darin, ein außenliegendes Nottreppenhaus an der Fassade anzufügen, wie es inzwischen bei vielen Denkmälern zu sehen ist. Alternativ hätte das Haupttreppenhaus als sogenanntes Sicherheitstreppenhaus mit einer Sprinkleranlage versehen werden müssen. Beide Varianten hätten schwerwiegende Eingriffe in die bauzeitliche Substanz bedeutet. Nach intensiver Untersuchung des Treppenhauses stellte sich glücklicherweise heraus, dass die Haupttragkonstruktion der doppelläufigen Treppe entgegen ihrem Anschein nicht mehr aus Holz besteht, sondern bereits in den 1930er Jahren aus baukonstruktiven Gründen mit Stahl und Beton verstärkt worden war. Damit wurde das Treppenhaus als »nicht brennbar« eingestuft. Durch den Einbau einer sogenannten Sicherheitsüberdruck-Lüftungsanlage wird im Brandfall Frischluft in das Treppenhaus gedrückt, so dass der Rauch verdrängt wird und die Besucher in einem Frischluftstrom das Gebäude sicher verlassen können.

Nachdem die Bauarbeiten im Jahr 2009 abgeschlossen wurden, können in den folgenden Jahren je nach Finanzlage die noch nicht erledigten Restaurierungen der Oberflächen sukzessive durchgeführt werden. Dadurch bleibt das Schloss für Besucher noch für viele Jahre ein Museum mit immer neuen Einblicken in die Geschichte dieses Denkmals preußischer Baukunst.

Neue Erkenntnisse zur Baugeschichte des Schlosses Schönhausen

Erkenntnisse und Fragestellungen zur frühen Baugeschichte

von Detlef Fuchs

80 *Joachim Ernst von Grumbkow, Gideon Romandon, um 1690*

Zur Geschichte des Schlosses Schönhausen und der Datierung der wichtigsten Bauphasen gab es bis zu den jüngsten Publikationen weitestgehende Übereinstimmung. Eine grundlegende Vermutung dabei war, dass der erste Schlossbau – das petit palais – im Kern des Schlossgebäudes Schönhausen bis heute erhalten ist.[253]

Dorf und Rittergut Schönhausen wechselten seit dem 13. Jahrhundert oft seine Besitzer, bevor 1662 die Gräfin Sophie Theodore zu Dohna aus dem Hause Holland-Brederode-Vianen die Lehnsherrschaft darüber erlangte. Die Gräfin ließ 1664 nach Entwurfszeichnungen ihres Mannes, Christian Albrecht Burggraf und Graf zu Dohna, einen kleinen, als petit palais bezeichneten Landsitz sowie eine Meierei nach holländischem Vorbild errichten. Christian Albrecht war ein Vetter der Kurfürstin Luise Henriette und stand seit 1656 im Dienste des Großen Kurfürsten. Bereits im Jahr darauf besuchte die Kurfürstin das neuerrichtete Palais. Die Fürstin Katharina von Anhalt-Dessau und die Pfalzgräfin Marie von Simmern waren 1668 »ganz entzückt von den Zimmerdekorationen zu Schönhausen namentlich von denen der Gesellschaftsräume, wo eine zitronenfarbige Stoff-Tapete und rothe Fenster-Gardinen die Farben des Brederodischen Wappens [...] darstellten«[254]. Auch Kurprinz Friedrich zählte später wahrscheinlich zu den Gästen des Dohna'schen Landsitzes und wurde so früh auf das Anwesen aufmerksam.

Joachim Ernst von Grumbkow

Nach dem Tod der Gräfin Dohna veräußerten die Erben das Gut 1680 an Joachim Ernst von Grumbkow (80). Dessen Rolle als neuer Besitzer war in Bezug auf die Baugeschichte des Schlosses bisher ungeklärt. Grumbkow, ein enger Vertrauter des Großen Kurfürsten und des Kurprinzen, war seit 1679 in seiner Funktion als Generalkriegskommissar für die Heeresorganisation und Verwaltung verantwortlich. Daneben bekleidete er auch wichtige Hofämter, so war er beispielsweise ab 1682 Oberhofmarschall. In den Publikationen des 20. Jahrhunderts jedoch wurde Grumbkow lediglich als Zwischenbesitzer des Dohna'schen Palais betrachtet, der höchstens kleine Erweiterungsarbeiten am Landsitz durchführen ließ. Es wurde auch vermutet, er habe den Erwerb bereits mit der Absicht vollzogen, den Landsitz später an den künftigen Kurfürsten weiterzuveräußern. Tatsächlich kaufte Friedrich III. Schönhausen 1691, kurz nach dem überraschenden Tod Grumbkows am 20. September 1690.

Die im Rahmen der Bauforschung durchgeführten dendrochronologischen Untersuchungen[255] zur Altersbestimmung der vorgefundenen Bauhölzer, insbesondere der Deckenbalken der einzelnen Geschossebenen im Schloss Schönhausen, ergaben bemerkenswerte Ergebnisse. Zum einen wurden bekannte Bauphasen wie die Umbauten von 1763/64 bestätigt. Andererseits konnten einige

Deckenbalken im Kernbau auf frühestens 1685, die meisten auf 1688/89 datiert werden. Die repräsentativen Proben führen zu der These, dass das Schloss in seinem Kernbau nicht vor 1685, wahrscheinlich erst um 1688/89 errichtet wurde. Da die auf 1685 datierten Proben sich ausschließlich bei den Deckenbalken zwischen dem Erd- und ersten Obergeschoss befanden, kann man hier auf nah beieinanderliegende Bauphasen schließen. Dieser bauarchäologische Befund führte zur kritischen Prüfung der bereits bekannten Quellenlage und zu der berechtigten Fragestellung, ob das petit palais wirklich im jetzigen Baukörper aufgegangen ist oder ob dieser nicht erst von Grumbkow errichtet wurde.

Die zeitliche Differenz zwischen Grumbkows Erwerb des Anwesens 1680 und der Altersdatierung des Palais auf 1685 lässt sich damit erklären, dass Rechts- und somit Handlungssicherheit für den neuen Besitzer erst mit der durch den Kurfürsten am 10. März 1684 beurkundeten Bestätigung des Erbkaufvertrags vom 18. Oktober 1680 bestand. Kurz zuvor (1676) erwarb Grumbkow auch das Gut Blankenfelde, wo er das Gutshaus instand setzen und im Zuge der barocken Umgestaltung der Kirche für sich eine Erbbegräbnisstätte herrichten ließ – vielleicht ein weiterer Grund für ihn, anstehende Arbeiten in Schönhausen geruhsam anzugehen. Demgegenüber steht die bereits geäußerte Vermutung, Grumbkow habe die umfangreichen Baumaßnahmen für einen Dritten geplant und ausgeführt.

Die Entwicklung des Kaufwertes wirft gleichfalls Fragen auf. Gräfin Dohna erwarb das Anwesen 1662 für 3000 Taler von Christoph Berndt von Waldow. Grumbkow zahlte den Erben der Gräfin Dohna 4000 Taler. Nach dessen unerwartet frühen Tod erwarb Kurfürst Friedrich III. das Gut mit Kaufvertrag vom 2. August 1691 von der Witwe Grumbkows – nunmehr für 16 000 Taler. Im Kaufvertrag sind folgende Bestimmungen für unsere Fragestellung bemerkenswert. Obwohl sich laut § 2 des Kaufvertrages die Kostenschätzung nur auf 14 780 Taler und 20 Groschen belief,[256] war der Kurfürst bereit, eine Summe von 16 000 Talern zu zahlen, da »der verstorbene Geheime

Rath und Obermarschall der von Grumbkow in sehr considerablen Summen daran [zur Einrichtung der Güter] verwandt«[257]. In § 3 heißt es weiter: »Weil aber auch gedachte Güter mit schönen zierlichen Gebäuden, Garten, Plantagen und sonsten vom verstorbenen Obermarschall ausgezieret, welche demselben ein ansehnliches gekostet, ob die wohl keine wirklichen intraden [Rehfeldt: Einkünfte] einbringen, so haben höchstgedacht seine Kurfürstliche Durchlaucht wegen der bequemen und nahen Situation dieser Güter, worauf sie zuweilen dero divertissement [Rehfeldt: Belustigung etc.] nehmen könne […] eben die vorgedachte Sechzehntausend Kaufgelder zu zahlen versprochen.«[258]

Die von mehreren Autoren geäußerte Vermutung, Grumbkow habe das Anwesen stellvertretend für den Kurprinzen und späteren Kurfürsten Friedrich III. erworben, würde dessen großzügige Haltung zur Kaufsumme erklären. Demgegenüber bescheinigt der Kaufvertrag umfangreiche Bautätigkeiten, die zu einer deutlichen Wertsteigerung führten und zu denen wohl auch das neue Schloss gehört haben dürfte. Die mit der Taxierung der Güter Pankow und Niederschönhausen beauftragten Amtkammerräte erwähnten dem Kurfürsten gegenüber neben den angelegten Alleen, dem Lustgarten und der Orangerie ausdrücklich auch »das Neuerbaute Hauß«[259].

Ein weiterer Hinweis lässt aufmerken. Ernst Rehfeldt verwies in seiner Geschichte von Niederschönhausen auf folgende Quelle: »Im Jahre 1737 war der Kirchhofszaun sehr schadhaft. Er sollte von den Bauern ausgebessert werden. Sie gaben an, daß früher eine Mauer um den Kirchhof gewesen sei, welche v. Grumbkow abbrechen lassen und ›zum Fundament des Schlosses‹ verwandt habe.«[260] Bei den jetzigen Reparaturarbeiten am Schlossfundament konnten jedoch keine zusätzlichen Baunähte nachgewiesen werden, die einer weiteren, früheren Bauphase zuzuordnen wären. Entweder wurde also das heutige Schloss – wie die dendrochronologischen Untersuchungen nahelegen – auch im Kern erst ab 1685 neu errichtet, oder Grumbkow hatte die Erweiterung des Kernbaus mit der Fundamentierung der erst viel spä-

81 *Ausschnitt aus dem Lageplan des Kreises Nieder-Barnim von Sucho-doletz, 1682. Der Ausschnitt zeigt kurz nach dem Kauf durch Grumbkow noch die Situation in Schönhausen, wie sie die Dohnas hinterließen*

ter angefügten Pavillons bereits eingeleitet. Die Hinweise sprechen, alles in allem, eher dafür, dass Grumbkow den Neubau hat errichten lassen.

Diese Annahme wird durch ein weiteres entscheidendes Indiz noch unterstrichen. Der 1682 von Suchodoletz erstellte Plan des Kreises Niederbarnim (**81**) zeigt bereits die Strukturen des nach Osten ausgerichteten, zu einem Halbrund begrenzten Gartens, dem auf der Achse zwischen den Kirchen von Pankow und Niederschönhausen ein Gebäude mit westlich angeordnetem Wirtschaftshof vorgelagert ist, in den vermutlich auch die durch die Gräfin Dohna errichtete Meierei integriert war. Man kann davon ausgehen, mit diesem Plan die räumliche Situation vorzufinden, die mit der Anlage des petit palais von 1664 noch weitestgehend übereinstimmt. Damit wird deutlich, dass die ab 1685/1691 überformte Schloss- und Gartenanlage auf die 1664 geschaffene holländische Grundstruktur zurückgeht. Allerdings kann man sich nicht der maßgeblichen Tatsache verschließen, dass das soeben erwähnte Gebäude – vermutlich handelt es sich hier um das petit palais – offensichtlich auf der westlichen Seite der Straße stand, während das heutige Schloss östlich dieser Achse liegt. Da der topographische Bezug der Allee zwischen den beiden Kirchen unstrittig ist, wird die Genauigkeit der Suchodoletz'schen Planaufnahme deutlich. Vergleicht man diese mit dem Plan von 1703,[261] so wird ersichtlich, dass die Tiefe der nach Osten gerichteten Gartenachse mit dem Grumbkow-Neubau verkürzt worden ist. Auch diese entscheidende Beobachtung spricht dafür, dass Grumbkow einen Neubau östlich des

petit palais errichteten ließ. Bei den jetzigen Pflasterarbeiten auf dem Schlossvorplatz wurden keine Bereiche berührt, bei denen ältere Fundamente hätten aufgefunden werden können. Bei einer Neuanlage der Allee zur Tschaikowskistraße dürften archäologische Untersuchungen eventuell endgültig Aufschluss über den ursprünglichen Standort des Palais geben.

Woher stammt nun aber der Verweis, im heutigen Baukörper befinde sich noch das durch die Dohnas errichtete Palais?

Im Inventar der Bau- und Kunstdenkmäler in der Provinz Brandenburg (1885) ist noch vermerkt: »Dieser [Grumbkow] baute ein massives Wohnhaus von drei Geschossen, mit einem auf Pfeilern ruhenden Balkon […]«.[262] Der Autor stützte sich dabei sowohl auf die Angaben von Nicolai (1786)[263] als auch auf die Geschichte des Kreises Nieder-Barnim von Fidicin (1857).[264]

Nach den vorliegenden Sekundärquellen hatte erstmalig Siegmar Graf zu Dohna in seiner 1890 erschienenen Darstellung zur Geschichte der »Kurfürstlichen Schlösser in der Mark Brandenburg« die These vom Dohna'schen Ursprungsbau publiziert: Er schrieb die beiden unteren Geschosse noch dem petit palais zu. Grumbkow habe eventuell eine Etage hinzugefügt. Dohna berief sich dabei auf »Nachrichten über die Dohna'sche Besitzzeit von Schönhausen«.[265] Genauere Quellenangaben zum eigentlichen Palaisbau bleiben jedoch ungenannt. Alle weiteren Autoren zur Baugeschichte des Schlosses übernahmen dennoch von 1890 an die These, im heutigen Baukörper sei das petit palais aufgegangen. Gegen diese Vermutung sprechen eindeutig die bereits genannten aktuellen dendrochronologischen Untersuchungsergebnisse der unteren Geschossdecken sowie die Tatsache, dass im aufgehenden Mauerwerk des Kernbaus keine weiteren Baunähte ablesbar sind. Gleichfalls bemerkte Dohna in seiner Geschichte der kurfürstlichen Schlösser, »eine technische Untersuchung zweier Sachverständigen, welche in neuester Zeit stattgefunden«[266] habe, zeige, dass der Kernbau (seiner Ansicht nach der Dohnabau) »nur auf einem einheitlichen Fundamente geruhet habe«.[267] Das können die aktuellen Be-

standsaufnahmen bestätigen. Auch bei den jetzt
freigelegten Schlossfundamenten konnten keine
weiteren Baunähte als die späteren Pavillonanfü-
gungen und die Fundamenterweiterung nach dem
Siebenjährigen Krieg nachgewiesen werden. Die
Interpretation, dass unter »Grumbkow, wenn er
überhaupt in Schönhausen hat bauen lassen, [...]
keinesfalls ein ganz neues Haus [...] entstanden
ist«[268], lässt sich heute folglich nicht mehr auf-
rechterhalten.

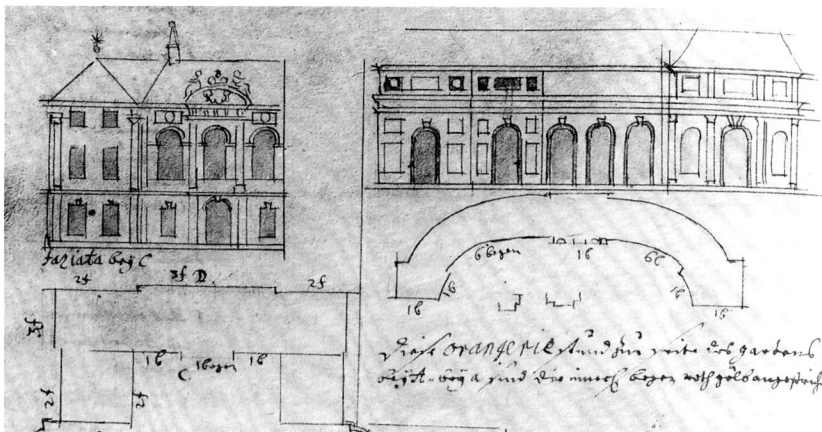

82 *Skizze des Schlosses und
der Orangerie in Schön-
hausen, Christoph Pitzler,
1695 (Ausschnitt)*

Johann Arnold Nering

Auch die Antwort auf die berechtigte Frage nach
den Architekten und Künstlern, die in den frühen
Bauphasen Schönhausens wirkten, stand bis jetzt
aus. Auch Erich Schonert, der den Umbau Schönhausens 1935/36 leitete, übernahm die Behaup-
tung, dass im Schlosskern noch der Ursprungsbau der Dohnas vorhanden sei. (Vgl. S. 56 ff.) Er
wies Grumbkow lediglich die Mittlerrolle zum
künftigen kurfürstlichen Besitz von Schönhausen
zu und war der Überzeugung, dass Veränderungen
erst nach dem Besitzerwechsel 1691 vorgenommen wurden. Schonert vermutete jedoch erstmalig, Friedrich III. habe dazu den »Oberbaudirektor aller kurfürstlichen Bauten«, Johann Arnold
Nering, beauftragt.[269] Die älteste überlieferte Ansicht des Schlosses stammt von Christoph Pitzler,
der im Sommer 1695 auf zwei Seiten seines Skiz-
zenbuches in Auf- und Grundrissen Schloss und
Orangerie sowie den Garten dokumentierte (82).
Gehen wir davon aus, dass das Haus bis 1689 in
drei Geschossen errichtet wurde,[270] so liegt die
Darstellung zwar nah an der Erbauungszeit, dennoch bleibt die Ungewissheit, inwieweit das Haus
nach dem Besitzerwechsel von 1691 verändert wurde. Denkbar wäre unter den genannten Umständen auch die Möglichkeit, dass Nering schon vor
1691 als Architekt für Grumbkow respektive den
Kurprinzen in Schönhausen tätig war. Ein Hinweis auf eine enge Vernetzung der Agierenden
ergibt sich aus der Tatsache, dass Grumbkow
zusammen mit Danckelmann 1688 unter anderem Nering die Aufsicht für die Errichtung der

Friedrichstadt übertrug.[271] Der aus einer holländischen Familie stammende Architekt, der schon
frühzeitig durch den Großen Kurfürsten geför-
dert wurde, stand seit 1678 in dessen Diensten
und wurde 1681 zum Oberingenieur und 1685
zum Baudirektor ernannt. Während seiner intensiven Schaffensphase blieb er der holländischen
Renaissance sowie der italienischen und franzö-
sischen Architektur des 16. und 17. Jahrhunderts
verbunden.

Für Nering als Architekten des kurfürstlichen
Anwesens in Schönhausen sprechen nicht nur die
deutlich an ein holländisches Palais angelehnte
dreiflügelige Grundstruktur und die abgewalm-
ten, typisch holländischen Dächer (hier stand
eventuell das petit palais der Dohnas Pate). Für
seine Urheberschaft des Schlossbaus in Schönhausen spricht auch die Tatsache, dass Nering für
Friedrich III. zwischen 1693 und 1697 eine fast
originalgetreue Kopie des Schlosses als Jagdschloss
Friedrichshof (ab 1719 Holstein) bei Königsberg
in Ostpreußen errichtete. Bis auf die am Jagdschloss Friedrichshof fehlende bekrönende Gestaltung der Risalite sind die Fassadenstrukturen
fast völlig deckungsgleich. Die bei Nering häufig
anzutreffende Reihung von Rundbogenfenstern
– wie sie auch in seiner 1695 erstellten Entwurfsarbeit zur Gestaltung der Hoffassade von Schloss
Lietzenburg (später Charlottenburg) zu finden
ist – charakterisiert auch bei dem ostpreußischen
Jagdschloss die Fassadengliederung im Obergeschoss der beiden Risalite (83).

Desgleichen lassen der von Pitzler 1695 skiz-

zierte Auf- und Grundriss der Orangerie sowie der Gartengrundriss vermuten, dass die Anlage bereits unter Grumbkow angelegt wurde. So waren bei den Verkaufsverhandlungen 1691 neben dem schon erwähnten »Neuerbauten Hauß« auch »[v]on allen seiten angelegte alleen, samt Lustgarten und orangerie«[272] von den beauftragten Taxatoren aufgezählt worden. Im Inventar von 1691 sind ausdrücklich auch Pomeranzen- und Feigenbäume aufgelistet.[273] Vermutlich hatte bereits Grumbkow das nördliche Gelände hinzugekauft, um den Garten symmetrisch ergänzen und die Orangerie errichten lassen zu können. Die ehemalige nördliche Außenwand der Orangerie ist noch heute im Bogen der nördlichen Umfassungsmauer enthalten, wie bei den 2006 durchgeführten Reparaturarbeiten nachgewiesen werden konnte. Auch hier drängt sich die Vermutung auf, dass Johann Arnold Nering die Orangerie in Schönhausen entworfen hat (**82**). Deutliche Entwurfsübereinstimmungen sind mit den ebenfalls durch Nering für den Großen Kurfürsten 1685 errichteten Pomeranzenhäusern im Berliner Lustgarten – auch hier wählte er die Form eines halbelliptischen Bogens[274] – wie auch mit der Fassadengestaltung der Orangerie am Potsdamer Stadtschloss zu konstatieren.

Ein weiteres Indiz verweist auf Nerings Wirken in Schönhausen. Bereits Schonert vermutete, dass die vier erhaltenen Stuckdecken in der Beletage von Schloss Schönhausen[275] aus der repräsentativen Umgestaltungsphase stammen, mit der der Kurfürst Nering nach 1691 beauftragt hatte. Bisher ist jedoch nicht bekannt, wer dort als Stuckateur tätig gewesen ist. Für die etwa zeitgleiche Umgestaltung und Erweiterung von Oranienburg hatte Nering 1694 Giovanni Simonetti verpflichtet.[276] Die nur noch als Abbildung überlieferte, weiß gefasste Stuckdecke aus der Roten Schlafkammer im Hauptgeschoss des Oranienburger Schlosses zeigt auffällige Ähnlichkeiten mit der Ausführung der Stuckarbeiten der Schönhausener Decken.[277] Auch der Vergleich mit der im Verbindungsbau des Junkerhauses in Frankfurt an der Oder erhaltenen Arbeit Simonettis, der dort bis 1690 gewirkt hat, lässt vermuten, dass die Schönhausener Decken mit ihrer einfachen Feldergliederung und dem recht flachen Blattwerk Arbeiten aus der Werkstatt Simonettis sein könnten.[278]

Vermutlich gab es in den Erdgeschossräumen, die durch das Kurfürstenpaar bewohnt wurden, reichere Stuckaturen. So ist belegt, dass sich der französische Bildhauer René Chauveau 1700 auf seiner Rückreise von Schweden nach Frankreich – er war sieben Jahre als Hofbildhauer für das schwedische Königshaus tätig gewesen – sechs Wochen in Berlin aufhielt und für den Kurfürsten ein Kabinett im Schloss Schönhausen für die stattliche Summe von 3000 Livres ausschmückte.[279] Bei dem Kabinett handelte es sich möglicherweise um eines in den nach 1695 angefügten Annexbauten, deren Existenz bisher angezweifelt wurde.

Zur Schlossanlage von Schönhausen sind zwei Ansichten von Jean Baptiste Broebes überliefert, die zwischen 1698 und 1704 entstanden. Eine Darstellung des Schlosses aus der Vogelperspektive mit Mansarddach stellt ein idealisiertes Bild der Anlage dar. Sie verrät mehr über die Vorliebe des aus Frankreich stammenden Architekten, als über den realen Zustand. Dagegen konnten die jüngsten Bauforschungsbefunde zeigen, dass Broebes mit seiner zweiten Ansicht die reale Situation wiedergab. Hier zeigt er die Gartenfront und den Grundriss des Erdgeschosses mit jeweils nördlich und südlich angefügten, einachsigen und eingeschossigen Pavillons (21). Für die Glaubwürdig-

keit dieser Darstellung sprechen die während der Bauarbeiten aufgefundenen Fragmente eines Sandsteingewändes im Erdgeschoss des heutigen Haupttreppenhauses, da sie sich einer der beiden im Grundriss gezeichneten Feuerungsöffnungen, nämlich der in der Kammer südlich des Mittelganges, zuordnen lassen (84). Dieser Befund im Kontext mit den anderen aufgefundenen Indizien war letztendlich der entscheidende Beweis, dass es sich bei der von Broebes angefertigten Darstellung um eine reale Bauaufnahme handelt. (Vgl. S. 102 ff., 108 ff.)

Nach Pitzlers bildlicher Überlieferung von 1695 zeigt Broebes den Zustand nach den ersten Erweiterungen des Schlosses, die Friedrich III. veranlasste. Da der Architekturstecher im Jahr 1698 nach Berlin kam, muss sein Blatt kurz nach Pitzlers Skizze angefertigt worden sein. Nehring verstarb am 21. Oktober 1695 – wenige Wochen nach der Bauaufnahme durch Pitzler. Ob er noch die Entwürfe für die beiden Annexbauten lieferte, bleibt ungewiss. Wahrscheinlicher ist das Wirken von Johann Friedrich Eosander, der seit 1699 in brandenburgischen Diensten stand. Da er im selben Jahr bereits in Oranienburg wirkte, wäre es denkbar, dass er als Architekt auch in Schönhausen tätig war. Nicolai datierte erste Erweiterungsfundamente auf 1699.[280] In einem Lageplan von 1703[281] sind bereits Anbauten eingezeichnet, die sich nur auf diese frühen ersten Pavillons beziehen können, denn erst 1704 erteilte der inzwischen zum König gekrönte Friedrich I. Eosander den Befehl zur Vergrößerung des Schlosses. Die beiden vorhandenen Annexe wurden um 1708 auf drei Achsen nach Norden bzw. Süden und in der Tiefe bis auf Höhe der Gartenfront erweitert. Auf der Hofseite wurde dem Erdgeschoss ein Arkadengang vorgelagert, der als Altan diente (22).

Königin Elisabeth Christine übernahm Schloss Schönhausen 1740 weitestgehend noch in dem Zustand, den Friedrich I. hinterlassen hatte (23). Erst nach den Zerstörungen im Siebenjährigen Krieg veranlasste sie die umfassende Erweiterung und Modernisierung, die bis zu ihrem Tod 1797 fortgeführt wurde.

84 Im Treppenhaus freigelegte Gewände des Feuerloches für einen Ofen im heutigen Raum 1

Die Entwicklung des Garten- und des Festsaales

von Elgin von Gaisberg

Der heutige Zustand der beiden Säle von Schloss Schönhausen zeigt nur einen Ausschnitt der langen »Saalgeschichte« des Schlosses. Die großen Veränderungen, denen der Saalbereich im Verlauf seiner Bau- und Umbaugeschichte unterworfen war, bleiben dem Betrachter weitgehend verborgen. In der Entwicklung zu den heute sichtbaren Saalformen und -strukturen lassen sich nun erstmals vier unterschiedliche Bauzustände zwischen 1684 und 1763/64 unterscheiden und rekonstruieren, die im Einzelfall sogar gleichzeitige Veränderungen im Schloss als unmittelbar voneinander abhängige Maßnahmen erklären. Nicht zuletzt veranschaulichen sie den jeweiligen Nutzerwechsel und spiegeln die unterschiedlichen Repräsentationswünsche der verschiedenen Eigentümer von Schloss Schönhausen wider.

Der Bauzustand 2009

Der Bereich der beiden Säle von Schönhausen nimmt die drei Mittelachsen gegenüber dem Haupttreppenhaus ein. Wie das Treppenhaus nach Westen ist der Saalbereich aus der Gebäudeflucht nach Osten herausgeschoben und an der dortigen Fassade als Risalit ausgezeichnet (3). In seinem heutigen Bauzustand ist der Saalbereich in zwei übereinanderliegende Säle unterteilt, die jeweils durch drei Rundbogenöffnungen in der Ostwand belichtet werden (8, 14). Der Hauptzugang liegt bei beiden Räumen in der Mittelachse der Westwand, darüber hinaus sind sie mit den angrenzenden Kammern verbunden. Die Türöffnungen werden jeweils an der Westwand rechts und links von einem Kamin flankiert. Abgesehen von diesen Übereinstimmungen unterscheiden sich die beiden Säle sowohl durch ihre

Raumhöhe als auch durch ihre Ausstattung grundlegend voneinander: Der flach gedeckte, eingeschossige Saal im Erdgeschoss (*Raum 1*) erreicht eine Höhe von 4,20 Metern, ist mit Paneelen und Wandbespannungen ausgestattet und öffnet sich durch Rundbogenöffnungen mit zweiflügeligen Fenstertüren zum Park. Der Saal im Obergeschoss (*Raum 21*) erstreckt sich dagegen über zwei Geschosse und erreicht mit seiner Voutendecke eine lichte Höhe von 6,60 Metern. Höher und breiter sind überdies seine drei Rundbogenfenster und reicher seine Ausstattung mit stuckierten Wandoberflächen, die ebenso wie die Voutendecke mit Stuckornamenten überzogen ist.

Der Bauzustand nach 1685 bis um 1700

Der erste Zustand entstand mit Anlage des Kernbaus von Schloss Schönhausen, der vermutlich 1684–1690 im Auftrag von Joachim Ernst von Grumbkow begonnen und nach dessen Tod unter dem neuen Eigentümer Kurfürst Friedrich III. 1691–1700 fertiggestellt wurde. Die Leitung dieses Neubaus oblag vermutlich dem kurfürstlichen Oberbaudirektor Johann Arnold Nering (21, 91). (Vgl. S. 96 ff.) Damals entstand ein hoher, zweigeschossiger Saal, der sich über das erste und zweite Obergeschoss erstreckte und mit einer Voutendecke abschloss. Belichtet wurde er durch drei hohe und breite Rundbogenöffnungen in der Ostfassade, von denen die beiden äußeren mit Fenstern verschlossen waren (85). Die mittlere öffnete sich mit einer zweiflügeligen Fenstertür zu einem damals vorhandenen Balkon an der Ostfassade (21). Der darunter befindliche Erdgeschossbereich diente weniger repräsentativen Zwecken und war in einen mittleren Gang und zwei seitliche Kammern aufgeteilt. An der Westseite öffnete sich der Gang vermutlich durch einen großen Korbbogen zum Flur, an der Ostseite führte eine Rundbogentür in den Schlosspark.

Grundlage dieser Rekonstruktion sind zunächst die Skizzen von Christoph Pitzler (82). Hier sind sowohl die großen Rundbogenfenster im Obergeschoss als auch der Balkon an der Ostfassade benannt.[282] Herangezogen werden kann überdies die um 1704 von Jean Baptiste Broebes angefertigte Darstellung der Gartenfassade und des Erdgeschossgrundrisses (21).[283] Auf dieser ist nun die oben beschriebene Rundbogentür im Erdgeschoss gezeigt, die außerdem von zwei Rechteckfenstern flankiert wird, sowie der Balkon und die Rundbogenöffnungen im Obergeschoss. Die Raumaufteilung mit Mittelgang und Kammern ist im Grundriss des Erdgeschosses ebenfalls zu erkennen.

Die Archivalien finden ihre Bestätigung durch die aktuellen Baubefunde. (Vgl. S. 96 ff., 108 ff.) So wird die von Broebes dargestellte Aufteilung des Saalbereiches im Erdgeschoss durch das freigelegte Fundament an der östlichen Außenwand glaubwürdig. Dort zeigte sich, dass der Mittelgang schon im Fundament angelegt wurde, indem das Streifenfundament der Wand in Achse dieser Türöffnung unterbrochen ist,[284] nicht aber unter den beiden seitlichen Rundbogenöffnungen, die nach der Darstellung von Broebes im ersten Bauzustand als Rechteckfenster mit hoher Brüstung ausgeführt waren – hier ist das Fundament, wie unter den Fenstern auch, bruchlos fortgesetzt. Einen weiteren Beweis für die Richtigkeit der Darstellung Broebes liefert ein noch heute sichtbarer Baubefund: die flache Korbbogennische der Flurwand, in die die Tür zum Erdgeschosssaal eingebettet ist. Mit ihr hat sich vermutlich die Durchgangsöffnung erhalten, die in den damaligen Mittelgang führte.

Grundlegend für die Rekonstruktion des ersten Bauzustandes waren schließlich auch die Ergebnisse der dendrochronologischen Untersuchung. Die Auswertung der Proben aus den Hölzern der Voutendecke über dem Obergeschosssaal ergab, dass die Deckenbalken 1688 und die Holzkonstruktion der Voute (Rippen und Schalung) 1689

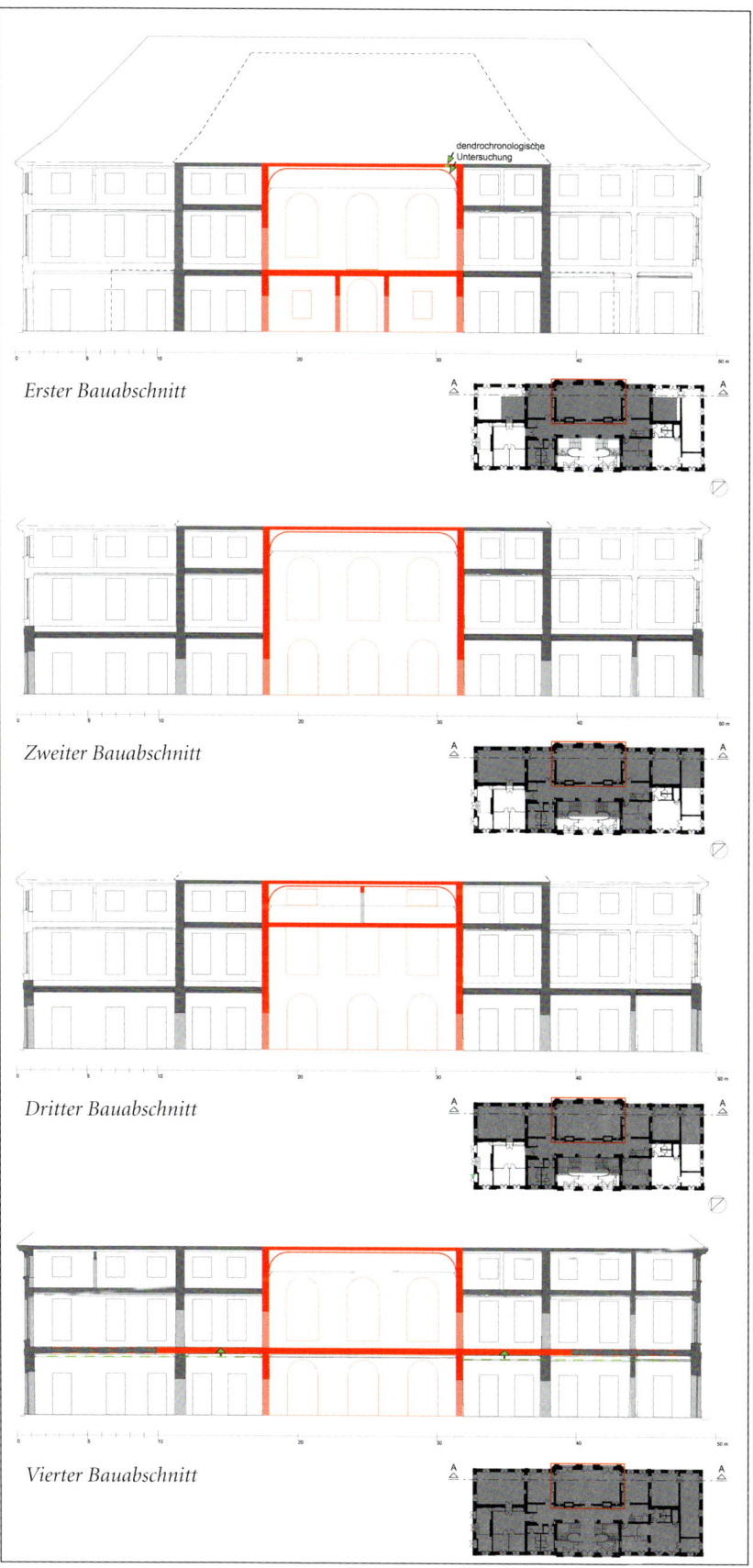

Erster Bauabschnitt

Zweiter Bauabschnitt

Dritter Bauabschnitt

Vierter Bauabschnitt

eingebaut wurden. Die heute noch vorhandene Voutendecke gehört damit zum Bauzustand des ersten Saales, der, wie wir nun sicher wissen, als repräsentativer Saal über zwei Geschosse mit gewölbter Decke ausgeführt war. (Vgl. S. 117 ff.)

Der zweite Bauzustand nach 1704/1709

Der zweite Zustand des Saalbereiches entstand zwischen 1704 und 1709, also kaum mehr als 15 Jahre nach Fertigstellung des ersten: Bereits 1704 erteilte König Friedrich I. seinem Hofbaumeister Johann Friedrich Eosander den Auftrag zum Umbau des bestehenden Herrenhauses.[285] (Vgl. S. 96 ff.) Dabei wurde der gesamte Saalbereich verändert und zu einem durchgehenden Raum über drei Geschosse ausgebaut (85). Im Zuge dessen wurden die Wände zwischen Mittelgang und Kammern im Erdgeschoss, das nun die Fußbodenebene des neuen Saales bildete, abgebrochen. Zugleich brachte dies eine Veränderung der Ostfassade mit sich: Analog zur vorhandenen Rundbogentür des ehemaligen Mittelganges wurden die beiden seitlichen Rechteckfenster der Kammern zu Rundbogentüren erweitert; insgesamt blieben sie aber schmaler und niedriger als die Rundbogenöffnungen im Obergeschoss. Da

außerdem der Balkon im Obergeschoss durch den Wegfall der alten Fußbodenebene nicht mehr zugänglich war, wurde er entfernt und der ehemalige Zugang vom Saal zur Fensteröffnung umgebaut.[286]

Als Rekonstruktionsgrundlage dieses zweiten Bauzustandes dienen vor allem Archivalien, darunter zunächst eine bildliche Überlieferung von Daniel Petzold, der in einer Vedute die Gesamtanlage des Schlosses von Osten zeigt. Auf der Darstellung, die zwischen 1711 und 1717, also nach Fertigstellung des Umbaues datiert wird, sind die rundbogigen Fenstertüren im Erdgeschoss des Saalbereiches zu erkennen.[287]

Darüber hinaus gibt das Inventar von 1709 unmissverständliche Hinweise. Darin ist die Rede von »dem großen Saale«, dessen Besonderheit offenbar darin bestand, dass seine Wände mit Leder »von goldenem Grund und rothem wollenen Laubwerck« beschlagen waren.[288] Aus der weiteren Beschreibung von »Drey Fenster gardinen«, bestehend aus langen und runden Stücken, lässt sich überdies schließen, dass der Saal drei Rundbogenfenster im Erdgeschoss besaß. Aufgrund der Beschreibung von Holzscheitkästen und Kaminbesteck wird indirekt auch die Existenz der Kamine bestätigt.[289] Die bis heute vorhandenen Werksteineinfassungen der beiden Kamine werden zwar erst in den späteren Inventaren genannt, können aber nach Form und Befund dieser Zeit zugeordnet werden.

Friedrich I. hatte den zuvor in zwei Nutzungsebenen unterteilten Saalbereich folglich in einen einzigen, mehr als 13 Meter hohen Saal umwandeln lassen, der sich über alle drei Geschosse des Gebäudes erstreckte. Dieser neue Saal war nun ausschließlich an die Räume im Erdgeschoss angebunden und wirkte allein durch seine Raumproportionen ungleich repräsentativer als der vorangegangene zweigeschossige Saal im Obergeschoss. Sichtbar wurde diese Veränderung auch an der Gartenfassade, wo der zentrale und größte Raum des Schlosses nun den gesamten Risalit einnahm, der seither durch zwei übereinanderliegende Rundbogenöffnungen in drei Achsen gegliedert war (86).

86 Isometrischer Schnitt durch Schloss Schönhausen, um 1700

Der dritte Bauzustand um 1730

Im dritten Bauzustand lässt sich für den Saalbereich wieder eine horizontale Unterteilung in zwei Ebenen rekonstruieren, allerdings an anderer Stelle. Der zuletzt dreigeschossige Saal nahm nun nur noch das Erd- und erste Obergeschoss ein und schloss dort vermutlich mit einer geraden Decke ab. In Höhe der Fußbodenebene des zweiten Obergeschosses war in den dreigeschossigen Saal eine Zwischendecke eingezogen worden, und im verbleibenden Raum unterhalb der Voutendecke wurden zwei zusätzliche Gemächer eingerichtet (85). Diese Zwischendecke lag über dem Bogenansatz der oberen Rundbogenfenster des Saals.

Grundlegend für die Rekonstruktion ist zunächst das Inventar von 1740. Laut dessen Beschreibung und in Übereinstimmung mit dem älteren Inventar war der »große Saal« noch immer mit der Ledertapete von 1709 ausgestattet – genannt werden nun auch die zwei Kamine mit Werksteineinfassungen und überdies »Drey große Fenster nach dem Gartten zu in Gestalt eines

Bogens«, bei denen es sich um die rundbogigen Fenstertüren im Erdgeschoss handelt. Doch bei der Beschreibung der drei oberen Saalfenster fällt auf, dass ihr Rundbogenabschluss hier keine Erwähnung mehr findet.[290] Darüber hinaus werden im zweiten Obergeschoss zwei nebeneinanderliegende Räume, das »zweyte und dritte Gemach«, genannt, die man nach der Abfolge des im Inventar beschriebenen Rundganges nur im Bereich über dem Saal verorten kann. Dem Inventar zufolge war jedes dieser beiden Gemächer mit einem Fenster, einem Kamin und einer Tür ausgestattet, untereinander waren sie durch eine weitere Tür verbunden. Entscheidend für die Zuordnung der beiden Räume im ehemaligen Saalbereich ist vor allem der Hinweis, ihre gemeinsame Decke sei »gewölbet, auch mit Gibß-Arbeith gezieret«[291]. Hier kann es sich nur um die Voutendecke des vormaligen Saales handeln, da dies die einzige Stuckdecke ist, die überhaupt im Inventar erwähnt wird.

Von Interesse ist auch die Ostansicht des Schlosses von Johann David Schleuen d. Ä., die den Zustand nach dem Umbau zwischen 1704 und 1709

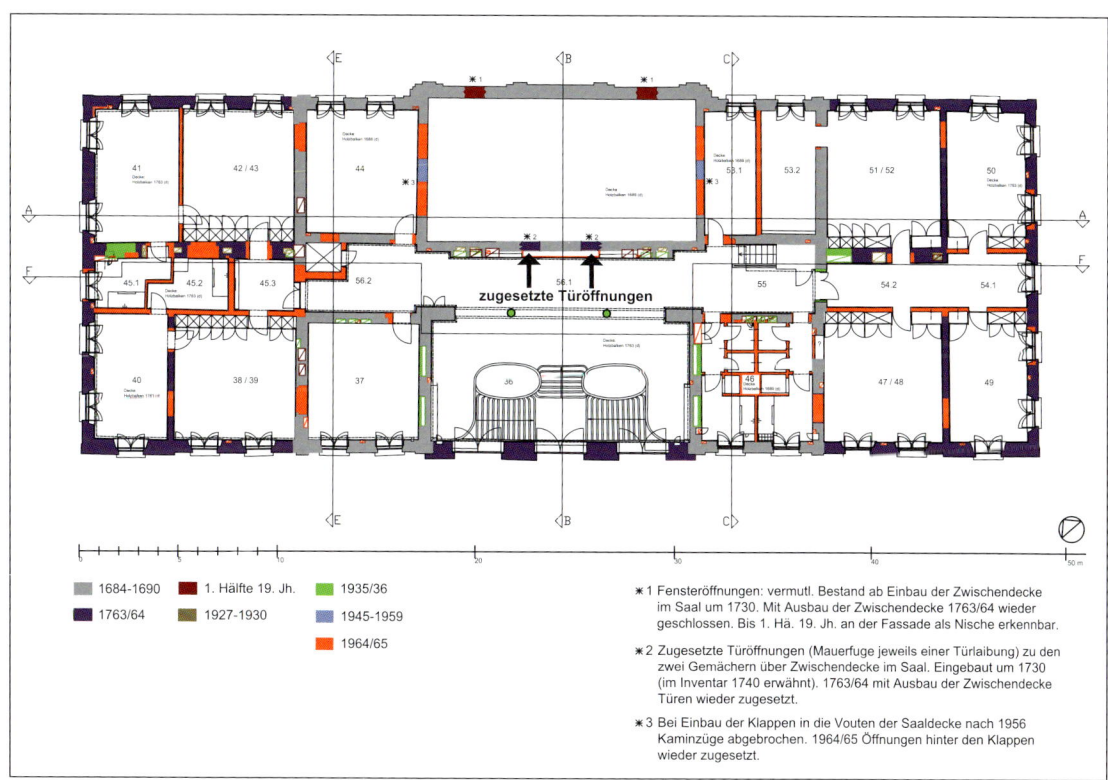

87 *Die aufgrund des Baubefundes nachgewiesene Lage der um 1730 angelegten und 1763/64 wieder zugesetzten Türöffnungen zu den ehemaligen Gemächern und andere Veränderungen im Bauphasengrundriss des zweiten Obergeschosses*

zugesetzte Türöffnungen

1684-1690	1. Hälfte 19. Jh.
1763/64	1927-1930
1935/36	
1945-1959	
1964/65	

✳ 1 Fensteröffnungen: vermutl. Bestand ab Einbau der Zwischendecke im Saal um 1730. Mit Ausbau der Zwischendecke 1763/64 wieder geschlossen. Bis 1. Hä. 19. Jh. an der Fassade als Nische erkennbar.

✳ 2 Zugesetzte Türöffnungen (Mauerfuge jeweils einer Türlaibung) zu den zwei Gemächern über Zwischendecke im Saal. Eingebaut um 1730 (im Inventar 1740 erwähnt). 1763/64 mit Ausbau der Zwischendecke Türen wieder zugesetzt.

✳ 3 Bei Einbau der Klappen in die Vouten der Saaldecke nach 1956 Kaminzüge abgebrochen. 1964/65 Öffnungen hinter den Klappen wieder zugesetzt.

wiedergibt (23, 91). Hier erscheinen nun zwei kleine Rechteckfenster über den beiden äußeren Saalfenstern, wobei hinter dem linken eine junge Dame dargestellt ist.[292] Ihre Position macht deutlich, dass über dem Saal zu dieser Zeit ein Halbgeschoss bestand.

Bestätigt wird diese vor allem auf Archivalien gestützte Rekonstruktion schließlich auch durch den Baubefund, der im zweiten Obergeschoss, im Mauerwerk zwischen Flur und Saal zutage trat (*Raum 56.1, Wand b*). Dort ließen sich zwei zugesetzte Türöffnungen aufdecken, bei denen es sich nach Lage und Größe zweifellos um die im Inventar von 1740 beschrieben Türöffnungen zu den zwei Gemächern unter der stuckierten Voutendecke des alten Saales handelt (87).

Wann der dritte Bauzustand im Saalbereich geschaffen wurde, kann allerdings nur annähernd bestimmt werden. Eckdaten sind der Tod Friedrichs I. 1713, da zu dessen Lebzeiten ein solcher Eingriff in den erst jüngst geschaffenen Festsaal kaum denkbar ist, und das Inventar von 1740, in dem der Zustand des Schlosses vor dem Einzug von Elisabeth Christine erfasst ist.[293] Überliefert ist weiterhin, dass das Schloss in den Jahren nach 1713 zunehmend verfiel, so dass 1730 auf königlichen Befehl umfangreiche Reparaturen angeordnet wurden.[294] Auch wenn das Einziehen einer Zwischendecke im Saal in den Bauakten bisher nicht nachgewiesen werden konnte, besteht die Möglichkeit, dass im Umfeld der Instandsetzungsmaßnahmen um 1730 ein solcher Umbau durchgeführt wurde. Dafür spricht auch, dass das Schloss in dieser Zeit von mehreren Mitgliedern des Hofes gleichzeitig genutzt wurde.[295] Ganz offensichtlich handelt es sich bei diesem Eingriff um eine dem praktischen Nutzen geschuldete Maßnahme, mit der zusätzlicher Wohnraum geschaffen werden sollte.

Dieser Zustand blieb nach dem Einzug von Königin Elisabeth Christine 1740 zunächst bestehen. Die Königin ließ lediglich die Ausstattung des Saales verändern. So wurden die inzwischen verschlissene Ledertapete entfernt und die Saalwände mit einer illusionistischen Architekturmalerei auf Putz ausgestattet. (Vgl. S. 117 ff.)

88 *Raum 22 nach Entfernen von Fußbodenaufbau und Schüttung. Blick nach Osten auf Reste des Wandputzes zwischen den Deckenbalken über Raum 2 im Erdgeschoss. Der Wandputz mit Sockelgliederung gehört zur Ausstattung vor Anheben der Erdgeschossdecken 1763/64*

Der vierte Bauzustand nach 1763/64

Erst nach den Zerstörungen im Siebenjährigen Krieg veranlasste Elisabeth Christine 1763/64 den Umbau und eine umfassende Erweiterung des Schlosses. Unter der Leitung des Baudirektors Johan Friedrich Boumann d. Ä. erhielt Schloss Schönhausen seine endgültige Gestalt und der Saalbereich seinen vierten und letzten Bauzustand. Bei diesen Umbauten wurde die Zwischendecke in Höhe des zweiten Obergeschosses wieder entfernt und stattdessen eine neue Decke über dem Erdgeschoss eingezogen. So entstanden die noch heute übereinander bestehenden zwei Säle – der niedrigere eingeschossige Saal im Erdgeschoss und der höhere zweigeschossige im ersten und zweiten Obergeschoss, der nun auch wieder von seiner Voutendecke abgeschlossen wurde (85).

Einen Eindruck von dem neuen Bauzustand vermittelt die zweite Fassung der Ostansicht von Johann David Schleuen d. Ä. nach 1764. Sie lässt erahnen, dass der neue Saal im Obergeschoss nun wieder bis zur Voutendecke reichte, denn die Dame im linken Mezzaninfenster wurde entfernt (24).[296]

Entscheidende Erkenntnisse liefert in diesem Fall der Baubefund, insbesondere darüber, dass die Neuaufteilung des Saalbereiches grundlegende Veränderungen für das gesamte Erdgeschoss mit sich brachte. Wie sich zeigte, wurde mit dem Einbringen der neuen Decke die Höhe der bestehenden Erdgeschossdecken nicht übernommen. Stattdessen legte man alle vor 1690 eingebauten Deckenbalken im Erdgeschoss des Kernbaues höher, was zur Folge hatte, dass die Räume im ersten Obergeschoss niedriger wurden (85). Von dieser Maßnahme zeugen mehrere Putzreste, die

an den Wänden in Höhe der heutigen Deckenbalkenlage über den Erdgeschossräumen erhalten geblieben sind. Bei diesen Resten handelt es sich um den Wandputz der vormals auf niedrigerem Fußbodenniveau gegründeten Räume. Die Farbreste, die auf dem Putz zu erkennen sind, zeigen die Sockelgliederung der damaligen Wandfassung (**88**).[297]

Dieser Befund, aber auch die sichtbaren Ergänzungen im oberen Abschnitt der Wandvertäfelungen in den Erdgeschossräumen neben dem Saal zeigen, dass die Deckenbalken um rund 40 Zentimeter höher gelegt wurden.[298] Diese aufwendige Maßnahme hatte vermutlich zum Ziel, dem neuen Erdgeschosssaal eine angemessene Raumhöhe zu geben. Gleichzeitig wurden auch die bis dahin vergleichsweise niedrigen Erdgeschossräume aufgewertet. Die Ausstattung des neuen Erdgeschosssaales ließ Elisabeth Christine erst 1773 modernisieren, indem sie die bis heute erhaltene Holzvertäfelung anbringen ließ. (Vgl. S. 117 ff.)

Das Schloss verfügte nun erstmals über zwei Säle, einen Gartensaal im Erdgeschoss und einen zweigeschossigen, mit Stuckoberflächen prächtig ausgestatteten Festsaal im Obergeschoss. Dieser konnte über das ebenfalls neugeschaffene repräsentative Haupttreppenhaus erreicht werden, das Elisabeth Christine im Zuge der Umbauphase in den ehemaligen Ehrenhof des Schlosses einbauen ließ.

Nach den neuen Erkenntnissen der Archivauswertung waren diese Maßnahmen nicht das Ergebnis eines Gesamtkonzeptes, sondern folgten offenbar einer zweistufigen Planung. (Vgl. S. 108 ff.) Vermutlich gehörte das Treppenhaus der zweiten Phase an und sollte wie die Erweiterung insgesamt dazu dienen, das bestehende Sommerschlösschen in einen nicht nur geräumigeren, sondern auch repräsentativeren Wohnsitz der Königin zu verwandeln. (Vgl. S. 40 ff.)

Die Maßnahmen nach 1797

Nach der repräsentativen Erweiterung von 1763/64 wurden im Bereich der Säle keine größeren

89 *Der Festsaal nach 1956, Blick nach Süden. In der Voute über der Südwand ist die linke der beiden dortigen Klappen sichtbar*

baulichen Veränderungen mehr vorgenommen. Nachweisen lassen sich Reparaturen und Erneuerungen an den Decken, Fußböden und der Ausstattung sowie Eingriffe, die durch den Einbau neuer haustechnischer Anlagen in den 1930er und 1950er Jahren sowie in den Jahren 1964/65 verursacht wurden.

Ein bis heute sichtbarer baulicher Eingriff soll abschließend nicht unerwähnt bleiben: Nach 1956 erfolgte der Einbau von zwei herausnehmbaren hölzernen Klappen in der Voute über den Schmalwänden des Obergeschosssaales (**89**). Wie sich anhand von historischen Baubestandsplänen und Photos nachweisen lässt, waren für ihren Einbau aus den hölzernen, mit Stuck verzierten Vouten des 17. Jahrhunderts zwei Öffnungen ausgesägt und die Kaminzüge im mittleren Teil der dahinterliegenden Wand abgebrochen worden.[299] Auf den neu eingesetzten hölzernen Klappen wurden die plastischen Ornamente der Stuckverzierungen als Nachbildungen in Holz und Blei wieder angebracht.[300] Bedient wurden die Klappen von den an die Voutendecke angrenzenden Räumen im zweiten Obergeschoss aus (*Raum 44, 53.1*), deren Bodenniveau dafür eigens erhöht wurde. So aufwendig dieser Eingriff war, so einfach ist seine Erklärung: Die Öffnungen, die 1964/65 wieder vermauert wurden, dienten offenbar dazu, den Saal bei Photo- und Filmaufnahmen auszuleuchten.[301]

Die Entwicklung der Schlossfassaden

von Antonia Brauchle

Im Rahmen der Instandsetzung von Schloss Schönhausen konnten an den Fassaden umfangreiche Untersuchungen zur Baugeschichte des Schlosses vorgenommen werden. Da der erst in den 1980er Jahren aufgebrachte Glaskröselputz aufgrund seiner weitgehend dampf- und feuchtigkeitsundurchlässigen Oberfläche eine Gefahr für die Gebäudesubstanz darstellte, wurde er 2006 größtenteils entfernt. Die nach Abnahme des Putzes sichtbaren Baufugen und vielfältigen Befunde waren der Anlass für eine ausführliche Dokumentation und Untersuchung der ziegelsteinsichtigen Fassadenflächen. In diese Untersuchung wurden auch heutige Innenwände, die in früheren Phasen Außenwände bildeten, miteinbezogen.

Ziegelformate und Bauphasen

Anhand der unterschiedlichen Ziegelformate und -farben und den daher deutlich sichtbaren Baufugen konnten an den Fassaden drei Baukörper eindeutig voneinander abgegrenzt werden. An der West- und Ostfassade ließ sich im mittleren Bereich des heutigen Schlosses die erste Bauphase von 1684–1690 nachvollziehen. (Vgl. S. 96 ff., 102 ff.) Dieser mit dunkelroten Mauerziegeln[302] errichtete dreigeschossige Kernbau umfasste sieben Fensterachsen und bildete auf der Westseite einen Ehrenhof (**91**). Die ersten Erweiterungen dieses Kernbaus, zwei einachsige Pavillons, die zwischen 1695 und 1700 jeweils auf der Nord- und Südseite angefügt wurden, konnten dagegen im heutigen Fassadenmauerwerk nicht mehr nachvollzogen werden. Diese vergleichsweise kleinen Anbauten – auf der West- und Ostseite aus der Bauflucht des Kernbaus zurückgesetzt – wurden durch die Erweiterungen im 18. Jahrhundert voll-

ständig überbaut und waren nur anhand von Baubefunden an heutigen Innenwänden nachweisbar. Dagegen waren die ebenfalls eingeschossigen, jedoch dreiachsigen Pavillonanbauten der Bauphase 1704–1709 gut im Fassadenmauerwerk zu erkennen. Da diese Anbauten auf der Gartenseite in der Bauflucht des Kernbaus errichtet wurden, ließen sich hier die drei Fensterachsen anhand der hellroten Mauerziegel gut vom dunkelroten Mauerwerk unterscheiden (**91**). Auch an der Nord- und Südseite sind die dazugehörigen zwei Fensterachsen deutlich zu erkennen (**91**). 1763/64 wurden die Pavillons unter Elisabeth Christine auf die ganze Tiefe des Kernbaus erweitert und auf die dort vorhandene Höhe von drei Geschossen aufgestockt. Bei der Überbauung des Ehrenhofes durch das repräsentativ gestaltete Treppenhaus kamen ebenfalls hellrote Mauerziegel[303] zum Einsatz, deren Format jedoch deutlich flacher als das der ursprünglichen Pavillonanbauten und des Kernbaus ausfällt (**90**). Mit dieser Erweiterung und Aufstockung war die heute vorhandene äußere Kubatur des Schlossgebäudes erreicht.

Baubefunde an heutigen Innenwänden

Weitere Aufschlüsse zu den Bauphasen des Schlosses ergaben sich aus dem Vergleich der Befunde mit historischen Darstellungen des Schlosses. (Vgl. S. 96 ff., 102 ff.) Darüber hinaus ließen sich im heutigen Raum 19, der an der Gartenseite an den Kernbau anschließt, die möglicherweise einzigen baulichen Reste der einachsigen Pavillonbauten, wie sie auf einem Stich von J. B. Broebes (**21**) gezeigt werden, nachweisen: Die westliche Wand weist hier im südlichen Abschnitt eine durchgehende vertikale Baufuge auf. Aus der Position

Rechte Seite:
91 *Bauphasenpläne der Nord- (l.), Süd- (r.) und Ostfassade (m.) mit Erdgeschossgrundriss (u.). Die Jahresangaben beruhen auf dendrochronologischen Untersuchungen*

90 *Ost-Fassade, zweites Obergeschoss: Baufuge zwischen dem Kernbau (dunkelrote Ziegel) und der Erweiterung von 1763/64 (hellrote Ziegel)*

dieser Baufuge lässt sich ein kleiner, annähernd quadratischer Raum rekonstruieren (**91**), der in seiner Lage und seiner Abmessung mit dem bei J. B. Broebes dargestellten kleinen Pavillonanbau übereinstimmt. Zudem ist diese Wand, wie das Aufmaß zeigt,[304] auffällig stark ausgeführt, was sich durch den hier vorhandenen Kaminzug begründen lässt und ebenfalls der genannten Darstellung entspricht. Schließlich kann eine in der Mitte der vermuteten westlichen Pavillonwand dokumentierte Mauerwerksstörung dem bei J. B. Broebes gezeigten offenen Kamin zugeordnet werden. Spätere Grundrisse zeigen den Kamin in dem bereits erweiterten Raum stets an der Nordwand. Die Wand an sich ist zwar noch mit derselben Ziegelart wie der Kernbau errichtet, allerdings ist sie nachträglich mit L-förmig zugearbeiteten Ziegelsteinen an die bisherige Außenwand des Kernbaus angeschlossen worden. Demzufolge ist die Darstellung von J. B. Broebes auch im Bereich der einachsigen Pavillons als Wiedergabe eines realen Bauzustandes zu akzeptieren.

Neue Fragen ergeben sich in diesem Zusammenhang jedoch durch das in der Südwand von Raum 19 freigelegte Sandsteingewände einer zugemauerten Türöffnung (**93**). Die seitlichen Gewändesteine weisen an jeder Seite paarweise angeordnete eckige Löcher zur Aufnahme von insgesamt vier Angeln für eine doppelflügelige Tür auf. Das ursprünglich über die Ebene der Wandfläche hervorstehende Profil war an allen drei Seiten abgeschlagen worden, darüber hinaus wurde in einer späteren Ausstattungsphase für die Anbringung eines Wandpaneels das gesamte Profil unterhalb einer Brüstungslinie nochmals abgearbeitet. Da Türeinfassungen aus Sandstein üblicherweise für Außentüren Verwendung fanden, lag der Schluss nahe, hier die Außenwand eines ersten kleinen Pavillons zu vermuten. Jedoch entspricht weder die Lage der Wand noch ihre geringe Stärke der Darstellung von J. B. Broebes. Denkbar ist, dass bei Errichtung des dreiachsigen Pavillons 1704–1709 das bisherige Gewände einer Außentür – möglicherweise des kleinen Pavillons – in einer Innenwand wiederverwendet wurde. In dem Inventar von 1740 wird erstmalig eine stei-

1684 – 1690 Errichtung des Kernbaus (petit palais)

1691 – 1700 Nach dem Verkauf an Kurfürst Friedrich III. wird die Bautätigkeit fortgesetzt

1704 – 1709 Um- und Ausbau: König Friedrich I erteilt 1704 den Auftrag

1. Hälfte 19. Jh. Erhaltungsmaßnahmen und kleinere Baumaßnahmen

1763/64 Erweiterung und Aufstockung nach dem Siebenjährigen Krieg

1927 – 1930 Sicherung des Gebäudes und Schwammsanierung

1935/36 Umbau für Ausstellungszwecke

1945/1959 Instandsetzung der Kriegsschäden und Umbau zum Sitz des Präsidenten der DDR

1964/65 Umgestaltung zum Gästehaus der DDR

1978 – 1983 Umbauten im Inneren und Überarbeitung der Fassade

vorhandene Schächte unterschiedlicher Bauphasen nach Bestandsplänen

*1 Natursteingewände eines zugesetzten Feuerlochs

*2 Putzabrisskante belegt Position der Wände der Innengliederung des Pavillons aus Bauphase 1704 – 1709 (1763/64 Innenwände entfernt)

*3 1933 Einbau einer Stuckdecke, die aus dem abgerissenen "Hohen Haus" in Berlin-Mitte ausgebaut worden war

*4 Rekonstruktion der Lage des Pavillons aus der Bauphase 1691 – 1700

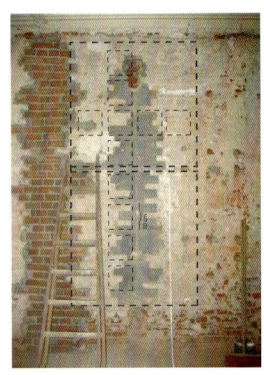

92 Ehemalige südliche Außenwand des Kernbaus (heute: Nordwand in Raum 32 im 1. Obergeschoss) mit der nur teilweise freigelegten Nische, in der ein gemaltes Vertikalschiebefenster dargestellt ist. Gestrichelt dargestellt ist die Rekonstruktion der Scheibenanordnung

93 In der Südwand freigelegtes Sandsteingewände einer doppelflügeligen Tür im Erdgeschoss (Raum 19)

nerne Einfassung erwähnt, als Eingang zu »Des Königs Badstube: Zum Eingange dieses Zimmers ist eine Thüre mit 2. Flügeln, woran 4. Angeln, ein Schloß und 2. Riegel nebst einer Thürpfoste von Werkstücken [...].«[305]

Widersprüche zwischen den historischen Quellen und den Baubefunden ergaben sich auch im Hinblick auf die Gestaltung der Fenster im 18. Jahrhundert. Während in verschiedenen Abbildungen noch nach 1764 Vertikalschiebefenster im ersten Obergeschoss dargestellt sind (24, 25), nennt bereits das Inventar von 1740 auch für diesen Bereich Drehflügelfenster.[306] Diese Beschreibung widerspricht allerdings einem überraschenden Befund an einer ehemaligen Außenwand des Kernbaus, der heutigen nördlichen Innenwand von Raum 32. Hier wurde in einer zugemauerten Wandnische die gemalte Gestaltung eines Blendfensters freigelegt. Diese zeigt ein Vertikalschiebefenster mit insgesamt 4 mal 8 Scheiben, jede zirka 30 mal 30 Zentimeter groß (92).[307] Aufgrund dieses Befundes ist davon auszugehen, dass es einen Zustand gegeben haben muss, in dem zumindest die Fenster des ersten Obergeschosses als Vertikalschiebefenster ausgeführt waren. Der Wechsel der Fensterkonstruktion und die damit verbundenen baulichen Maßnahmen können eine Erklärung für die im Bereich des Kernbaus deutlich sichtbaren Eingriffe an den Fensterlaibungen sein, die sich durch eine reine Reparaturmaßnahme nicht ausreichend erklären lassen. Demzufolge gab es möglicherweise bis zum Verdecken der Blendfenster durch die 1763/64 erfolgte Aufstockung der Pavillons einen Zustand, in dem die gemalten Vertikalschiebefenster noch neben den bereits ausgetauschten Drehflügelfenstern existierten. Dieses Nebeneinander ergab wahrscheinlich ein sehr uneinheitliches äußeres Erscheinungsbild des Schlosses.

Nord- und Südfassade im Vergleich

Die Dokumentation der Fassaden erbrachte auch Aufschlüsse über den Bauablauf der 1763/64 vorgenommenen Umbauten und zeigte, dass die Pla-

nung mehrfach geändert wurde. So fällt bei einem Rundgang um das heutige Schlossgebäude auf, dass die jeweils fünf Fensterachsen der Nord- und Südfassade nicht gleich angeordnet sind: An der Südseite sind die Fenster, ausgehend von einer Mittelachse, mit gleichmäßigen Abständen verteilt, während auf der Nordseite weder eine axiale noch eine regelmäßige Anordnung vorhanden ist (91). Diese ungleiche Behandlung der Fassaden lässt sich zunächst aus der Anordnung der zur Erbauungszeit dahinterliegenden Räume erklären: Auf der Nordseite befanden sich im Erdgeschoss drei »Kabinette«[308] mit jeweils einem Fenster, und auch im ersten Obergeschoss waren nur Räume mit maximal zwei Fensterachsen angeordnet. Auf der Südseite hingegen befanden sich im Erd- und ersten Obergeschoss langgestreckte Räume – sogenannte Galerien – mit vier bzw. fünf Fensterachsen, die eine regelmäßige Fensteranordnung wünschenswert machten.

Nach Abnahme des Putzes wurde darüber hinaus an der Südfassade sichtbar, dass im Erdgeschoss mehrere Fensteröffnungen seitlich verschoben worden waren (94): zum einen eine der beiden Fensteröffnungen des Pavillons von 1704–1709 (FT2/18c), zum anderen aber auch eine im Mauerwerk der Erweiterung von 1763/64 bereits angelegte Fensteröffnung (FT3/18c). Die ursprüngliche Lage dieser beiden Fensteröffnungen ließ sich durch die freigelegten gemauerten Fensterstürze gut nachvollziehen. An der ehemaligen Laibung der Fensteröffnung im Bereich des Pavillons (FT2/18c) haben sich darüber hinaus Putzreste mit Fassung erhalten, im Gegensatz zur ursprünglichen Laibung der Fensteröffnung im Mauerwerk von 1763/64, die keinerlei Putzreste aufweist. Aus diesen Beobachtungen lässt sich schließen, dass die zuletzt genannte Fensteröffnung (FT3/18c) nie fertiggestellt und bereits während des Bauvorgangs seitlich verschoben wurde. Demnach handelt es sich bei der Anlage der heute noch vorhandenen Galerien offensichtlich um eine nachträgliche Planänderung. Diese Änderung führte zu der regelmäßigen Anordnung der Fensterachsen auf der Südseite des Schlosses. An der Nordseite war die vorhandene Fensteranordnung des Pavillons von 1704 bis 1709 übernommen worden, und die 1763/64 neu hinzugekommenen drei Fensterachsen wurden lediglich nach den Erfordernissen der dahinterliegenden Räume – ohne Rücksicht auf die Gestaltung der Fassade – angeordnet. Aus dieser unterschiedlichen Behandlung der Nord- und der Südfassade lässt sich im Weiteren folgern, dass mit dem Bau der Erweiterung von 1763/64 an der nordwestlichen Ecke des heutigen Gebäudes begonnen wurde. Unterstützt wird diese These durch weitere Befunde: Nur dort wurden in größeren Mengen Mauerziegel aus der Kernbauphase wiederverwendet, und nur im nördlichen Bereich der Westfassade wird das Gurtgesims zwischen erstem und zweitem Obergeschoss aus angemörtelten Dachziegeln geformt. Vermutlich wurden diese erst nachträglich an die Fassade angebracht. Im weiteren Verlauf der Westfassade und an der Süd- und Ostfassade hingegen wird das Gurtgesims durch im Mauerwerk eingebundene auskragende Mauerziegel gebildet.[309] Es ist daher möglich, dass in einer ersten Planung nur an eine eingeschossige Erweiterung gedacht war und erst zu einem späteren Zeitpunkt die Entscheidung getroffen wurde, die gesamte Fläche dreigeschossig zu überbauen.

Ein weiteres Indiz für die ungleiche Behandlung der Nord- und Südfassade von Schloss Schönhausen ist die Beobachtung eines etwa 60 Zentimeter breiten vertikalen Streifens mit Mauerziegeln, die eine abgearbeitete Oberfläche aufweisen. Dieser Streifen befindet sich unmittelbar im Anschluss an die Baufuge, die das Mauerwerk des Pavillons von 1704–1709 vom Mauerwerk der unter Johan Michael Boumann d. Ä. erfolgten Erweiterung abgrenzt. Aufgrund der Lage dieses Streifens lässt sich hier die ehemalige Ecklisene des Pavillons von 1704–1709 verorten (23). An der Nordfassade befindet sich dieser Streifen mit deutlichem Abstand östlich der mittleren Fensterachse und zieht sich überraschenderweise über alle drei Geschosse fort bis unter die Traufe fort. Auf der Südseite hingegen findet sich dieser Streifen knapp östlich der neuangelegten Fensteröffnung *(FT2/18c)* und lässt sich, wie es

eigentlich zu erwarten gewesen ist, nur im Erdgeschoss nachvollziehen. Wie Aufnahmen aus den 1950er Jahren belegen, wurde die Lisenenfläche des nördlichen Pavillons bei der Erweiterung 1763/64 beibehalten und sogar über alle Geschosse fortgeführt (123). Selbst als man 1959 für den Präsidenten der DDR, als dessen Amtssitz das Schloss seit 1949 genutzt wurde, einen außenliegenden Aufzug vor der mittleren Fensterachse der Nordfassade errichtete, blieb die Lisene erhalten. Erst mit dem Abriss des Aufzugs und der Neuverputzung der Fassade 1964/65 schlug man die Lisene auf der ganzen Höhe ab und ergänzte das Mauerwerk im Bereich der mittleren Fensterachse großflächig. Die Lisene auf der Südseite hingegen war bereits mit der Erweiterung 1763/64 entfernt worden, wohl auch, weil deren Lage sich mit der neuen Position der seitlich verschobenen Fensteröffnung überschnitt. Die genannten Befunde belegen, dass der Bauplan mehrfach abgeändert und neuen Bedürfnissen angepasst wurde.

Bauliche Veränderungen an den Fassaden im 19. und 20. Jahrhundert

Die unter Elisabeth Christine entstandene Kubatur des Schlosses wurde bis heute beibehalten, jedoch veränderten bauliche Eingriffe mehrfach dessen äußeres Erscheinungsbild.

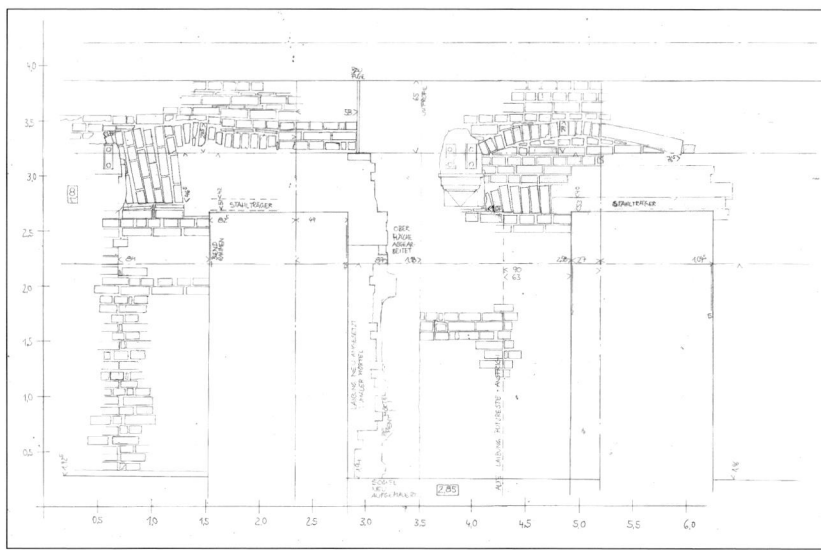

94 *Süd-Fassade, Erdgeschoss: Das verformungsgerechte Handaufmaß zeigt die Verschiebung der Fensteröffnungen und deren heutige Lage (l.: FT3/18c, r.: FT2/18c)*

Eine nachträgliche Ergänzung des Inventars von 1824[310] belegt, dass bereits im Mai 1829 die zwei Fenster in der Nordfassade des heutigen Pieckzimmers (*Raum 23*) zugemauert wurden. Andere, 1927–1930 unter Regierungsbaurat Erich Schonert durchgeführte Maßnahmen ließen sich wiederum anhand der verwendeten Mauerziegel[311] nachvollziehen: Wegen starken Schwammbefalls musste das Mauerwerk an der südöstlichen Ecke bis in das erste Obergeschoss ausgetauscht werden, dabei wurden auch insgesamt drei Fensterstürze als gemauerte Stürze rekonstruiert. Kurz nach 1945 wurde zudem unter der Pergola auf der Südseite ein als Küche genutzter Anbau errichtet, der bereits 1952 wieder abgerissen wurde.[312] Wahrscheinlich wurden in diesem Zusammenhang alle Fensterstürze im südlichen Erdgeschoss durch Stahlträger ersetzt.

Für die Nutzung Schönhausens als Amtssitz des Präsidenten der DDR wurden zahlreiche bauliche Veränderungen vorgenommen: Unter anderem wurde die im ersten Obergeschoss gelegene Galerie als Kinosaal umgenutzt. Für den separaten Zugang des Filmvorführers wurde in der östlichsten Fensterachse eine Tür eingesetzt und davor eine Außentreppe angebaut. Als Schloss Schönhausen 1964/65 zum Gästehaus der DDR umgebaut wurde, hat man diese baulichen Eingriffe allerdings wieder zurückgenommen. Das äußere Erscheinungsbild veränderte sich entscheidend im Zeitraum von 1978 bis 1983, sowohl durch das Einfügen von auskragenden Sandsteinsohlbänken an allen Fassadenfenstern als auch durch die Neugestaltung des Mittelrisalits der Westfassade. Hierbei wurde unter anderem das Erdgeschoss des Mittelrisalits mit Waschbetonplatten verkleidet und die bisherige Sockelgestaltung verändert. (Vgl. S. 114 ff.) 2006 legte man dann bei Ausschachtungsarbeiten an der Ost- und Südfassade vor den Fenstertüren im Erdgeschoss die Fundamente der ehemals dreiteiligen Treppen und Teile der Sandsteinstufen selbst frei. Ebenfalls wurden die Reste des ehemals dem gemauerten Sockel vorgestellten Sandsteinstreifens sichtbar. Wie Photographien vor 1929 zeigen, war das umgebende Bodenniveau bereits so weit aufgeschüttet worden, dass nur noch die beiden oberen Stufen sichtbar waren (**27**). Aber erst 1964/65 wurden die Stufen baulich verändert: Zumindest die oberste Stufe – bis dahin seitlich über die Breite der Fensteröffnung herausragend – wurde durch eine zwischen die Laibung gesetzte Stufe ersetzt. Wahrscheinlich handelte es sich hierbei noch um eine Sandsteinstufe. Ob die beiden darunterliegenden Stufen noch erhalten waren, ist nicht feststellbar. In den 1980er Jahren wurde die Stufe dann passend zur Neugestaltung der Sockelzone durch eine einzelne, ebenfalls zwischen die Laibung gesetzte Granitstufe ersetzt. (Vgl. S. 87 ff.) Bemerkenswert ist in diesem Zusammenhang auch die Beobachtung, dass anscheinend bereits im 19. Jahrhundert Lüftungsöffnungen in Teilbereichen des Sockels vorhanden waren. Mit der Belüftung der Unterkonstruktion des Bodenbelags versuchte man, die durch aufsteigende Feuchtigkeit entstehenden baulichen Probleme im nicht unterkellerten Schloss Schönhausen zu lösen. Wie eine Auswertung von Photographien ergab, wurde diese Art der Belüftung immer wieder verändert und erweitert, so auch 1964/65 und in den 1980er Jahren – allerdings reichte diese Konstruktion nicht aus, um Feuchtigkeitsschäden zu verhindern.

Die Restaurierung des Schlosses Schönhausen in den Jahren 2005 bis 2009

Die restauratorische Untersuchung der Fassaden

von Sandra Bothe und Jochen Hochsieder

Dunkelroter Glaskröselputz, graue Waschbetonplatten, Granitsockel, Sandsteinfensterbänke und Dispersionsanstriche – so präsentierte sich die Fassade von Schloss Schönhausen zum Zeitpunkt der restauratorischen Voruntersuchung 2005 (**19**, **31**). Nur wenig erinnerte an die Fassade eines einst kurfürstlich-königlichen Barockschlosses aus dem 17. und 18. Jahrhundert. Ziel der Voruntersuchungen war es herauszufinden, mit welchem Putz und mit welcher Farbigkeit Schloss Schönhausen vor über dreihundert Jahren gestaltet worden war, und vor allem, welche Spuren der Vergangenheit sich noch erhalten hatten.

Während der Untersuchungen zeigte sich, dass nicht die gesamte Fassade im 20. Jahrhundert überarbeitet worden war. Große Partien der Architekturgliederung, wie Pilaster, Lisenen und Gesimse, sowie nahezu der gesamte Putz des gartenseitigen Mittelrisalits stammen noch aus dem 17. und 18. Jahrhundert. Mit Hilfe von Freilegungshammer und Skalpell wurden die jüngeren Farb- und Putzschichten mechanisch entfernt.

Der hellgraue, feinkörnige Kalkputz der ersten Bauphase war nur noch fragmentarisch in den Bereichen der Baunähte zum Erweiterungsbau von 1763/64 erhalten, beispielsweise neben dem Mittelrisalit und unterhalb des Traufgesimses.

Hier waren noch Reste der Fassadengliederung vom Ende des 17. Jahrhunderts mit einer Verkröpfung der Gurtgesimse zu erkennen. Auf diesem Putz hatten sich zwei Kalkfarbanstriche, ein helles Grau und ein helles Ocker, erhalten.

Der Kalkputz des Erweiterungsbaus war an den Gliederungselementen (Trauf- und Gurtgesimse, Fensterlaibungen und Lisenen) großflächig erhalten. Diese nehmen im Bereich des Mittelrisalits die Gestaltung des Vorgängerbaus wieder auf. Auch auf diesem Putz sind Kalkfarbanstriche nachweisbar. In der Erstfassung wurde ein helles rötliches Ocker als Fassadenfond verwendet. Die Gliederungselemente sind eine Nuance grauer und heller, aber ebenfalls in einem rötlichen Ocker abgesetzt. Auf einem um 1765 von Friedrich Reclam gemalten Porträt der Königin Elisabeth Christine ist im Hintergrund Schloss Schönhausen dargestellt (**34**, **95**). Auf dem Gemälde findet sich die am Bau befundene Fassadenfarbigkeit wieder. Darüber hinaus zeigt es eine schwarze Eindeckung des Daches. Reste dieser Dachdeckung mit Biberschwanzziegeln konnten bei den Fassadenuntersuchungen entdeckt werden, da sie auch für Vermauerungen und Ausgleichsschichten an den angefügten Bauteilen verwendet wurden. Weitere schwarze Dachziegel wurden bei Tiefbauarbeiten in einer Baugrube im Bereich des östlichen Risalits aufgefunden.

Bei den Fassadenuntersuchungen konnten des Weiteren die Fensteröffnungen im Mezzaningeschoss nachgewiesen werden, wie sie auf Abbildungen des 18. Jahrhunderts an beiden Seiten des Mittelrisalits der Gartenseite zu finden sind. Die vor 1740 als querrechteckige, vertiefte Putzflächen und nach 1763 als Blindfenster ausgeführten Öffnungen wurden bereits in der erste Hälfte des 19. Jahrhunderts fassadenbündig mit gestempel-

95 Ausschnitt aus dem Porträt Elisabeth Christines von Reclam mit Ansicht des Schlosses, nach 1764

ten Ziegeln (Moetzow) sowie schwarzen Dachziegeln verschlossen und mit Architravbändern überputzt (23, 24). (Vgl. S. 109 ff.)

Auch die Farbfassungen der Fassade von Schloss Schönhausen im 20. Jahrhundert konnten bestimmt werden. 1964 wurde die Fassade vollständig mit einem gelb pigmentierten Kalkputz überzogen. Dieser sollte ursprünglich als durchgefärbter Putz gezeigt werden, wurde jedoch bald mit dem gleichen gelben Ockerton überstrichen. Zu diesem Fondton waren die Gliederungselemente weiß abgesetzt (30). 1983 erfolgte schließlich eine umfassende Neugestaltung der Fassade, bei der der bereits erwähnte dunkelrote Glaskröselputz auf den Fassadenfond aufgebracht und die Gliederungselemente mit einer weißen Dispersionsfarbe abgesetzt wurden (97).

Auf der Westseite ließ man im selben Jahr die Putz-Rustika im Erdgeschoss durch Waschbetonplatten ersetzen (77). Beim Ausbau des Schlosses durch Johan Friedrich Boumann d. Ä. 1763/64 war der neuerbaute Mittelrisalit mit einer Putzquaderung gegliedert worden. Nach Abnahme der Waschbetonplatten konnten Putzreste der ehemaligen Fugenausbildung dieser Fassadenfläche dokumentiert werden. Die Größe der Quader und sogar deren Fugenprofilierung waren so gut erhalten, dass diese in der bauzeitlichen Gliederung rekonstruiert werden konnten. Vor der Anbringung der Waschbetonplatten hatte man den Putz an der Oberfläche zwar abgeschlagen, aber die bereits im Mauerwerk angelegten Quader und tiefer ausgearbeiteten Fugen und sogar deren Farbanstriche blieben teilweise erhalten (98).

96 *Der Bogengiebel an der Gartenseite, Zustand 2005*

Neben der Frage der Gestaltung der Fassadenflächen war auch die der Gestaltung der anderen Fassadenelemente von großem Interesse. Den wichtigsten Schmuck des Schlosses stellt der Bogengiebel mit Wappenkartusche und zwei Sandsteinstatuen an der Gartenseite dar, der wohl unter Kurfürst Friedrich III. nach 1691 hinzugefügt wurde (96). Über das ursprüngliche Aussehen dieser Elemente konnten wichtige Erkenntnisse gewonnen werden. Auf der Rücklage des Giebelfeldes wurden Reste einer Marmorierung aufgedeckt, bei der es sich um eine violettbraune Äderung auf einem hellen, ockerfarbenen Fond handelt. Durch die Imitation eines edleren Materials sollten die Sandsteinarbeiten aufgewertet werden. Auf einem der Palmenwedel der Kartuschenrahmung ist als erster Anstrich ein helles Ocker aufgefunden worden, welches annähernd der in der Baunaht aufgefundenen Ockerfassung

97 *Gartenseite, Anschluss an den Mittelrisalit, Farbfassungsfolge der Renovierungsanstriche, links der Glaskröselputz. Die Pfeile markieren die Renovierungsschichten in chronologischer Reihenfolge*

98 *Westseite, Mittelrisalit, unter den Waschbetonplatten erhaltenes Fugenbild der Rustika-Quaderung*

99 *Fassungsfolge an der Kartusche im Giebelfeld der Gartenseite. Die Pfeile markieren die Renovierungsschichten in chronologischer Reihenfolge*

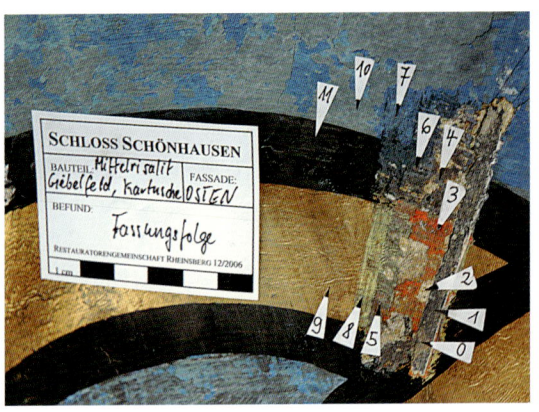

des späten 17. Jahrhunderts entspricht. Insgesamt ist diese Erstfassung auf dem Bogenfeld jedoch nur sehr fragmentarisch erhalten und konnte nicht auf allen Elementen nachgewiesen werden.

Mittig im Giebelfeld sitzt die Sandsteinkartusche, auf deren Wappenfeld sechs Farbanstriche erhalten geblieben sind. Ursprünglich trug das Wappen ab 1691 einen als Relief ausgeführten Kurstab auf dunkelgrauem Hintergrund. Die Farbigkeit des Kurstabes konnte nicht mehr befundet werden, da dieser Bereich vermutlich nach 1740 abgearbeitet wurde. Dabei wurden die Ausbrüche im Wappen gekittet, mit einem weißen Anstrich grundiert und vermutlich vollflächig vergoldet. Die durch Abbildungen des 18. Jahrhunderts belegten Initialen »EC« (Elisabeth Christine) sind an den Freilegungsproben in ihrer Erstfassung nicht mehr nachweisbar (24). Als Folgefassung wurden die Initialen Elisabeth Christines mit einer Ölvergoldung auf einem grauen Grundton angelegt. 1950, mit Einzug des Präsidenten der DDR, wurden die Initialen überstrichen und die ursprünglich in Sandstein ausgeführte Krone (Kurhut) abgeschlagen (30). Der 2005 vorgefundene Zustand stammte vermutlich

von 1978. Im Zuge der Umgestaltung der gesamten Fassade wurden die Initialen »EC«, auf blauem Grund vergoldet und schwarz konturiert, wieder angebracht. Ebenso wurde die Krone aus vergoldetem Eisenblech rekonstruiert (96, 99).

Die heutigen Initialen wurden 2008 nach dem Vorbild der Kartuschengestaltung aus der Zeit Elisabeth Christines rekonstruiert und analog zu zeitgenössischen Monogrammen entworfen (3).[313]

Bezüglich der Fenster des Schlosses, die das Aussehen des Gebäudes wesentlich bestimmen, hat sich gezeigt, dass sie – bis auf eine Ausnahme im zweiten Obergeschoss, wo möglicherweise ein Fenster aus dem 19. Jahrhundert erhalten ist – alle aus dem 20. Jahrhundert stammen. Die Rundbogenfenster der Hoffassade sind vermutlich um 1930 zu datieren. Insgesamt konnten hier sechs Fassungen befundet werden, wobei es sich bei der Erstfassung um ein gebrochenes Weiß handelt. Alle anderen Fenster sind später eingebaut worden und zeigen ebenfalls nur Anstriche in gebrochenen Weißtönen.

Bei der Restaurierung der Fassade durch die SPSG stand die Erhaltung der großflächig überkommenen historischen Bausubstanz im Vordergrund. Durch die restauratorische Voruntersuchung der Fassade war es trotz der vielen Umbauten möglich, zahlreiche Belege der Gestaltungen des 17. und 18. Jahrhunderts zu dokumentieren. So konnten Materialien, Gestaltungsprinzipien und Details der Fassadengliederungen sowie die Fassadenfarbigkeiten den einzelnen Bauphasen zugeordnet werden. Die gewonnenen Erkenntnisse bildeten die Grundlage für die denkmalpflegerische Entscheidung, die Grundfarbigkeit der Fassadengestaltung von 1764 wiederherzustellen. (Vgl. S. 87 ff.)

Die restauratorische Untersuchung der Innenräume

von Thomas Tapp und Rico Grunz

Parallel zu den Sondierungen an der Fassade wurden auch in den Innenräumen des Schlosses noch vor Beginn der Sanierungsarbeiten restauratorische Untersuchungen durchgeführt. Aufgabe der Restauratoren war es, anhand von stratigraphischen (d. h. schichtenweisen) Freilegungen die historischen Farbfassungen und andere Oberflächenbehandlungen zu ermitteln und zu dokumentieren. Anschließend wurden diese bewertet, der jeweiligen Bauphase zugeordnet und die Ergebnisse der restauratorischen Untersuchungen mit denen der Bauforschung abgeglichen. Nicht immer lässt sich die Geschichte eines historischen Gebäudes »entblättern«. Aber manchmal, in Glücksfällen wie beim Schloss Schönhausen, tritt genau dieser Effekt ein, und man kann Schicht für Schicht in die Vergangenheit zurückblicken.

Bei der ersten Besichtigung präsentierten sich die komplett möblierten Räume in einem Zustand der völligen Unversehrtheit. Nach dem Deponieren des gesamten Inventars waren die Parkettfußböden der beiden unteren Geschosse frei sichtbar. Die in unterschiedlichen Dekors und verschiedensten Holzarten ausgeführten Tafelparkette gehören zum letzten großen Umbau des Hauses und sind Bestandteil der denkmalgeschützten Zeitschicht von 1964 bis 1989.

Die Wände der Schlossräume waren in der letzten Nutzungsphase des Schlosses als Gästehaus des DDR-Ministerrats überwiegend mit textilen Wandverkleidungen versehen worden. Diese überspannten in einigen Räumen auch die Holzvertäfelungen der Fensterwände und Supraporten. Diese Wandbespannungen wurden zu Beginn der Untersuchungen zunächst abgenommen, gereinigt und größtenteils in den Depots der Stiftung Preußische Schlösser und Gärten eingelagert. Im Gartensaal (*Raum 1*) kam nach dem Entfernen der gemusterten »Chemiefaser«-Tapete eine weitere, etwas ältere Wandbespannung aus der Zeit um 1964 zum Vorschein und darunter wiederum eine mit Pappe überklebte Holzvertäfelung. Unter dieser Pappkaschierung von 1935 waren Reste der Farbfassung des 18. Jahrhunderts erhalten geblieben: eine gemalte Natursteinimitation mit gelber Rahmung, die um 1773/74 mit einer leimfarbenähnlichen Kreidegrundfarbe auf der Kiefernholzvertäfelung ausgeführt wurde (**100**).

Diese Art der Beschichtung von Holzbauteilen war im 18. Jahrhundert üblich und ursprünglich in ähnlicher Form im ganzen Schloss zu finden, hat jedoch den Nachteil, dass sie sich fast vollständig mit Wasser entfernen lässt. Dies geschah spätestens bei den Renovierungs- und Umbauarbeiten um 1935 an allen anderen im Schloss noch erhaltenen Paneelen und Vertäfelungen, so dass die im Gartensaal erhaltenen Befunde die einzigen in Schönhausen noch vorhandenen Reste gefasster Holzoberflächen aus dem 18. Jahrhundert darstellen. Deshalb entschloss man sich, die Farbfassung auf den erhaltenen Fensterwandvertäfelungen und Supraporten zu restaurieren und in den Bereichen, in denen sie bei früheren Renovierungen entfernt wurde, durch eine redu-

100 *Die Supraporte an der Westwand des Gartensaals. Schichten der Wandbespannung über der gefassten Holzvertäfelung des 18. Jahrhunderts in chronologischer Reihenfolge*

zierte Gestaltung in der Grundfarbigkeit zu ergänzen (**8**).

Die verlorengegangene übrige Dekoration des Gartensaals ist in verschiedenen Inventaren überliefert: So werden die holzvertäfelten Wände des Saals 1797 als »[…] mit einer auf gelben Grund gemahlten Tapete ausgeschlagen […]«[314] beschrieben. 1810 heißt es ergänzend, die Wände seien »[…] mit gelber Papier Tapete bezogen, worauf Füllungen und Säulen in grau, mit bunten Blumen-Guirlanden verziert, gewesen sind«[315] (**101**).

Unter den hölzernen Wandverkleidungen warteten noch weitere Überraschungen auf ihre Ent-

101 *Holzvertäfelung und Kaminspiegel an der Westwand des Gartensaales, um 1930*

deckung. Nach der Abnahme von Teilen der Boiserie zeigten sich gemalte Pilaster und eine florale Gestaltung in Form von Festons. Die 1740 zum Einzug der Königin notwendig gewordene Renovierung des Schlosses war sicherlich der Grund, weshalb in dem damals über zwei Geschosse reichenden Saal eine solche, scheinbar schnell ausgeführte und überraschend leicht wirkende Wanddekoration geschaffen wurde (**102**). So erhielt der neue Sommersitz der Gemahlin Friedrichs des Großen zunächst provisorisch eine moderne Dekoration, die direkt auf den Wandverputz aufgemalt wurde. Nachdem man 1763/64 den Gartensaal durch Einzug einer Decke von dem darüber neuentstandenen Festsaal abgeteilt hatte, blieben die durch kleinere Korrekturen an die neuen Raumproportionen angepassten Malereien weitere zehn Jahre sichtbar, bevor sie 1773 hinter den angebrachten Vertäfelungen verborgen wurden. (Vgl. S. 102 ff.)

Nach der Abnahme der Spiegelgläser wurden auch in anderen Räumen Reste des auf Putz gemalten Dekors von 1740 freigelegt. Es gelang den ausführenden Malern, die Wände mit geringem Aufwand mit unterschiedlich dichten ornamentalen Gestaltungen und mit zeitgenössischem Zierat zu versehen. Da diese Leimfarbenmalereien durch die später von der Königin darüber angebrachten Spiegelgläser fast 270 Jahre abgedeckt und somit vor Tageslicht und anderen schädlichen Einflüssen geschützt waren, sind sie relativ unversehrt erhalten und vermitteln bis heute einen lebendigen Eindruck vom Zeitgeist des 18. Jahrhunderts. Zum Dekorationsprogramm gehörten flächige Ornamentierungen auf dem Putz der Fensterpfeiler und Kaminachsen in Form von Blumengebinden und Ranken, aber auch illusionistische Architekturmalerei wie gemalte Pilaster, Lisene und Stuckornamente.

Zu den noch erhaltenen wandfesten Einbauten des 18. Jahrhunderts zählen die 30 reichverzierten Schnitzrahmen der Kamin- und Wandpfeilerspiegel in mehreren Räumen und die mit Schnitzwerk versehenen Türblätter mit dazugehörigen Supraporten in den gartenseitig gelegenen Kabinetten am südlichen und nördlichen Ende der

Enfilade des Erdgeschosses (**6**, *Raum 3 und 19*). Diese dem Rokoko zuzuordnenden Schnitz- und Bildhauerarbeiten stammen sowohl aus der Zeit nach 1740, als die Holzvertäfelungen in den Kabinetten angebracht wurden, als auch aus der Zeit nach 1763, als einerseits neue Räume geschaffen und andererseits bestehende Räume umdekoriert wurden. Alle noch vorhandenen Schnitzrahmen, Supraporten und Türblätter erhielten im 20. Jahrhundert Renovierungen, die von den Erstfassungen zum Teil stark abwichen. So wurden zum Beispiel ehemals mehrfarbig gefasste oder holzsichtige Schnitzereien mit Gold oder Silber überfasst.

Als besondere Schätze können darüber hinaus zwei im späten 18. Jahrhundert zur Ausstattung gehörende Papiertapeten wieder an alter Stelle gezeigt werden. Bei den Renovierungs- und Umbauarbeiten der 1930er Jahre wurden sie von den Wänden abgenommen und sind nun nach Jahrzehnten im Depot und einer aufwendigen Restaurierung wieder in der Audienz- und Vorkammer zu erleben (**6**, **16**, *Raum 2, 3*). Die noch auf der textilen Unterbespannung aufgebrachten Tapeten hatten deutlich sichtbare Schäden, die haupt-

sächlich auf die ungünstigen klimatischen Bedingungen, besonders in den Wintermonaten, zurückzuführen sind. Flecke, Verfärbungen und die Ablösung von Farbschichten waren die Folge. In komplizierten Restaurierungsverfahren wurden die Tapeten konserviert, stabilisiert, gereinigt und letztendlich wieder an ihrem ursprünglichen Ort montiert.

Die wichtigste künstlerische Neuerung im Schloss war die Gestaltung des Festsaals (*Raum 21*) und der Marmorgalerie (*Raum 33*) im Zuge des Umbaus 1763/64. Beide wurden durch den Stuckateur und Marmoristen Johann Michael Graff geschaffen und sind heute dessen einzige erhaltenen Arbeiten in Berlin. Graff, der wahrscheinlich aus einer Familie von Stuckateuren aus Wessobrunn stammte, ist in Deutschland weitestgehend unbekannt.[316] In Polen und Litauen hingegen ist er ein wohlbekannter Künstler. Mit seinen Arbeiten für den Herzog Ernst Johann von Biron in Kurland (heute Lettland) war er so erfolgreich, dass er bis zum königlich-polnischen Hofstuckateur aufstieg und zum Beispiel an der Ausstattung des Warschauer Schlosses mitarbeitete.[317] Graff ging 1765, direkt nach seiner Arbeit in Schönhausen, nach Litauen, wo er in den Schlössern Rundale und Mitau als ausgereifter Künstler auftrat. Die dortigen Dekorationen zeigen eine große Nähe zu den Stuckaturen in Schönhausen (**103**). Seine Formensprache steht dabei in enger Verbindung zu den Gebrüdern Hoppenhaupt, was nahelegt, dass er bereits im Neuen Palais arbeitete, bevor er den Auftrag für die Aus-

102 Gemalter Pilaster an der Westwand des Gartensaales, Fassung von 1763

103 Stuckdetail aus dem Goldenen Saal in Schloss Rundale (Lettland). Der Saal wurde 1765–1768 von Johann Michael Graff stuckiert

104 *Freilegung der Stuckaturen und der Stuckmarmorflächen an der Ostwand des Festsaales, 2009*

105 *Abnahme von Renovierungsanstrichen auf einer Stuckblüte in der Marmorgalerie, 2009*

gestaltung von Schönhausen erhielt. Die ausgeprägte Eigenart seines Stils zeigt aber auch, dass er ein selbständig entwerfender Künstler war: »Meisterhaft technische Beherrschung des Materials vereinigt sich mit sicherem Gefühl für die Struktur des Raumes und erfindungsreicher Vielfalt der Einzelformen.«[318]

Im Festsaal überarbeitete Graff die bereits im späten 17. Jahrhundert entstandene Decke mit hoher Voute (**14**). (Vgl. S. 102 ff.) Der Plafond war bis dahin vermutlich nicht nur mit reichem Stuck, sondern auch mit einem Deckengemälde geschmückt. Darauf deuten bei den Restaurierungsarbeiten befundete kleine Farbpartikel hin, die wohl beim Anlegen der neuen Stuckaturen durch Graff und beim Glätten der Putzoberfläche in die Feinputzschicht gerieben wurden. Aus der schweren barocken Gestaltung wurde unter den Händen Graffs eine leichte Rokokodekoration. Der Erhalt dieses Raumensembles aus verschiedenfarbigem Stuckmarmor und sehr fein gearbeiteten Stuckaturen ist ein ausgesprochener Glücksfall. Renovierungen der Zeit um 1950 hatten das Bild des Festsaals stark verändert. Dabei wurden die Stuckierungen mehrmals mit Öl- und Dispersionsfarben überstrichen, während die Pilaster- und Wandflächen aus Stuckmarmor Anstriche aus Kunstharzfarbe erhielten. Somit waren die filigranen Stuckaturen und die ehemals polierten Stuckmarmorflächen ihrer ursprünglichen Wirkung beraubt. Aus konservatorischer Sicht ergab sich nun die Notwendigkeit, diese Anstriche zu entfernen, um die Oberflächen der Decken- und Wanddekorationen freizulegen und somit wieder sichtbar zu machen (**104**).

Zu Beginn der Restaurierungsarbeiten stellte sich erfreulicherweise heraus, dass die äußerst empfindlichen Stuckornamente einschließlich der Farbfassungen fast vollständig und in gutem Zustand erhalten sind. Der ebenfalls gute Erhaltungszustand der Stuckmarmorflächen unterstützte das Vorhaben, auch den zwischen 1964 und 1966 abgeschlagenen und durch Naturstein ersetzten Stuckmarmorsockel wiederherzustellen.

Komplizierter stellte sich die Ausgangssituation in der Marmorgalerie dar (**33**). Dieser Raum wies vollflächige Überarbeitungen der Graff'schen Dekorationen auf, deren Farbschichten bei den Voruntersuchungen wesentlich schwerer vom Untergrund zu trennen waren als die Anstriche im Festsaal. Wie Messbildaufnahmen von 1935 belegen, hatte sich Graffs Gestaltung der Marmorgalerie über 170 Jahre fast unverändert erhalten. Als 1926 ein vermutlich älterer Schwammbefall eine Mauerwerksanierung notwendig machte, wurden die dadurch entstandenen Fehlstellen in Stuckmarmor ergänzt. Der zuständige Baurat Erich Schonert ließ 1936 eine weitere Modernisierung durchführen, ging dabei aber äußerst sensibel mit dem Bestand um.[319] Abgesehen von der Installation dreier Kronleuchter in den Deckenmedaillons, beschränkten sich die Maßnahmen auf die Behandlung der Schadbereiche. Die Erhaltung und Präsentation der Graff'schen Ausgestaltung scheint für Schonert im Vordergrund gestanden zu haben.

Das änderte sich Anfang der 1950er Jahre, als das Schloss Amtssitz des Präsidenten der DDR wurde. Die bei der Umwandlung der Marmorgalerie in ein Kino erfolgten Elektroinstallationen schonten die Stuckmarmorflächen nicht, entstandene Kabelschlitze wurden einfach mit Gips geschlossen. Statt einer aufwendigen Rekonstruktion des Stuckmarmors erfolgte der Anstrich der Wände mit dunkelgrüner Farbe. Eine Renovierung Ende der 1950er Jahre brachte einen weiteren Anstrich mit grüner Ölfarbe. Erst 1964/65, mit dem Umbau des Schlosses zum Staatsgästehaus, erfolgte eine Rückbesinnung auf den Charakter des Raumes. Nach dem Abriss der Einbauten wurden fehlende Stuckaturen durch Abgüsse aus dem Bestand ersetzt. Mit einem einheitlich weißen Deckanstrich versuchte man, die ursprünglich beabsichtigte Leichtigkeit dieser lichtdurchfluteten Galerie zu wiederholen. Eine Zäsur in dieser Rekonstruktionsphase stellt allerdings der Einzug einer Rabitzdecke dar. Beim Versuch, die originale Deckengestaltung wiederherzustellen, gingen einige Formdetails, insbesondere die Leichtigkeit des angetragenen Ornaments, verloren. Einzig die Graff'schen Stuckblüten wurden abgenommen und nach Einbau der neuen Decke replatziert. Eine letzte Renovierung in den 1970er Jahren beschränkte sich auf Malerarbeiten, wobei nun der weiße Stuck gegen einen ockerfarbenen Fond abgesetzt wurde.

Die zahlreichen Renovierungsschichten des 20. Jahrhunderts ließen die ursprünglich so filigranen Stuckaturen immer unansehnlicher werden (105). Unter diesen Renovierungsanstrichen mit Öl- und Dispersionsfarben konnte der Stuck zudem Feuchtigkeit nicht mehr an die Luft abgeben. Aus konservatorischer Sicht wirkte sich diese Wasserdampf-Diffusionssperre besonders negativ aus und trug zur Zerstörung der empfindlichen Stuckarbeiten wesentlich bei. Zusätzlich verursachte die im Vergleich zum Stuck höhere Oberflächenspannung der Anstrichmaterialien das Ablösen kleinerer Teile vom Stuckmarmor.

Im Rahmen einer Diplomarbeit im Fachgebiet Restaurierung von Architekturfassungen[320] wurden der Erhaltungszustand der Stuckmarmorwände und Stuckaturen der Galerie erfasst, eine Methode zur Freilegung der Oberflächen entwickelt sowie Vorschläge zu einem Restaurierungskonzept unterbreitet. Die gewonnenen Erkenntnisse sollen direkt in die Planung für die ab 2010 vorgesehenen Restaurierungsarbeiten einfließen. Die Renovierungsanstriche mit unterschiedlichen Bindemitteln sind nur einzeln, Schicht für Schicht, chemisch, thermisch oder mechanisch abzunehmen. Die durchgeführten Testreihen und naturwissenschaftlichen Untersuchungen dienten auch dazu, unter den wirkungsvollen, aber meist sehr giftigen Lösemitteln die weniger gesundheitsschädlichen auszuwählen. Mit der Freilegung der Stuck- und Stuckmarmoroberflächen werden die restauratorischen Arbeiten in der Galerie nicht abgeschlossen sein. Die zum großen Teil bereits sichtbaren weißen Gipsausbesserungen müssen entfernt und durch materialgerechte Ergänzungen ersetzt werden. Nach ihrer Konservierung und Reinigung können die für Stuckmarmor charakteristischen Oberflächen durch Polieren wiederhergestellt werden. Darüber hinaus müssen die auf den sehr glatten Kunstmarmorflächen angetragenen Stuckaturen partiell gefestigt und bereits abgelöste Fragmente wieder angebracht werden. Mit abschließenden Retuschen wird das Erscheinungsbild optisch geschlossen und der Gesamteindruck der Galerie weitestgehend wiederhergestellt sein. Mit Hilfe der Diplomarbeit konnte festgestellt werden, dass die Nordwand mit 84 Prozent des originalen Stucks und Stuckmarmors große zusammenhängende Flächen aufweist. Mit den zeitgleich hergestellten Spiegelrahmen und Türen sind weitere Elemente der wandfesten Ausstattung erhalten – eine weitestgehende Wiederherstellung des Raumes ist somit möglich.

Direkt unter der Marmorgalerie, am südlichen Ende der gartenseitigen Raumfolge des Erdgeschosses, befindet sich die Zederngalerie (15). Die noch zu Beginn des 20. Jahrhunderts im ursprünglichen Zustand erhaltene Wandvertäfelung wurde vermutlich im Zusammenhang mit der Schwammsanierung 1926 teilweise ergänzt und überarbeitet. Schließlich wurden die Vertäfelungen der Nord- und Westwand während der Umbaumaßnahmen zum Gästehaus durch furnierte Spanplatten ersetzt. Beide Fensterwandvertäfelungen, die Konsoltische und die versilberten Spiegelrahmen sind jedoch im überarbeiteten Zustand der Renovierungen des 20. Jahrhunderts erhalten. An den furnierten Boiserien sind allerdings viele schadhafte Bereiche zu bearbeiten. Die Bandbreite der zu behebenden Schäden reicht von teilweise abgelösten oder bis auf die Unterkonstruktion hindurch geschliffenen Furnieren als Ergebnis früherer Reparaturen bis zu sichtbaren mechanischen Beschädigungen der Oberflächen. Die erforderliche gründliche Restaurierung der Wandvertäfelungen wird ab 2010 möglich sein.

In weiteren Schritten werden die Spiegelschnitzrahmen zunächst »entrestauriert«, das heißt, Vergoldungen und Überzüge aus dem 20. Jahrhundert werden entfernt, damit dann die jeweilige Erstfassung freigelegt, konserviert und retuschiert werden kann. Als bedeutende bauzeitliche Elemente der festen Einbauten werden die mit Schnitzwerk versehenen Türen und Supraporten ebenfalls von den Renovierschichten befreit und in ihren Originalzustand zurückversetzt werden. Als wichtigste, aber auch schwierigste Aufgabe verbleibt die Restaurierung der Marmorgalerie. Dabei wird angestrebt, die hohe Qualität der Stuckmarmorwände und der besonders filigran gearbeiteten Stuckaturen in den Oberflächen des 18. Jahrhunderts zu zeigen.

Nachdem Baumaßnahmen und Renovierungen im gesamten 20. Jahrhundert die originale Substanz des Gebäudes stark dezimiert haben, sollen die bereits erfolgten Restaurierungen und die zukünftig stattfindenden konservatorischen Arbeiten zum Erhalt dieses wertvollen Bestandes beitragen.

Die Geschichte des Schlossgartens seit 1664

Vom Barockgarten zum Landschaftspark

von Karen Andreas

Der Schlossgarten Schönhausen blickt auf eine über 300-jährige Entwicklungsgeschichte zurück. Im Zeitraum von 1664 bis 1949 wandelte sich der Garten von einem prächtigen Barockgarten zu einem großzügigen Landschaftspark. Mit dem Hofbaumeister Eosander von Göthe und dem Hofgartendirektor Peter Joseph Lenné waren zwei berühmte Gestalter am Schlossgarten beteiligt. Seine Blütezeit erlebte der Schlossgarten zwischen 1740 und 1797, als Königin Elisabeth Christine im Sommer regelmäßig das Schloss bewohnte und trotz ihrer begrenzten Mittel den Garten pflegte und fortentwickelte. Aus den verschiedenen Gestaltungsphasen sind bis heute Bäume, Wegebeziehungen und Ausstattungselemente erhalten, die der geschichtskundige Besucher bei einem Spaziergang entdecken kann.

Gräfin Sophie Theodore zu Dohna legte 1664 an ihrem neuerrichteten Landsitz einen kleinen barocken Garten mit Obstbäumen, Küchenquartiere und Blumenparterres an.[321] Wie bei barocken Anlage üblich, erstreckten sich Alleen in die Umgebung. Die am Landsitz in Nord-Süd-Richtung vorbeiführende Allee ging auf eine alte Wegeverbindung zwischen den Dörfern Schönhausen und Pankow zurück und wurde nun axial auf die beiden Dorfkirchen bezogen. Dagegen wurde die rechtwinklig dazu verlaufende Allee in Ost-West-Richtung, die als Blickpunkt im Westen auf den Turm der Festung Spandau zielte, vermutlich zusammen mit Landsitz und Garten neu angelegt.[322] Die zwei Alleen sind heute in den beiden Straßenzügen Tschaikowskistraße / Schloßallee bzw. Dietzgenstraße / Ossietzkystraße aufgegangen (**109**).

Oberhofmarschall von Grumbkow übernahm 1680 das Anwesen, ließ ein neues Schloss errichten[323] und veranlasste die Erweiterung und Umgestaltung des Gartens sowie den Bau einer halbrunden Orangerie an dessen nördlicher Grenze.[324] (Vgl. S. 96 ff.)

Eine Skizze von 1695 zeigt die so entstandene symmetrische, in zahlreiche rechteckige Quartiere gegliederte Anlage (**106**). Aus der Planlegende geht hervor, dass die Bereiche östlich des Schlosses und vor der Orangerie mit jeweils vier Lustquartieren aufwendig ausgeschmückt waren. Wahrscheinlich handelte es sich dabei um zeittypische Broderien – Beete mit kunstvollen Ornamenten aus farbigen Steinen, Buchs- oder Rasenbändern, die häufig mit Blumenrabatten eingefasst waren.[325] Die vier Lustquartiere vor dem Schloss wurden linker und rechter Hand von Spalieren,[326] möglicherweise mit Obstgehölzen, eingefasst. Darüber hinaus gab es im Garten zwei Boskette.[327] Die seitlichen und hinteren Beete waren Küchenquartiere für den Anbau von Obst und Gemüse. Ein Kanal bildete den Abschluss des Gartens, doch die vom Schloss ausgehende Mittelachse des Gartens führte als Allee weit in die Landschaft hinaus.

1691 kaufte Kurfürst Friedrich III., der spätere König Friedrich I., das Gut. Zwischen 1705 und 1708 ließ er Schloss und Garten durch Hofbaumeister Eosander von Göthe erweitern und umgestalten.[328]

Vergleicht man die Skizze von 1695 mit einem Plan um 1764 (**107**), sind noch immer enge Parallelen in der Aufteilung und Gestaltung des Gartens erkennbar. Eosander von Göthe hat demnach offenbar bei der Umgestaltung des Gartens 1705 bis 1708 die bestehende Struktur grundlegend übernommen, sie aber zugunsten einer regelmäßigeren Aufteilung und klarerer Achsen verändert. Ebenso übernahm er einzelne Gartenelemente der Vorgängeranlage wie die seitlichen Küchenquartiere, die Boskette sowie den abschließenden Kanal, veränderte sie aber in ihrer Ausformung.

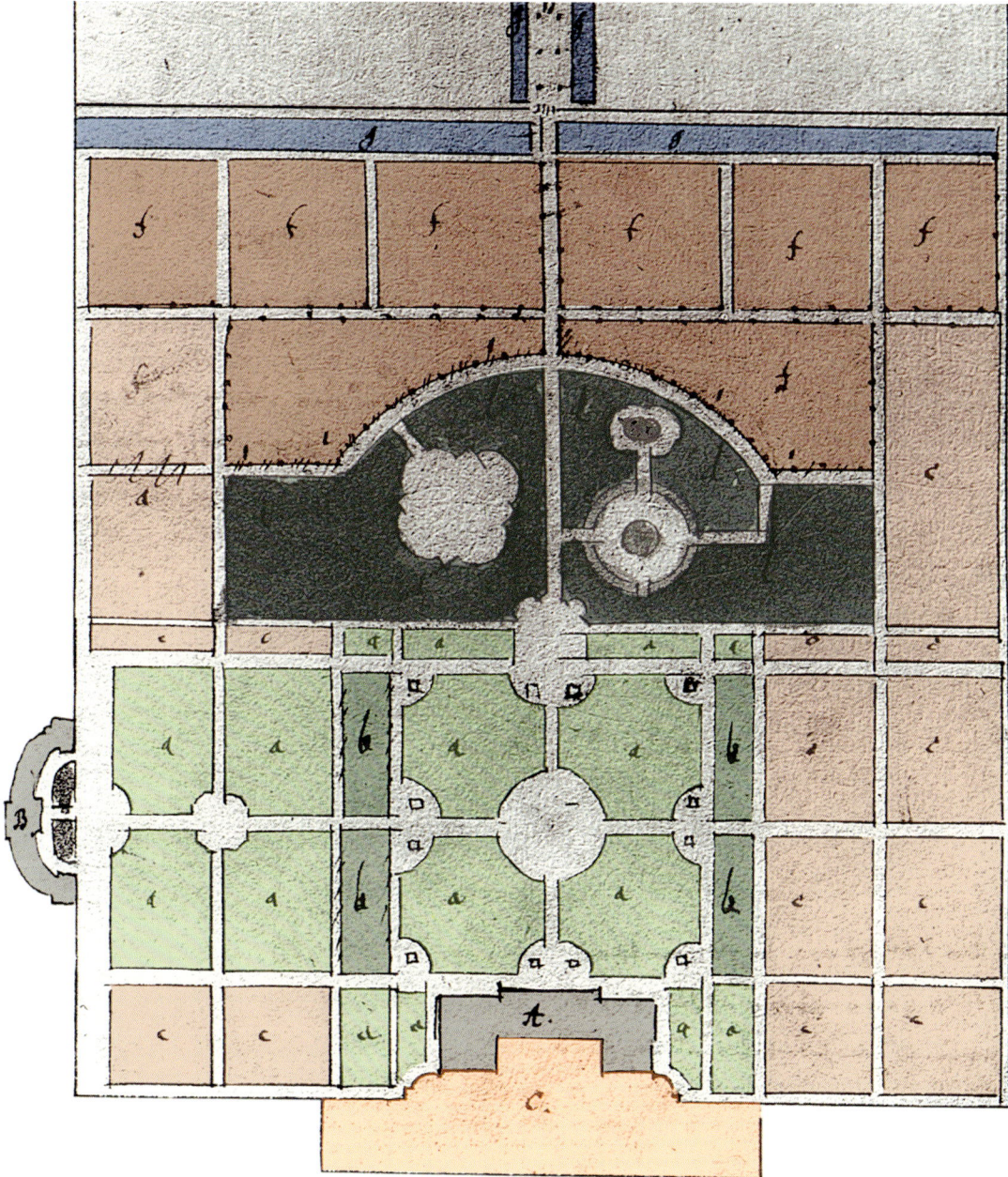

106 *Skizze des Schloss-gartens, Christoph Pitzler, 1695 (A: Palast, B: Orange-rie, C: Vorhof, a: Lust-quartiere, b: Quartiere mit Spalieren, c: Küchen-quartiere ohne Spaliere, d: Bosketts, e: Rasenbänke, f: Küchenquartiere, einge-fasst mit Obstbäumen und Spalieren mit Johannis-beeren, Rosen und franzö-sischem Obst, g: Kanal, h: Anpflanzung von Linden)*

Unter König Friedrich Wilhelm I. wurde das Schloss an Hofangehörige verpachtet; nur die dringendsten Unterhaltungsarbeiten wurden durchgeführt.[329] Im Jahr 1740 schenkte König Friedrich II. seiner Frau Königin Elisabeth Christine das Schloss und den Garten. Im selben Jahr ließ diese den verwilderten Garten, dessen Gestaltung noch auf Eosander von Göthe zurückging, instand setzen. Ein Inventar, das anlässlich der Übertragung des Schlosses erstellt wurde, gibt Anhaltspunkte zur Gestaltung und Ausstattung des Gartens.[330] Vieles davon ist im Plan um 1764, der den prächtigen Barockgarten der Königin Elisabeth Christine zeigt, wiederzufinden (**107**). Der Plan entstand vermutlich anlässlich der Modernisierung des Gartens nach den Zerstörungen durch den Siebenjährigen Krieg (1756–1763).

Während im Plan östlich des Schlosses nur noch vier mit Kübelpflanzen umstellte Parterres um ein rundes Rasenbassin angeordnet sind, gab es laut Inventar 1740 in diesem Bereich noch acht Parterres, die sehr aufwendig mit Rabatten gerahmt

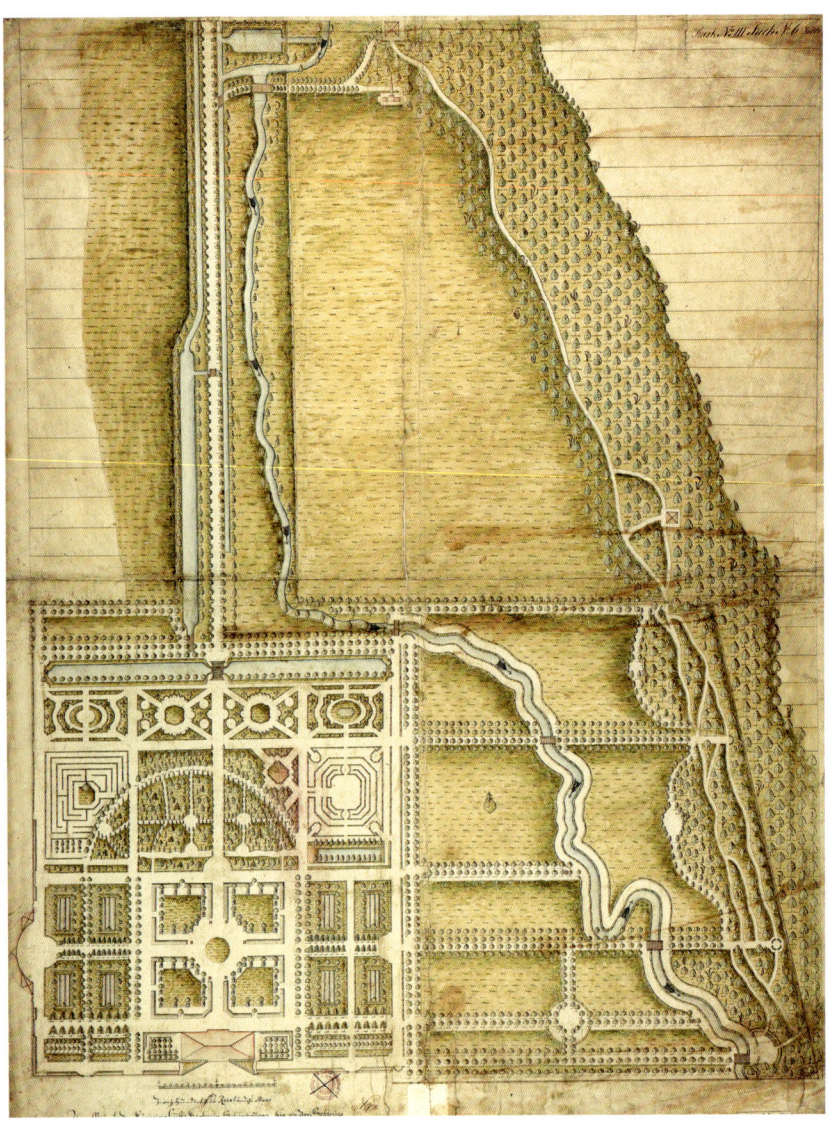

107 *Der Schlossgarten Schönhausen, unbekannter Maler, um 1764*

eine angeblich von König Friedrich I. gepflanzte Eiche, an der man laut Inventar über Treppen auf eine zweistöckige Galerie emporsteigen konnte. Die vier Quartiere vor dem abschließenden Kanal waren mit Weißbuchen bestandene Bereiche, also vermutlich Heckenquartiere.

Aufgrund dieser zahlreichen Übereinstimmungen zwischen dem Inventar von 1740 und dem Plan um 1764 kann man davon ausgehen, dass Elisabeth Christine bei den Instandsetzungen des Gartens ab 1740 bis nach dem Siebenjährigen Krieg keine umfangreichen Veränderungen an dem von Eosander von Göthe gestalteten barocken Lustgartenbereich vorgenommen hat.

Wie der Plan um 1764 zeigt, ließ Elisabeth Christine den Garten aber über die Grenzen des barocken Lustgartens hinaus erweitern, indem sie die Panke und das große Eichholz einbezog. Hier führten die Quergänge des Lustgartens als Alleen zum Flüsschen bzw. bis zum großen Eichholz, an End- und Kreuzungspunkten der Alleen waren runde Salons und kleine Pavillons angeordnet.

Elisabeth Christine hielt ihren Garten stets auf dem neuesten Stand. Im letzten Viertel des 18. Jahrhunderts wurde es modern, Gärten nach englischem Vorbild landschaftlich umzugestalten. In einem Brief berichtete sie 1774: »Ich lasse hier ein Boskett in englischer Manier anlegen.«[331] Ein Plan von 1812 zeigt die landschaftliche Umgestaltung, die der Garten unter Elisabeth Christine vermutlich ab 1774 erfuhr.[332] Unter Beibehaltung der barocken Aufteilung und der Alleen wurde, wie in der frühen Phase des Landschaftsgartens üblich, eine kleinräumige landschaftliche Gestaltung mit einem kleinteiligen Wegesystem geschaffen. Diese Umgestaltung erfolgte vermutlich über einen längeren Zeitraum, denn ein Stich zeigt, dass 1787 vor dem Schloss noch barocke Parterres mit Blumenrabatten, Kübelpflanzen und Skulpturen vorhanden waren (25). Allerdings zeigen die aufwachsenden Bäume in den Rabatten im Vordergrund und am linken Bildrand bereits eine Auflösung der Parterres und eine beginnende Verlandschaftlichung an. In der nachfolgenden Zeit wurde auch dieser Bereich umgestaltet und ein im Plan von 1812 dargestell-

waren und auf denen 52 Eibenpyramiden und 24 kleine Statuen im Wechsel aufgestellt waren.

Sowohl im Inventar von 1740 als auch im Plan von 1764 werden zu beiden Seiten des zentralen Bereiches jeweils Küchenquartiere zum Anbau von Obst und Gemüse erwähnt. Die Begrenzung dieses Bereiches zu den seitlichen Küchenquartieren bilden im Plan aber zwei Alleen, während sich um 1740 an dieser Stelle doppelreihige Spaliere mit Weinstöcken und Obstbäumen befanden.

Der Plan und das Inventar führen im hinteren Teil des Gartens zwei Boskette auf. Südlich der Boskette befanden sich ein Irrgarten und ein Wasserbassin, nördlich ein Labyrinth aus Buchenhecken. In der Mitte des Labyrinths stand

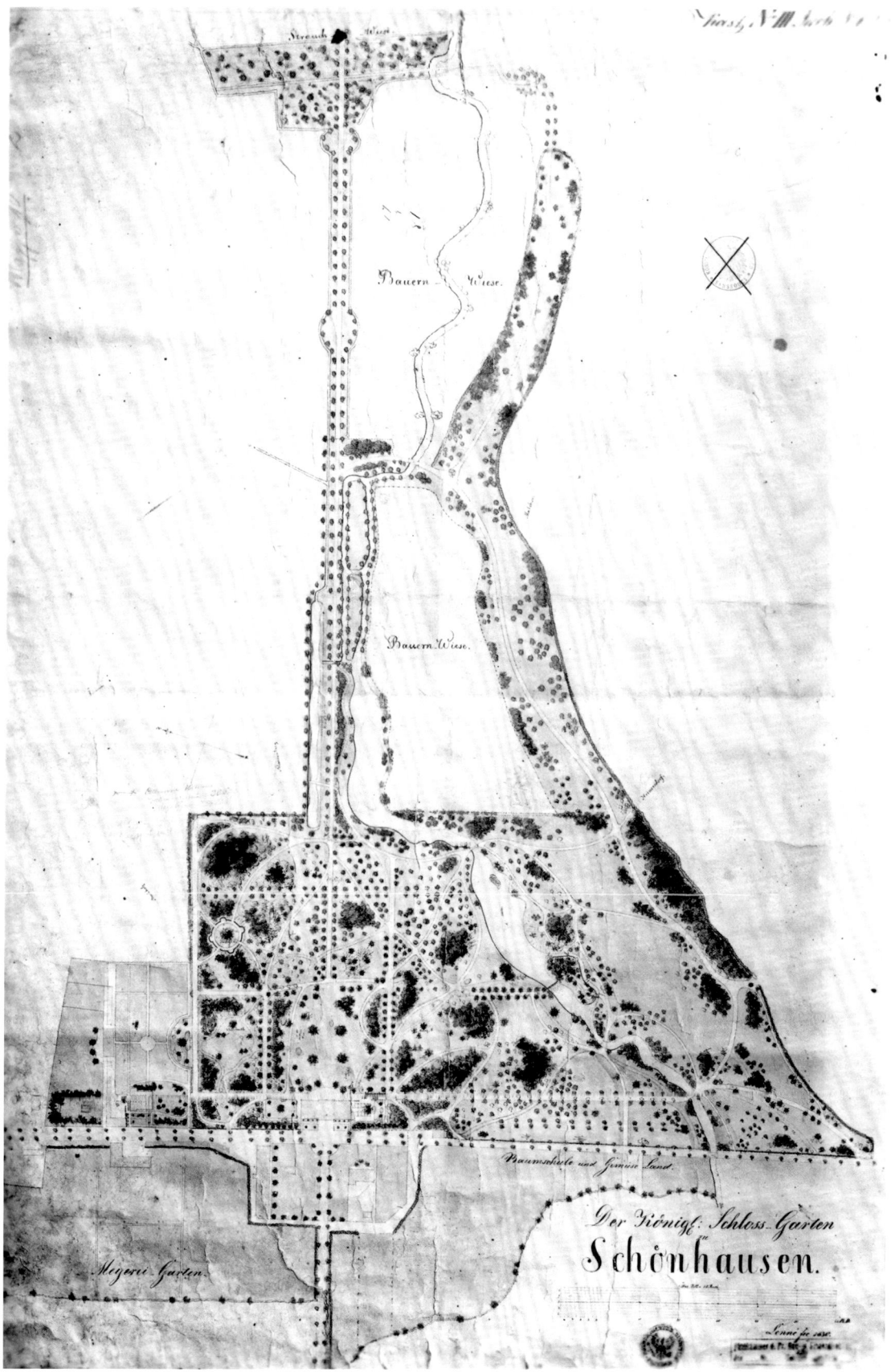

ter großer Rasenbereich (Bowlinggreen) mit vier Einzelbäumen angelegt, bei denen es sich vermutlich um die vier noch heute erhaltenen Platanen handelt.[333]

Da Schloss Schönhausen in der Regel von Juni bis September als Sommersitz genutzt wurde, hatte der Garten eine besondere Bedeutung als Aufenthaltsort und Rahmen für Feste, Essen und Feierlichkeiten, die Elisabeth Christine zu Ehren von Gästen ausrichtete. Wenn am Abend Feste stattfanden, wurde der Garten sogar beleuchtet: »Die ganze Allee […] wird illuminiert werden ebenso wie das Kabinett, das dort ist, und in der Mitte wird eine Sonne platziert werden. Ich habe es erproben lassen und es macht einen sehr hübschen Effekt.«[334]

Ähnlich engagiert, wie sich die Königin ihrem Garten widmete, kümmerte sie sich auch um das zu ihrem Anwesen gehörende Gut. Es umfasste eine Meierei für die Milchwirtschaft, zeitweise eine Fasanerie zur Fasanenzucht, eine Baumschule, eine Plantage, sowie einen Küchengarten für den Anbau von Obst und Gemüse ergänzend zu den Küchenquartieren im Schlossgarten.[335]

Dieser Küchengarten befand sich außerhalb des barocken Gartengeländes nördlich der halbrunden Orangerie, die um 1770 zu einem Wohnhaus für Hofdamen umgebaut wurde. Daher wurde 1777 eine neue Orangerie zusammen mit Gewächs- und Treibhäusern auf dem Küchengartengelände errichtet.[336] Treibhäuser erlaubten den Anbau von Obst und Gemüse unabhängig von der Jahreszeit. So konnte der Hofstaat fast das gesamte Jahr über mit frischem Obst und Gemüse versorgt werden. Außerdem ermöglichten die Treibhäuser die Zucht exotischer Früchte wie Ananas, Bananen oder Melonen. Solche Früchte waren ein großer Luxus in der damaligen Zeit,[337] da die Treiberei von den Hofgärtnern viel Wissen über die Pflanzen, spezielle Treibhausanlagen und ein hohes Maß an kontinuierlicher Pflege erforderte. Schönhausen muss über diese Voraussetzungen verfügt haben, denn Friedrich II. äußerte sich bewundernd über die Qualität der Früchte, die ihm Elisabeth Christine gelegentlich schickte: »Madame. Je Vous rends grâce du présent que Vous

avez daigné me faire; Sans-Souci ne voudra pas rester en reste avec Schönhausen et il tâchera de se venger à la première occasion.«[338]

1750 erhielt Elisabeth Christine von ihrem Gatten ein Grundstück an der Allee westlich des Schlosses als Geschenk.[339] Auf dieser Fläche ließ sie drei Weinberge und eine Plantage mit Obstgehölzen und Maulbeerbäumen anlegen.[340] Mit den Blättern der Maulbeerbäume wurden Seidenraupen zur Herstellung von Seide gezüchtet, wovon sich Elisabeth Christine die Aufbesserung ihres schmalen Budgets erhoffte: »Und wenn die Seidenraupen damit im Zusammenhang gut geraten, [und] mit dem Überschuss an Früchten, wird dies mit der Zeit 2000 Taler einbringen können.«[341] In der Plantage, die bezeichnenderweise »Schönholz« genannt wurde, hatte sie aber auch ein Lustwäldchen zum Flanieren und Verweilen eingerichtet: »Wir werden auf dem Rückweg in der Plantage, die zur Zeit von außerordentlicher Schönheit ist, einen Imbiss einnehmen.«[342] Heute befindet sich auf dem Gelände der Volkspark Schönholzer Heide.

Nach 1797 blieb Schönhausen in königlichem Besitz und wurde von wechselnden Mitgliedern des Könighauses genutzt. Von 1810 bis 1816 wurden Schloss und Garten der Prinzessin Wilhelmine von Oranien überlassen. Sie war sehr an Schönhausen interessiert, da sie als geborene Prinzessin von Preußen in ihrer Kindheit oft bei Elisabeth Christine zu Besuch gewesen war. Sie bemühte sich um den Erhalt von Schloss und Garten und hoffte, ihn wieder in den prachtvollen Zustand aus der Zeit der Königin zurückzuversetzen.[343] Dennoch wurde 1816 die alte halbrunde Orangerie abgerissen, wobei die Rückwand als Bestandteil der Mauer zum Küchengarten erhalten blieb und heute noch als Rundung zu erkennen ist.[344]

Ab 1823 bewohnte der Herzog von Cumberland mit seiner Familie das Schloss Schönhausen. Die Herzogin hatte großes Interesse am Garten und wünschte eine Vielzahl von Veränderungen, mit deren Planung schließlich der Hofgartendirektor Peter Joseph Lenné beauftragt wurde.[345] Für den inzwischen verwilderten Garten legte Lenné in den Jahren 1827–1829 mehrere Entwürfe vor, von denen der dritte schließlich realisiert wurde (108).

In diesem dritten Entwurf arbeitete Lenné – im Gegensatz zu den vorigen Entwürfen – stark mit dem vorhandenen Bestand. Er beließ im schlossnahen Bereich weitgehend die barocke Alleenstruktur, weshalb es zu einem gestalterischen Miteinander von barocken Alleen und landschaftlichen Wegeführungen, Baumgruppen und Wiesenflächen kam.

Um das Schloss legte Lenné einen aufwendig gestalteten Bereich mit Blumenbeeten und der heute noch erhaltenen Pergola an der Südseite des Schlosses an (26). Ein solcher Pleasureground, der einen wohnlichen Gartenbereich als Übergang zwischen Schloss und Park bilden soll, ist typisch für landschaftliche Parkanlagen dieser Zeit. Der großzügige Rasenbereich vor dem Schloss wurde von zwei Längsalleen aus der Zeit Elisabeth Christines eingefasst, die bis heute erhalten sind. Aus den Salons des Schlosses waren Sichtbeziehungen zu den Orten Heinersdorf, Blankenburg, Malchow und Französisch Buchholz möglich (108).

Die eigentliche Leistung Lennés war die malerische Gestaltung der Panke mit seenartigen Aufweitungen und einer Insel sowie die Integration der Bauernwiesen und des großen Eichholzes in den Park. Von einem Hügel an der Panke sollte man eine Sichtbeziehung zum Schloss haben. In diesem Bereich ist Lenné die elegante Gestaltung eines großräumigen Landschaftsparks gelungen, in dem er entsprechend den Gestaltungsgrundsätzen viele fremdländische Baumarten, unter anderem Kastanien, Akazien, Trompetenbäume, Götterbäume und Platanen, verwendete.[346]

Nach 1837 wurde das Schloss nur noch vorübergehend durch die königliche Familie oder deren Angehörige bewohnt,[347] Schloss und Garten wurden nur notdürftig erhalten.[348] Die Hofgärtner widmeten zu Lasten der Parkpflege viel Zeit der Gemüse- und Obstzucht.[349] Möglicherweise geschah dies auch aus privaten Motiven, wie bei dem ab 1832 berufenen Hofgärtner Theo-dor I. Eduard Nietner, der sich intensiv mit der Gemüse- und Obstbaumzucht sowie der Treiberei beschäftigte und seine Ergebnisse in Zeitschriften und Büchern publizierte.[350]

Nach einer längeren Zeit starker Verwilderung wurde der Schlossgarten 1879 durch den zuständigen Hofgartendirektor Ferdinand Jühlke instand gesetzt. Er ließ die Sichtachsen ausholzen und öffnete dadurch dem Betrachter wieder den Blick in den Park und vom Park in die Landschaft. Außerdem legte er einige neue Gehölzgruppen an und erneuerte den Verlauf der Panke.[351] In der Zeit von 1898 bis 1915 sowie im Jahre 1935 wurde der Verlauf der Panke mehrfach reguliert und begradigt, innerhalb dieser Maßnahmen wurden auch die Insel, die seenartige Aufweitung und der Wasserfall beseitigt.[352]

Der Bevölkerungszuwachs um die Jahrhundertwende und die zunehmende Bebauung in Pankow hatten für den Schlossgarten erhebliche Folgen. Die Bebauung der Bauernwiesen mit zwei Gebäuden, unter anderem einem Ausflugslokal, die Errichtung eines Krankenhauses im östlichen Gartenbereich sowie die Bebauung der angrenzenden Grundstücke führten zur Zerstörung der Lenné'schen Sichtbeziehungen aus dem Park in die Landschaft. Zur Umgehung des Schlosshofes wurde 1887 der sogenannte Schlossstraßenbogen angelegt, in den Folgejahren wurde dieser mehrfach befestigt und für die Straßenbahn ausgebaut. Während und nach dem Ersten Weltkrieg besiedelten Kleingartenkolonien, Sport- und Spielplätze die weiträumigen ehemaligen Bauernwiesen (109). Ein Bebauungsplan von 1923 schützte schließlich das Schlossgartengelände vor weiterer Inanspruchnahme.[353]

In den letzten Tagen des Zweiten Weltkrieges gehörte der Park zur sowjetischen Frontlinie, wodurch besonders der alte Baumbestand in Mitleidenschaft gezogen wurde.[354] Bis 1949 hatte der inzwischen verwilderte und teilweise überbaute Landschaftspark seine zuletzt durch Lenné geprägte Grundgestalt beibehalten.

Der Garten des ersten Präsidenten der DDR

von Monika Deißler

Nach Ende des Zweiten Weltkrieges gingen die durch Kriegshandlungen, Holzeinschlag und Diebstahl beschädigten Gartenanlagen um Schloss Schönhausen an die Sowjetische Militäradministration (SMAD) über. Das benachbarte Villenviertel am heutigen Majakowskiring war als Wohn- und Gästebereich Vertretern der sowjetischen Besatzungsmacht und privilegierten deutschen Funktionären vorbehalten.[355] Anfänglich waren Schloss und Villenviertel lediglich von einem schlichten Holzzaun umgeben, von sowjetischen Soldaten bewacht und nur mit Passierschein betretbar. Die direkte Durchfahrt über die heutige Ossietzkystraße blieb allerdings bis Sommer 1949 öffentlich (**109**).

Nachdem die Wahl für den Amtssitz des Präsidenten der am 7. Oktober 1949 gegründeten DDR auf Schönhausen gefallen war, wurde der provisorische Bretterzaun durch eine hohe, geschlossene Mauer ersetzt. Die beiden durch die Mauer getrennten Gartenteile entwickelten sich sehr unterschiedlich. Die Neugestaltung des nunmehr nur noch zirka 8 Hektar »kleinen«, abgeschotteten Präsidentengartens innerhalb der Mauer übernahm der Gartenarchitekt Reinhold Julius Paul Lingner. Der rund 30 Hektar große äußere Garten behielt den nach der Jahrhundertwende entstandenen »Volksparkcharakter« und befriedigt bis heute das Bedürfnis der Bevölkerung nach Geselligkeit im Freien (**109, 110**).

109 *Stadtplan von 1956 mit Präsidentengarten (Innerer Schlossgarten) und »Regierungs-Städtchen« (Majakowskiring), Maßstab 1:4000*

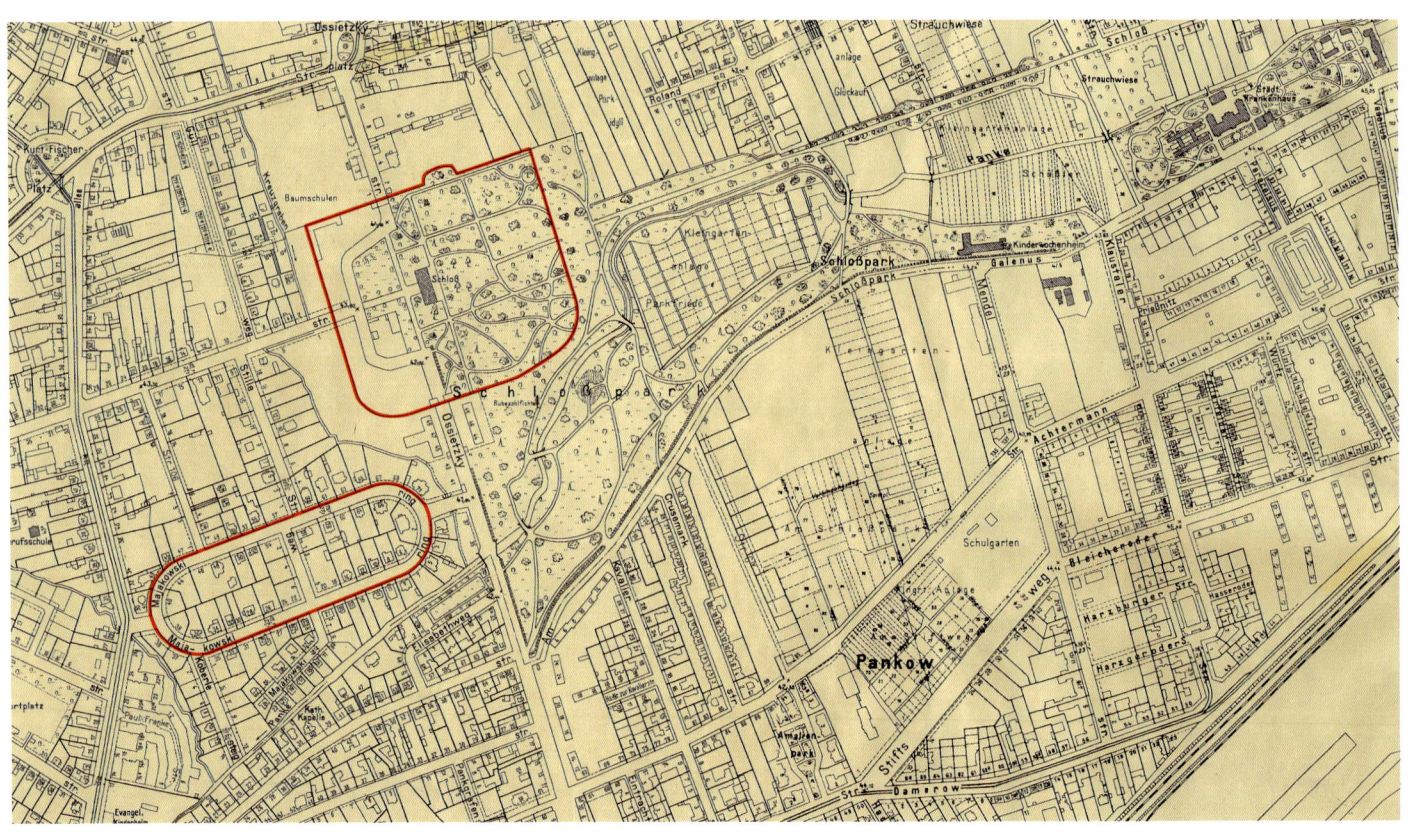

110 *Die Innenseite der Mauer um den Präsidentengarten nach der Sanierung, 2007*

111 *Detailentwurf für den Präsidentengarten, Reinhold Lingner, gezeichnet von H. Matthes, 1950*

Lingner stand vor der schwierigen Aufgabe, ein zwar verwildertes, aber in seiner Grundstruktur erhaltenes Teilstück eines Lenné-Parks zu überformen – eine Aufgabe, die ihm vermutlich nicht leicht von der Hand ging, da er dem »unerreichten Meister«[356] Peter Joseph Lenné höchsten Respekt zollte. Gemeinsam mit Hubert Matthus (der die Ideen Lingners zu Papier brachte und unter anderem den Vogelbrunnen entwarf) und seinem langjährigen Freund Frank-Erich Carl (der die Lichtplanung bestritt) gestaltete Lingner einen architektonischen Garten im Sinne der »Stuttgarter Schule« um 1920.

Deren Gestaltungsprinzip kann wie folgt umrissen werden: Architektonisch-lineare Elemente (Mäucherchen, Wasserbecken, Treppen, Pergolen), die in Kontrast zu überquellender Pflanzenfülle stehen, bilden kleine Gartenidyllen. Diese »Sondergärten« werden in einen landschaftlichen Rahmen eingebettet und sind in handwerklicher Tradition unter Verwendung von Naturmaterialien (Natursteinbeläge, Terrakottagefäße) aus-

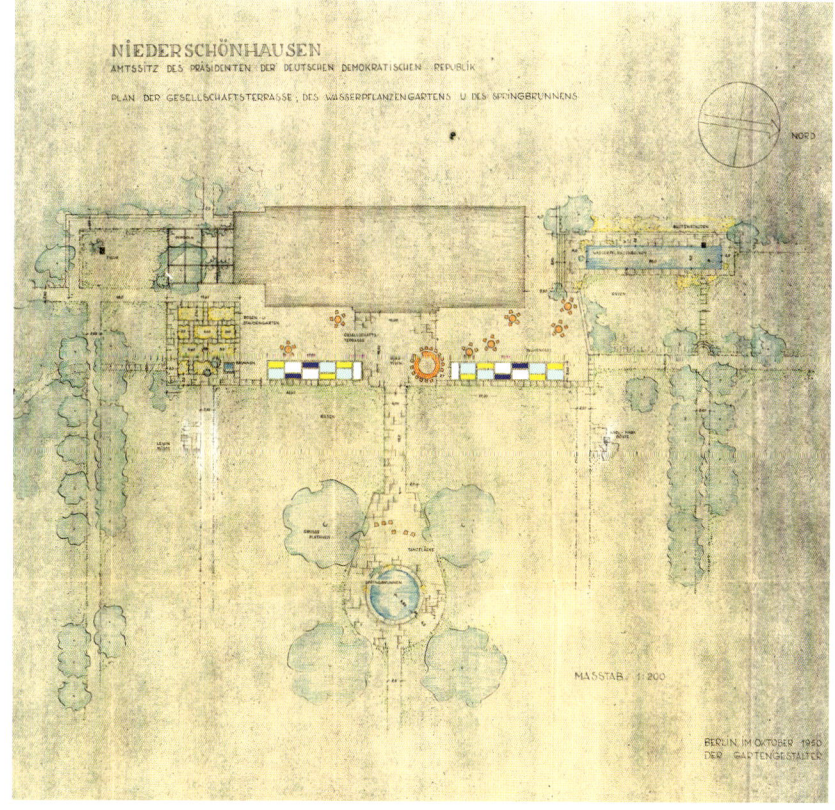

geführt. Namhafte Architekten und Künstler beteiligten sich an dem Prestigeobjekt: Hermann Göritz konzipierte die Staudenanlagen, Hedwig Bollhagen entwarf die Pflanzkübel, Fritz Kühn die Kunstschmiedearbeiten (später noch die Hockerbänke im Gräsergarten), Liv Falkenberg die Gartenmöbel und Bert Heller ein Wandmosaik. Später kamen noch Skulpturen von Walter Arnold sowie von Wilfried und Hans Klakow hinzu[357] (111).

Geboren wurde Lingner am 27. Juni 1902 in Berlin-Charlottenburg. Dort besuchte er das humanistische Mommsen-Gymnasium. Seine muttersprachlichen Französischkenntnisse[358] beeinflussten seinen späteren Lebensweg. Lingner absolviert seine Lehre 1919–1922 in Europas bekanntester, legendärer Baumschule Ludwig Späth in Berlin (1720 von Christoph Späth gegründet), gleichzeitig mit seinem langjährigen Freund Frank-Erich Carl. 1923–1925 studierte er, während er in einer Möhringer Staudengärtnerei arbeitete, in Stuttgart als Gasthörer bei Paul Schmitthenner. Danach arbeitete er einige Monate bei Wilhelm Hübotter in Hannover und studierte 1925–1927 an der Höheren Lehr- und Forschungsanstalt für Gartenbau in Berlin-Dahlem bei Fritz Zahn und Willy Lange. In den Ferien arbeitete er mit Otto Valentin bei der Firma Späth. Lingner selbst bezeichnete später den Landschaftsarchitekten und Maler Valentin als seinen großen Lehrmeister.[359] Tatsächlich klingen Carls Beschreibungen der Entwürfe Valentins von 1956, als wäre von Lingners Präsidentengarten die Rede.[360]

Nach dem Studium war Lingner bei der Deutschen Kriegsgräberfürsorge in Belgien beschäftigt. Ende 1933 wurde er aufgrund seiner Heirat mit der bekennenden Kommunistin Alice Kerling fristlos entlassen. Während des Nationalsozialismus hatte Lingner ein »unausgesprochenes« Berufsverbot zu ertragen, Wanderjahre mit häufigen Ortswechseln waren die Folge.[361]

Nach 1945 entstand unter der Leitung des Stadtrates für Bau- und Wohnungswesen, Hans Scharoun, eine Planungsgruppe, in die Lingner ab dem 16. Juni 1945 als Leiter des Hauptamtes für Grünplanung beim Magistrat von Groß-Berlin berufen wurde. Diese wurde aufgrund der Teilung Berlins im April 1950 aufgelöst, Lingner zog von Siemensstadt nach Pankow.[362] Den Entwurf für den inneren Schlosspark und die Gärten am Majakowskiring unterzeichnete er deshalb als freier Gartenarchitekt. Am 1. Januar 1951 übernahm er die Leitung der Abteilung Grünplanung (sog. Kollektiv Lingner) in der neugeschaffenen Deutschen Bauakademie. Die engen Beziehungen zu Valentin, Wilhelm Hübotter und Gerda Gollwitzer wurden erst 1961 durch den Bau der Mauer unterbrochen.[363]

Kerstin Nowak stellt in ihrer Dissertation die Frage, »ob sich in der DDR eine eigenständige Landschaftsgestaltung herausgebildet hat«.[364] Bezogen auf Lingers Präsidentengarten kann das verneint werden. Zumindest in den ersten Nachkriegsjahren wurden vielerorts neben »neuen Formen, Ausdrucksformen unserer Zeit«[365] vor allem Ideen der 1920er Jahre wiederaufgenommen.[366] Lingner blieb also seiner Prägung treu; die meisten seiner Hausgärten standen in Tradition der 1920er und 1930er Jahre.

Lingner formuliert in einem Erläuterungsbericht zu seinem Entwurf die »Zweckbestimmung« des Präsidentengartens folgendermaßen: »Da das ehemalige Schloss als Amtssitz und insbesondere für Empfänge politisch hervorragender Persönlichkeiten und Auslandsvertreter dient, wird vorgeschlagen, auch den Park diesen Zwecken dienstbar zu machen. Es ist daher ganz besonders in der Nähe des Hauses für gesellige Zusammenkünfte durch Sitzplätze, Terrassen und Gelegenheiten zu Darbietungen gesorgt worden.«

Dafür wurden folgende Gestaltungselemente vorgeschlagen und ausgeführt: Teehaus, Springbrunnen, Gesellschaftsterrasse, Gartenhof, Wasserpflanzengarten, Vorfahrt mit Parkplatz (mit Garagenhof). Diese Sondergärten, als intime Gartenräume konzipiert, schufen Raum für Vieraugengespräche. Unausgeführt blieben hingegen ein Heckentheater (an der alten Orangerie-Mauer) sowie Tennisplätze.[367] 1953 wurde im Vorbereich in engem Bezug zum Kastellanhaus ein weiterer Sondergarten, die Pergola am Rosengarten, ergänzt und der Garagenhof erstmalig erweitert[368] (111).

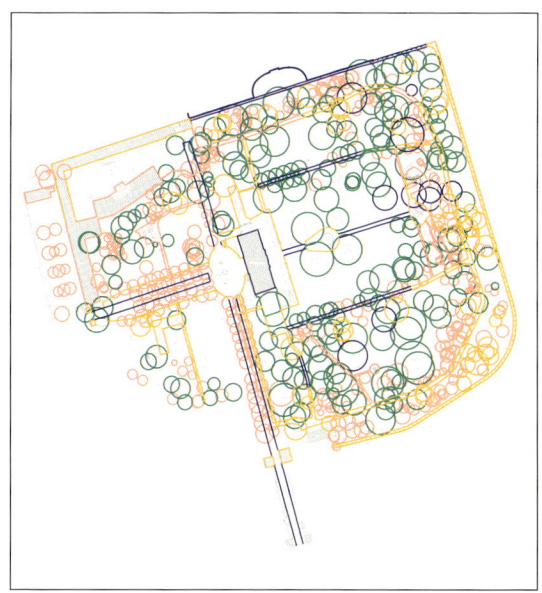

Lingner erhielt Teile aus allen Gestaltungsphasen wie beispielsweise die im Landschaftsgarten entstandene Pergola am Schloss; diese wurden instand gesetzt und in die Neugestaltung miteinbezogen. So sind bis heute Strukturen und Gehölze des Barockgartens und des Landschaftsgartens im Garten der Moderne erlebbar. Im Zeitschichtenplan wird augenfällig, dass die meisten heute raumbildenden Gehölze in der Zeit des Landschaftsgartens (nach 1774) gepflanzt wurden (**112**, grün). In der letzten Gestaltungsphase (nach 1950) wurde dieser Gehölzbestand im Garten der Moderne ergänzt (gelb), zusätzlich wurden die neueingefügten Sondergärten mit Blühsträuchern und aufwendigen Staudenanlagen geschmückt. Die wenigen erhaltenen barocken Eichen und Linden prägen das Bild nur wenig (1664–1774, blau).

Während Lingner also den vorhandenen Baum- und Strauchbestand im inneren Garten beibehielt,[369] wurden alle landschaftlichen Wege Lennés aufgegeben und rückgebaut, die neue Parkmauer zwang Lingner, die meisten Bezüge in den »großen« Garten aufzugeben. So blieben nur die rahmenden barocken Wege zwischen den Lindenalleen erhalten, während in gebührendem Abstand zur Parkmauer ein neuer Rundweg angelegt wurde. Die neuen Sondergärten wurden in dieses Wegenetz eingebunden. Das Rondell um

die erhaltene »Königseiche« wurde umgestaltet und neutral als »Platz unter der Eiche« bezeichnet. Mit dem Bau der Parkmauer war die geforderte Sicherheit des Gartens gewährleistet. Die allgegenwärtige Mauer war jedoch ohne künstlerischen Anspruch und musste kaschiert werden. Bemühungen, die Mauer zuerst durch Bemalung,[370] später durch Bepflanzung[371] aus dem Blickfeld zu rücken, gelangen aufgrund deren Massivität nur bedingt.

Teehaus

Lingner machte die barocke Mittelachse vom Schloss wieder begehbar (**107, 108**). Der durch die Mauer jäh gebrochene Blick in die Schlossallee musste jedoch ersetzt werden. Hans Grotewohl entwarf einen Pavillon, den Lingner wie folgt beschreibt: »In der Achse ist ein Teepavillon geplant, der die Unterbrechung der Mittelachse durch die hohe Mauer verdeckt, so dass für den Blick nach Osten vom Schloss aus wieder der große Zusammenhang mit dem hinter der Mauer liegenden Parkteil in Erscheinung tritt. Das Teehaus ist gedacht als leichter Bau mit viel Glas, das im Winter die Kübelpflanzen […] aufnimmt […]. Es schließt sich an den Pavillon, dessen

112 *Um zu verdeutlichen, welcher Gestaltungsphase die Wege und Bäume zuzuordnen sind, wurden in einem aktuellen Vermessungsplan Wege und Bäume farblich umrandet: blau = Barock, grün = Landschaftsgarten, gelb = Präsidentengarten, rot = Gästegarten der DDR*

113 *Springbrunnen und Teehaus im Hintergrund nach der Fertigstellung 1951*

Glaswände im Sommer weit geöffnet werden können, eine Terrasse mit Tischen und Stühlen und eine große Rabatte von winterharten Blütenstauden an.«[372] Tatsächlich ist das Teehaus aus klimatischen Gründen nicht für die Überwinterung von Kübelpflanzen geeignet. Vielleicht erfolgte deshalb keine Dekoration des Gartens mit exotischen Pflanzen. Die Schalen und Kübel wurden mit Wechselblumen bepflanzt (113).

Springbrunnen

Zwischen Schloss und Teehaus konzipierte Lingner eine Fontäne, die sowohl in Lage als auch in Funktion an Barockgärten erinnert. Die Umsetzung mit der betont flachen Sandsteineinfassung und dem modernen Strahlenbild, welches in

den Farben Rot, Gelb, Blau und Grün beleuchtet werden konnte, war allerdings sehr zeitgemäß.[373] Beckenrand und -boden waren aus farblich gefasstem Beton (das heute sichtbare Mosaik wurde 1973 nach dem Umbau des Beckens eingefügt[374]). Lingner beschreibt: »In der Hauptachse des Gebäudes nach Osten zwischen den vier herrlichen alten Platanen ist eine Fontaine mit 6 bis 8 m hohem Springstrahl vorgesehen, um den herum ein mit Natursteinplatten belegter Platz Gelegenheit zur Vorführung von Tänzen bietet.«[375] Tatsächlich fanden, beispielsweise anlässlich des Besuchs des Kronprinzen von Jemen 1956, Ballettaufführungen statt.[376] Aufwendig wurde der Platz mit Cottaer Sandsteinplatten belegt und mit Kübeln dekoriert. Die sogenannten »von Woyski-Kübel« (Entwurf: Hedwig Bollhagen) waren handgedrehte Unikate, die 1958 in Serie gingen. Lichttechnisch inszeniert wurden ebenfalls die vier Platanen um den Springbrunnen, deren Kronen Carl mit je drei Bodenstrahlern beleuchten ließ (114).

Gesellschaftsterrasse

Die Gesellschaftsterrasse mit Gartenhof erfüllte die geforderte repräsentative Funktion. »Auf der Gesellschaftsterrasse […] sind mehrere Sitzgruppen mit Tischen und eine grosse Ringtafel für eine Gesellschaft bis zu 16 Personen vorgesehen. […] Die Gesellschaftsterrasse ist durch Blumenparterres mit stets wechselnder Bepflanzung und durch einen Sondergarten mit winterharten Stauden und Rosen geschmückt.«[377]

Die Gartenmöbel entwarf Liv Falkenberg. Die gebürtige Niederländerin arbeitete bei dem Rotterdamer Architekten J. J. P. Oud, war mit verschiedenen Kunstrichtungen (De Stijl) vertraut und arbeitete in avantgardistischen Gruppen (De 8 und Ophouw). In Deutschland entwarf sie unter anderem 1927 Möbel für die Weißenhofsiedlung in Stuttgart.[378] Die für Schönhausen entworfenen Gartenmöbel fanden auch im Privatgarten von Wilhelm Pieck und im Regierungsheim Prieros Aufstellung.[379] Im Schlossgarten wurden sie altweiß, im Privatgarten dunkelrot lackiert (114).[380]

114 *Der Tanzplatz an der Fontäne mit Gartenmöbeln von Liv Falkenberg und Kübel von Hedwig Bollhagen, um 1951*

Besonders bemerkenswert ist auch die Gestaltung der aufwendigen Sommerblumenbeete vor der Terrasse. Die ineinandergeschachtelten Rechtecke und die einfarbig flächige Farbgestaltung erinnern an Werke der abstrakten Malerei (besonders an Piet Mondrians »Komposition mit Rot, Blau, Schwarz, Gelb und Grau«, 1921). Die Einfassung der Rechtecke erfolgte mit geschnittenem Buchsbaum, die gerasterten Farbflächen wurden im Frühjahr mit Stiefmütterchen (in Gelb, Weiß, Hellblau, Dunkelblau), im Sommer mit Pelargonien (in Rosa und Rot) arrangiert.[381] Die beiden Beete wurden asymmetrisch um den Mittelrisalit angeordnet, der Ringtisch auf der Terrasse konnte so einen zentralen Platz einnehmen, ohne den Blick aus dem Gartensaal in die Tiefe des Gartens zu verstellen. Das über die Ecke des Schlosses verlängerte Sommerblumenbeet wirkte so auch vom Zugang Dietzgenstraße als farbiger Blickpunkt. Im Zusammenspiel mit Natursteinmauer, Sitzkombination und Pflanzschalen entstand ein kleiner Platz (111).

Gartenhof

Zum Gartenhof schrieb Lingner 1950: »An der Südfront des Hauses soll die vorhandene Pergola erhalten bleiben und durch einen größeren Rasenteppich mit einer Plastik zu einem intimen Gartenhof gestaltet werden.«[382]

Auch hier wurde der Raum durch eine niedrige Sandsteinmauer gefasst. Die Aufstellung der beschriebenen Plastik konnte bislang nicht nachgewiesen werden. Die angrenzende Staudenpflanzung mit Rosen wurde ebenfalls rasterförmig gegliedert. Anders als bei den Sommerblumenbeeten erfolgte der strenge architektonische Rahmen durch Sandsteinplatten (120).

Wasserpflanzengarten

Eine breite Treppenanlage führt vom Schloss in den mit Stauden- und Wasserpflanzen aufwendig gestalteten Sondergarten, den Lingner so be-

schreibt: »In der Nordachse des Gartens soll ein vertiefter Garten, [ein] sogenannter Senkgarten, angelegt werden. Da weder vom Haus zum Park hin ein Höhenunterschied besteht [...], soll durch den vertieft angelegten Garten ein besonderer Reiz [...] erzielt werden. Der Senkgarten nimmt ein 25 m langes und 4 m breites Wasserbecken auf, in dem Seerosen, verschiedene zierende Schilfarten und Fische ihre Lebensbedingungen finden. Um die Ränder des Beckens herum werden einzelne Gruppen besonders schöner Sumpfstauden Platz finden.«[383] Hier lehnt sich Lingner deutlich an die Gestaltungsprinzipen Karl Foersters für einen Senkgarten an: »Teils aus Windschutzgründen, teils aus Beschaulichkeit versenkt man in der Nähe des Hauses einen kleinen Platz, der ringsherum in flachen Steingartenterrassen wieder zu normaler Gartenhöhe aufsteigt und manchmal auch – noch tiefer in das Bodenniveau eingelassen – ein Ufer- und Wassergärtchen enthält.«[384] Das (derzeit mit Erde verfüllte) Becken ist in eine mit Muschelkalkplatten befestigte Fläche eingelassen. Sandsteinmauern umschließen den Bereich an drei Seiten, die gestuften Mauerhöhen kaschieren geschickt

116 *Die Pergola am Rosengarten mit Wandbild von Bert Heller, 1953*

den tatsächlich geringen Höhenunterschied. Lingner entwarf eine kleine Parkbank, die einen Abschluss am Ende des Beckens bildet. Prachtstauden, aufwendig arrangierte Staudenpflanzungen und ein üppiges Sumpfpflanzenbeet umrahmen das mit Seerosen bepflanzte Becken. Das Sumpfpflanzenbeet wird durch einen Überlauf des Seerosenbeckens gespeist. Ein kleiner Zugang von Osten führt zusätzlich in die kleine Oase (115).

Vorfahrt mit Parkplatz

Lingner erhielt im Bereich der Vorfahrt die alte Lindenallee, die Wegeführung wurde jedoch verändert. Die ursprüngliche Fahrbahn wurde begrünt, und die Zufahrtsstraßen wurden links und rechts der Lindenreihen gelegt. Die Allee erfuhr dadurch eine erhebliche optische Verbreiterung. Vor dem Schloss entstand ein großes Rasenoval mit Fahnenmast, welches für Staatsempfänge mit Wechselblumen bepflanzt wurde. In Anlehnung an die landschaftliche Gestaltung entstanden entlang der Schlossfassade, links und rechts des mit

Bernburger Mosaik gepflasterten Eingangs, wieder Rasenflächen mit Ziergehölzen (29).

Das Kastellanhaus des 18. Jahrhunderts (als Bibliothek des Präsidialamtes genutzt) wurde aufgewertet, indem 1953 in engem axialem Bezug ein weiterer Sondergarten angelegt wurde. Die Pergola am Rosengarten erzeugte durch ihre Form, die Pflanzung von Rosen, Stauden und Blühgehölzen, eine einladende Hofsituation, die Carl wie folgt beschreibt: »Seine besondere Note erhält das luftige Bauwerk durch ein Mosaik, das in die Abschlussmauer des Mittelteiles eingelassen wurde, sowie durch die Anwendung von viereckigen, weißgeschlämmten Pfeilern aus Ziegelmauerwerk gegenüber einer kleinen Anzahl von runden Sandsteinsäulen. […] In engem Zusammenwirken von bildendem Künstler und Gartenarchitekt wurde für die Wandfläche ein die Völkerverständigung und den Weltfrieden symbolisierendes Bildmotiv geschaffen. Unter Berücksichtigung der Umgebung gab Bert Heller seinem Mosaik die zarten Farben pompejanischer Fresken. Auch die Verbindung von Bildfläche und Sitzbank entstand nach Übereinkunft der Gestalter.«[385] (116)

Der Garten des Staatsgästehauses der DDR

Nachdem das Schloss 1964 zum Staatsgästehaus umgewidmet und 1965/66 das Appartementhaus hinzugekommen war, wurde Karl Kirschner, der 1951 zur Planungsgruppe Lingner kam, 1966 mit der Instandsetzung des Gartens beauftragt. Die Überarbeitung erfolgte weitestgehend in Absprache mit Lingner. Das Element Wasser sollte ein stärkeres Gewicht erhalten. Kirschner entwarf einen Teich, der einen Anschluss zur nahe gelegenen Panke erhalten sollte. Sicherheitsbedenken seitens des Ministerrates vereitelten die Ausführung. Realisiert wurde nur der mit Waldstauden und Blühsträuchern umgebene Regenpavillon.[386] Der Regenpilz, der als Zitat eines Entwurfs von Erwin Barth für den Volkspark Jungfernheide gelten kann,[387] wurde in einer Stahlrohrkonstruktion, ähnlich wie im Schlossgarten Charlottenburg, ausgeführt. Die beschädigten Sandsteinbeläge im Schlossumfeld wurden durch Granit ausgetauscht, Mauern wurden instand gesetzt. Ein Weg wurde neu eingefügt und der Staudengarten am Teehäuschen auf seine heutige Dimension erweitert (117).

Als Pendant zur Pergola am Rosengarten entwarf Kirschner den Gräsergarten im Vorgarten. Dem ursprünglich mit Wasserbecken entworfenen Sondergarten liegt ebenfalls ein rasterförmiger Grundriss zugrunde. Im Gegensatz zu den Entwürfen der 1950er Jahre schieben sich hier jedoch die Beete aus der Fläche heraus, und auch die Wahl der Materialien änderte sich zeittypisch: Waschbeton wurde mit Naturstein (Muschelkalk) kombiniert (118).

Zu weiteren wesentlichen Veränderungen kam es 1973 durch Bautätigkeiten anlässlich der Weltjugendfestspiele und 1982 durch weitere Überarbeitungs- bzw. Instandsetzungsarbeiten. Der gravierendste Eingriff in den 1980er Jahren war der Abriss des für das räumliche Verständnis des Vorbereiches wichtigen Kastellangebäudes. Durch den Abriss der barocken Vorfahrt für den Bau zusätzlicher Garagen wurde das Gesamtbild zusätzlich erheblich verformt. Der Rückbau der Rosenpergola und das Verfüllen des Seerosenbeckens nach der permanenten Öffnung des Gartens 1993 für die Bevölkerung entwerteten den Garten weiter.

Mit Hilfe der Fördermittel konnte von 2005 bis 2009 nahezu das gesamte unmittelbare Schlossumfeld instand gesetzt werden. Die ausgeführten Arbeiten können als erste wesentliche Schritte zur Wiederherstellung des Präsidentengartens bezeichnet werden. So konnten die nach einen Sturm 1992 eingestürzte Pergola, die Sandsteinplatten, die Gesellschaftsterrasse, der Eingangsbereich, die Beregnungsanlage und die Staudenanlagen instand gesetzt sowie einige Veränderungen aus der Zeit nach 1970 rückgebaut werden.

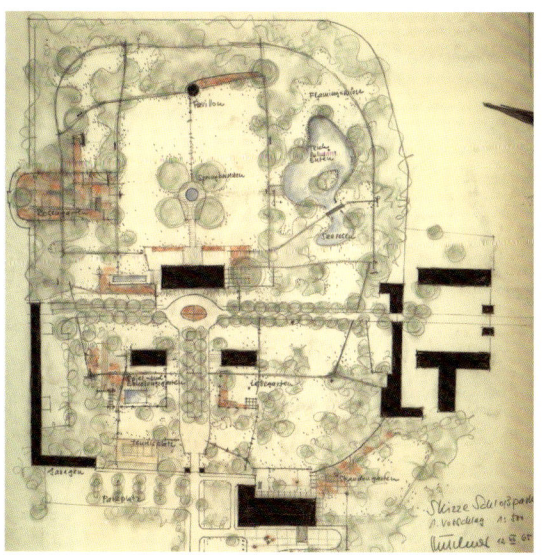

117 *Vorentwurf zur Instandsetzung der Gesamtanlage und Ergänzungsvorschläge, Karl Kirschner, 1965*

118 *Vorentwurf für den Gräsergarten, Karl Kirschner, 1965*

Die Staudenpflanzung durch Hermann Göritz

von Anja Hecker

Hermann Göritz (1902–1998), einer der bedeutendsten deutschen Garten- und Landschaftsarchitekten der Nachkriegszeit, konzipierte die kunstvoll komponierten und aufwendigen Staudenpflanzungen im Schlossgarten Schönhausen. Der Gartenarchitekt Reinhold Lingner zog Göritz als Pflanzenspezialist für die Entwürfe der Staudenpflanzungen des ästhetisch anspruchsvollen Gartens hinzu, da dieser bereits für andere erfolgreiche Gartenarchitekten wie Hermann Mattern und Herta Hammerbacher die Ausarbeitung vieler Pflanzpläne übernommen und sich schon vor dem Krieg einen Namen im Bereich der Pflanzenverwendung erworben hatte.

Lingners Entwurf von 1950 (**111**) für den Amtssitz des ersten Präsidenten der DDR, Wilhelm Pieck, sah eine reichhaltige Ausstattung des Schlossgartens mit Blumen- und Staudenanlagen vor. Aufwendiger Wechselblumenschmuck mit Frühjahrs- und Sommerblumenbepflanzung im unmittelbaren Schlossbereich, die von Göritz konzipierten Staudenanlagen sowie die Sommerbepflanzung der Blumenkübel von Hedwig Bollhagen sind Ausdruck der vorherrschenden üppigen Stauden- und Blumenverwendung der damaligen Zeit.[388]

Die Pflege des Parks und der Staudenanlagen wurde vom Gartenamt Pankow durchgeführt. Der Pflegezustand unterlag je nach Staatsbesuch ständigen Schwankungen und war auch in den Augen des Gartenamtes nicht zufriedenstellend.[389] Zum Zeitpunkt der gartendenkmalpflegerischen Instandsetzungs- und Wiederherstellungsmaßnahmen im Jahre 2007 entsprach die Artenzusammenstellung der mit Wildkräutern durchsetzten Staudenanlagen der Sondergärten nicht mehr der gestalterischen Intention von Göritz. Die SPSG entschied sich in Abstimmung mit dem Landesdenkmalamt Berlin im Wesentlichen für eine Wiederherstellung des Lingner'schen Entwurfes von 1950 mit seinen Blumenbeeten und Sonderanlagen. 2007 wurden mit Hilfe von Mitteln des Europäischen Fonds für regionale Entwicklung (EFRE) unter anderem mehr als 200 Quadratmeter Staudenfläche im Senkgarten am Seerosenbecken sowie im Staudengarten am Vogelbrunnen nach Göritz' Pflanzplänen wiederhergestellt.

Hermann Göritz – Ausbildung, Vorbilder und Berufsleben

Hermann Göritz gehörte in der Nachkriegszeit zu den wenigen freischaffenden Garten- und Landschaftsarchitekten in der DDR.[390] Seine große Lebensaufgabe sah er in der Gartengestaltung mit Pflanzen. In seinem über 60 Jahre andauernden Berufsleben, von denen er mehr als 40 Jahre selbständig arbeitete, widmete er sich vorwiegend der Gestaltung von Hausgärten, Grünanlagen im öffentlichen Bereich sowie großräumigen Landschaftsplanungen und Bepflanzungen im Bereich der Infrastruktur.

Göritz gab seine umfangreichen Pflanzenkennt-

119 *Staudenbeet mit Frühsommeraspekt im Foerster-Garten in Potsdam-Bornim, Juni 2007*

nisse in zahlreichen Veröffentlichungen weiter. Neben einer Vielzahl von Aufsätzen in Fachzeitschriften sind seine bekanntesten Werke »Blumen im Garten« (1951), »Laub- und Nadelgehölze« (1957) sowie »Blütenstauden, Gräser, Farne« (1982), in denen er sich mit den Eigenschaften, Ansprüchen und der Verwendung von Pflanzen beschäftigt und die seine präzisen Beobachtungen widerspiegeln.

Göritz wurde 1902 in Krone an der Brahe in der Provinz Westpreußen geboren. Zu seinen Lehrstätten gehörten bekannte Zentren der Gartenkultur wie die Baumschule Ludwig Späth[391] und die Karl-Foerster-Staudengärtnerei.[392] Nach dem Studium an der Lehr- und Forschungsanstalt für Gartenbau Berlin-Dahlem, das er 1927 beendete, sammelte Göritz praktische Erfahrungen und vertiefte seine Pflanzenkenntnisse in den Entwurfsbüros dieser Betriebe.

Besonders der schon damals bedeutende Staudenzüchter Karl Foerster (1874–1970) beeinflusste sein künstlerisches Schaffen. Schon 1924, noch vor seinem Studium, war Göritz während seiner Gehilfentätigkeit in Foersters Staudengärtnerei mit diesem in Kontakt gekommen. Später verband beide eine langjährige Freundschaft. Foerster war einer der bedeutendsten Staudenzüchter und Gartenschriftsteller des letzten Jahrhunderts, der die Gartenkunst der damaligen Zeit entscheidend prägte. In seinem Garten in Potsdam-Bornim[393] züchtete er winterharte Blütenstauden, Wildstauden und Gräser. Dank seines engen Kontaktes zu den wichtigen Gartenarchitekten seiner Zeit sowie seiner umfangreichen schriftstellerischen Tätigkeit wurden die von ihm gezüchteten hohen Leitstauden wie Rittersporn, Phlox, Margeriten, Helenium und Astern in den Gärten zunehmend populär (**119**).

1927 wurde der Landschaftsplaner Hermann Mattern Geschäftsführer und Leiter des Entwurfsbüros von Foersters Firma. Im folgenden Jahr holte Mattern seine Studienkollegin und spätere Frau Herta Hammerbacher ins Büro. Ab 1929 arbeitete auch Göritz, der Mattern und Hammerbacher bereits aus der Dahlemer Studienzeit kannte, in der Arbeitsgemeinschaft Foerster-Mattern-

Hammerbacher und war dort als Spezialist für Pflanzen mit der Ausarbeitung der Pflanzpläne für deutschlandweite Projekte beschäftigt. »Die Pflanzpläne wurden im Karl-Foerster-Büro in Potsdam-Bornim bis ins kleinste Detail ausgearbeitet. Göritz war an den Pflanzplänen besonders beteiligt, während wir übrigen Mitarbeiter des Foerster-Kreises die gesamte Entwurfsbearbeitung zeichnerisch durchführten.«[394] Göritz fertigte für die Entwürfe Hammerbachers und Matterns die Pflanzpläne an und überwachte deren Ausführung. Als Büroleiter zeichnete Mattern die Pläne ab. Daher ist heute im Allgemeinen oft schwer nachzuvollziehen, welche Projekte auf Göritz zurückgehen.

Im Rahmen dieser Tätigkeit lieferte Göritz Pflanzpläne für wichtige Gärten der Zwischenkriegszeit, so beispielsweise 1935 für die Sommerblumenausstellung am Funkturm Berlin, 1938 für die Freundschaftsinsel in Potsdam, einen Schau- und Sichtungsgarten, sowie 1939 für die Reichsgartenschau in Stuttgart. Von 1936 bis zu seinem Einzug durch die Wehrmacht 1943 arbeitete Göritz beim Bau der Reichsautobahn als Landschaftsanwalt für verschiedene Streckenabschnitte.[395] Ziel war es, die Autobahnen unter Berücksichtigung ästhetischer Belange in ihrer Linienführung sowie durch Gehölzpflanzungen ins Landschaftsbild einzugliedern.

Nach Kriegsende übernahm Göritz die Leitung der Karl Foerster Gartenausführung KG, die er aber 1948 wegen schlechter Auftragslage wieder verließ. Ab 1949 wurde Göritz als Freiberufler mit staatlichen und privaten Aufträgen bedacht, er gestaltete in den 1950er Jahren mehr als einhundert Hausgärten. Von 1950 bis 1952 war Göritz als Arbeitsgruppenleiter für das Land Brandenburg an der Landschaftsdiagnose der DDR unter Leitung von Reinhold Lingner und Frank Erich Carl beteiligt.[396] Neben einer Vielzahl von Projektierungsarbeiten für Institute und öffentliche Grünflächen war Göritz schließlich zwischen 1960 und 1978 mehrfach an der IGA Erfurt beteiligt, von 1953 bis 1978 fungierte er als Vorsitzender des Bezirksfachausschusses Dendrolgie und Gartenarchitektur beim Kulturbund der DDR.

Staudenverwendung im Garten Schönhausen

Göritz war ein naturverbundener Mensch, dessen Liebe und Zuwendung den Pflanzen galt. Sie waren für ihn das wichtigste Gestaltungsmittel im Garten. Die Pflanzen waren für ihn jedoch nicht nur Baumaterial, sondern »die eigentlich formenden Wesen, die Entwurfsarbeit also weniger eine technische Aufgabe, als ein Akt des Einfühlens in einen lebenden Prozeß«.[397] Es ist die kunstvolle, fachkundige Zusammenstellung der Bäume, Sträucher, Stauden, Einjahresblumen, Gräser und Zwiebeln in ihren unterschiedlichen Blühaspekten, die die Gärten von Göritz auszeichnet.

Diese Art Staudenbeete, kunstvoll komponiert aus einer Vielzahl von Arten und Sorten – teilweise mit den von Foerster gezüchteten hohen Leitstauden wie Rittersporn, Phlox, Margeriten, Helenium und Astern –, waren schon typisch für die Hausgärten der 1920er und 1930er Jahre.[398] In einem Fachartikel in der »Gartenschönheit« schreibt Göritz 1938: »Es ist heute kaum noch ein Garten ohne Stauden denkbar. Überall leuchten die roten Phloxe, die blauen Rittersporne, die gelben Helenium, überall blühen Primeln, Steinbrech und Enzian. Eine Fülle neuer Pflanzen kam von den Sammlern aus aller Welt, und viele neue Züchtungen gelangen fleißigen Gärtnern in der Heimat.«[399]

Das Interesse an Stauden für die Gartengestaltung sowie das überaus reiche Angebot an Pflanzen waren bereits kennzeichnend für die letzten Jahrzehnte des 19. Jahrhunderts in Deutschland. Neben der Einführung von Exoten wurden auch neue Sorten aus einheimischen und fremdländischen Arten gezüchtet. Zu dieser Zeit entstand in Deutschland eine Vielzahl an Staudengärtnereien, die einen großen Teil der heute noch gebräuchlichen Arten in den Handel brachten.[400] Neben züchterischen Erfolgen (verbesserte Standfestigkeit, neue Farben, lang anhaltende Blütedauer) wirkte sich etwa ab Anfang des 20. Jahrhunderts der neue architektonische Gestaltungsstil positiv auf das Sortiment und die Staudenverwendung aus.

Als Gegenbewegung zum historistischen Stil mit seinen aufwendigen, künstlich wirkenden, mehrmals im Jahr zu erneuernden Teppichbeeten entwickelte sich in Deutschland eine Reformgartenbewegung. Die Staudenrabatten wurden festes Gestaltungselement architektonischer Gärten. Die architektonischen Formen sollten durch üppig wachsende Pflanzen gebrochen werden. Dazu eignete sich die reiche Staudenauswahl der Bornimer Schule.[401]

Noch in den frühen 1950er Jahren ähnelten die Planungen der Staudenbeete in Form und Inhalt denen der 1930er Jahre. Erst nach 1960 nahm die verwendete Staudenanzahl im privaten und öffentlichen Bereich immer mehr ab und wurde durch eine zunehmende Gehölzvielfalt ersetzt, was teilweise in der Reduzierung der Pflegekosten für öffentliche Gartenanlagen und private Gärten begründet war.

Auch im Schlossgarten Schönhausen spielten solche Staudenbeete der 1950er Jahren eine wichtige Rolle. Es handelte es sich um regelmäßige Rabatten, mehr oder weniger rhythmisch bepflanzt. In einem Teppich aus mosaikartiger niedriger, bodendeckender Bepflanzung waren Gruppen hoher Blühstauden angeordnet. Beim Staudengarten am Vogelbrunnen kamen Foersters Hochzüchtungen der Prachtstauden zur Anwendung.

Im Jahr 2007 wurden der Senkgarten am Seerosenbecken sowie der Staudengarten am Vogelbrunnen nach den von Göritz stammenden, heute im Göritznachlass der Staatsbibliothek Berlin[402] befindlichen Pflanzplänen wiederhergestellt. (123) Dazu wurden die teilweise stark verblassten und unleserlich gewordenen Lichtpausen der Pflanzpläne[403] grafisch durch computergestützte Bildbearbeitungsprogramme lesbar gemacht. Maßgeblich für die Wiederherstellung der Staudengärten war die Feststellung, dass es sich bei diesen Plänen offenbar um relevante Ausführungspläne handelt, da die in den Plänen eingezeichneten Arten und Stückzahlen der Pflanzen sich im Wesentlichen im Kostenvoranschlag vom Oktober 1950[404] wiederfinden lassen.

Wie die Kostenanschläge und Lieferscheine belegen, wurden die Stauden für die Sondergärten in Schönhausen von der Staudengärtnerei

Karl Foerster aus Potsdam-Bornim geliefert. Das Gleiche traf auch für die Hausgärten von Ministerpräsident Otto Grotewohl und Präsident Pieck zu, in denen Göritz in den 1950er Jahren ebenfalls die Staudenpflanzungen für Lingner plante: »Einmal wurde ich von Reinhold Lingner gebeten, mich um bestimmte Pflanzungen im Garten von Wilhelm Pieck zu kümmern. Er wohnte [nahe] dem Schloss in Niederschönhausen, und auch Grotewohl hatte dort ein Haus. Ich fuhr dann mal mit Karl Foerster zusammen hin, K. F. ging zu Grotewohl und ich zu Pieck und danach auch zu Grotewohl. Zu Pieck kam ich dann wohl einmal und mit einem Pflanzplan [und] Stauden und als ich diese pflanzte, kam W. Pieck heraus und begrüßte mich mit ein paar Worten. Er machte einen schlichten, biederen Eindruck.«[405]

Senkgarten mit Seerosenbecken

Der Senkgarten mit Seerosenbecken befindet sich in nördlicher Verlängerung des Schlosses und ist über eine breite Treppenanlage zu erreichen (115).

Der von Göritz konzipierte Staudenbereich bildet den östlichen Abschluss des etwa 25 Meter langen, mit Muschelkalkplatten umgebenen Seerosenbeckens, das derzeit noch mit Erde verfüllt ist. Die etwa 2,50 Meter breite und über 30 Meter lange Staudenfläche ist am westlichen Ende mit immergrünen Gehölzen wie Rhododendron und Azaleen gerahmt, die als Hintergrund für die Stauden dienen und deren Farb- und Raumwirkung steigern. Den östlichen Abschluss der Staudenfläche bildet eine Sandsteinmauer, die den Höhenversatz zum Seerosenbecken abfängt, so dass die eigentlich ebenerdige Beetfläche rund 60 Zentimeter höher als das Seerosenbecken liegt (121).

Die lange Beetfläche ist mosaikartig mit niedrigen Bodendeckern überzogen, die teilweise immergrün, pflegeleicht und anspruchslos sind wie Japanischer Ysander (Pachysandra terminalis) oder Kleines Immergrün (Vinca minor). Eingestreute Gruppen von höheren Stauden und Zwiebeln bilden vertikale Dominanten. Die hohen Stauden

wie Alant (Inula) und Silberkerze (Cimicifuga) sind dabei meist in Dreiergruppen gesetzt, die etwas niedrigeren Stauden wie Astilbe oder Glockenblume (Campanula) in größeren Stückzahlen gruppiert (fünf bis zehn).

Insgesamt sind im Senkgarten fast 40 verschiedene Staudenarten und Sorten gepflanzt, wobei hier im Unterschied zum Staudengarten am Vogelbrunnen keine von Foerster in Potsdam-Bornim erprobten Züchtungen verwendet wurden. Vielmehr kommen Stauden schattiger und halbschattiger Standorte zum Einsatz (u. a. Geißbart – Aruncus dioicus), die insbesondere durch ihre verschiedenen Blattstrukturen und Grüntöne wirken. Das Seerosenbecken selbst war vielfältig mit Seerosen und in Pflanzkörben befindlichen Wasserpflanzen ausgestattet. Ein Sumpfpflanzenbeet, durch den Überlauf des Seerosenbeckens gespeist, umrahmte ursprünglich das Becken von Osten.

Staudengarten am Vogelbrunnen

Am südlichen Ende der Gesellschaftsterrasse befindet sich der fast quadratische, zirka 11 mal

120 Der Staudengarten am Vogelbrunnen nach der Neubepflanzung und Instandsetzung, Mai 2008

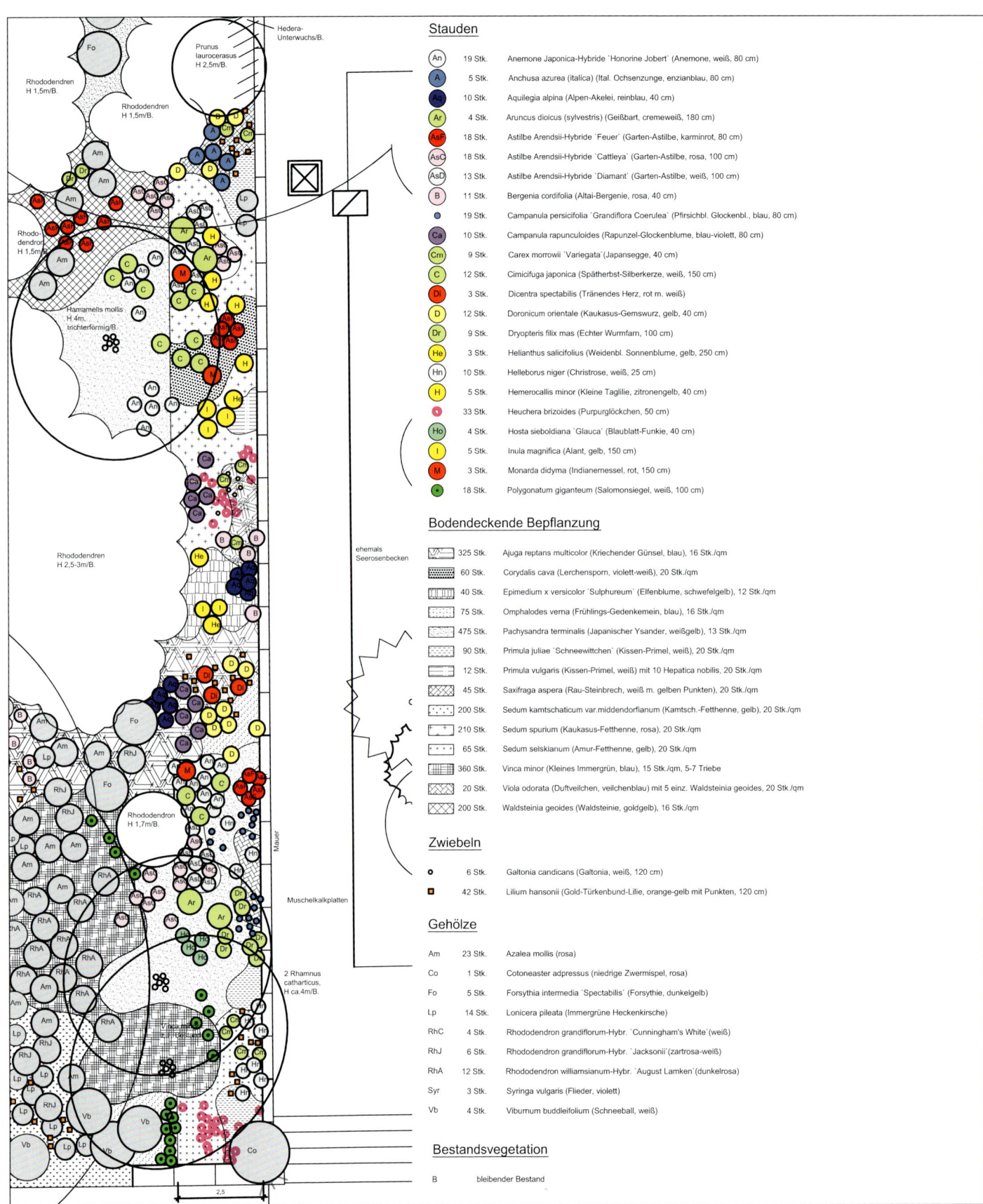

Stauden

Symbol	Menge	Beschreibung
An	19 Stk.	Anemone Japonica-Hybride `Honorine Jobert` (Anemone, weiß, 80 cm)
A	5 Stk.	Anchusa azurea (italica) (Ital. Ochsenzunge, enzianblau, 80 cm)
Aa	10 Stk.	Aquilegia alpina (Alpen-Akelei, reinblau, 40 cm)
Ar	4 Stk.	Aruncus dioicus (sylvestris) (Geißbart, cremeweiß, 180 cm)
AsF	18 Stk.	Astilbe Arendsii-Hybride `Feuer` (Garten-Astilbe, karminrot, 80 cm)
AsC	18 Stk.	Astilbe Arendsii-Hybride `Cattleya` (Garten-Astilbe, rosa, 100 cm)
AsD	13 Stk.	Astilbe Arendsii-Hybride `Diamant` (Garten-Astilbe, weiß, 100 cm)
B	11 Stk.	Bergenia cordifolia (Altai-Bergenie, rosa, 40 cm)
•	19 Stk.	Campanula persicifolia `Grandiflora Coerulea` (Pfirsichbl. Glockenbl., blau, 80 cm)
Ca	10 Stk.	Campanula rapunculoides (Rapunzel-Glockenblume, blau-violett, 80 cm)
Cm	9 Stk.	Carex morrowii `Variegata`(Japansegge, 40 cm)
C	12 Stk.	Cimicifuga japonica (Spätherbst-Silberkerze, weiß, 150 cm)
Di	3 Stk.	Dicentra spectabilis (Tränendes Herz, rot m. weiß)
D	12 Stk.	Doronicum orientale (Kaukasus-Gemswurz, gelb, 40 cm)
Dr	9 Stk.	Dryopteris filix mas (Echter Wurmfarn, 100 cm)
He	3 Stk.	Helianthus salicifolius (Weidenbl. Sonnenblume, gelb, 250 cm)
Hn	10 Stk.	Helleborus niger (Christrose, weiß, 25 cm)
H	5 Stk.	Hemerocallis minor (Kleine Taglilie, zitronengelb, 40 cm)
•	33 Stk.	Heuchera brizoides (Purpurglöckchen, 50 cm)
Ho	4 Stk.	Hosta sieboldiana `Glauca` (Blaublatt-Funkie, 40 cm)
I	5 Stk.	Inula magnifica (Alant, gelb, 150 cm)
M	3 Stk.	Monarda didyma (Indianernessel, rot, 150 cm)
•	18 Stk.	Polygonatum giganteum (Salomonsiegel, weiß, 100 cm)

Bodendeckende Bepflanzung

Muster	Menge	Beschreibung
	325 Stk.	Ajuga reptans multicolor (Kriechender Günsel, blau), 16 Stk./qm
	60 Stk.	Corydalis cava (Lerchensporn, violett-weiß), 20 Stk./qm
	40 Stk.	Epimedium x versicolor `Sulphureum` (Elfenblume, schwefelgelb), 12 Stk./qm
	75 Stk.	Omphalodes verna (Frühlings-Gedenkemein, blau), 16 Stk./qm
	475 Stk.	Pachysandra terminalis (Japanischer Ysander, weißgelb), 13 Stk./qm
	90 Stk.	Primula juliae `Schneewittchen` (Kissen-Primel, weiß), 20 Stk./qm
	12 Stk.	Primula vulgaris (Kissen-Primel, weiß) mit 10 Hepatica nobilis, 20 Stk./qm
	45 Stk.	Saxifraga aspera (Rau-Steinbrech, weiß m. gelben Punkten), 20 Stk./qm
	200 Stk.	Sedum kamtschaticum var. middendorfianum (Kamtsch.-Fetthenne, gelb), 20 Stk./qm
	210 Stk.	Sedum spurium (Kaukasus-Fetthenne, rosa), 20 Stk./qm
	65 Stk.	Sedum selskianum (Amur-Fetthenne, gelb), 20 Stk./qm
	360 Stk.	Vinca minor (Kleines Immergrün, blau), 15 Stk./qm, 5-7 Triebe
	20 Stk.	Viola odorata (Duftveilchen, veilchenblau) mit 5 einz. Waldsteinia geoides, 20 Stk./qm
	200 Stk.	Waldsteinia geoides (Waldsteinie, goldgelb), 16 Stk./qm

Zwiebeln

Symbol	Menge	Beschreibung
⊙	6 Stk.	Galtonia candicans (Galtonia, weiß, 120 cm)
▪	42 Stk.	Lilium hansonii (Gold-Türkenbund-Lilie, orange-gelb mit Punkten, 120 cm)

Gehölze

Symbol	Menge	Beschreibung
Am	23 Stk.	Azalea mollis (rosa)
Co	1 Stk.	Cotoneaster adpressus (niedrige Zwermispel, rosa)
Fo	5 Stk.	Forsythia intermedia `Spectabilis` (Forsythie, dunkelgelb)
Lp	14 Stk.	Lonicera pileata (Immergrüne Heckenkirsche)
RhC	4 Stk.	Rhododendron grandiflorum-Hybr. `Cunningham's White` (weiß)
RhJ	6 Stk.	Rhododendron grandiflorum-Hybr. `Jacksonii` (zartrosa-weiß)
RhA	12 Stk.	Rhododendron williamsianum-Hybr. `August Lamken` (dunkelrosa)
Syr	3 Stk.	Syringa vulgaris (Flieder, violett)
Vb	4 Stk.	Viburnum buddleifolium (Schneeball, weiß)

Bestandsvegetation

Symbol		Beschreibung
B		bleibender Bestand

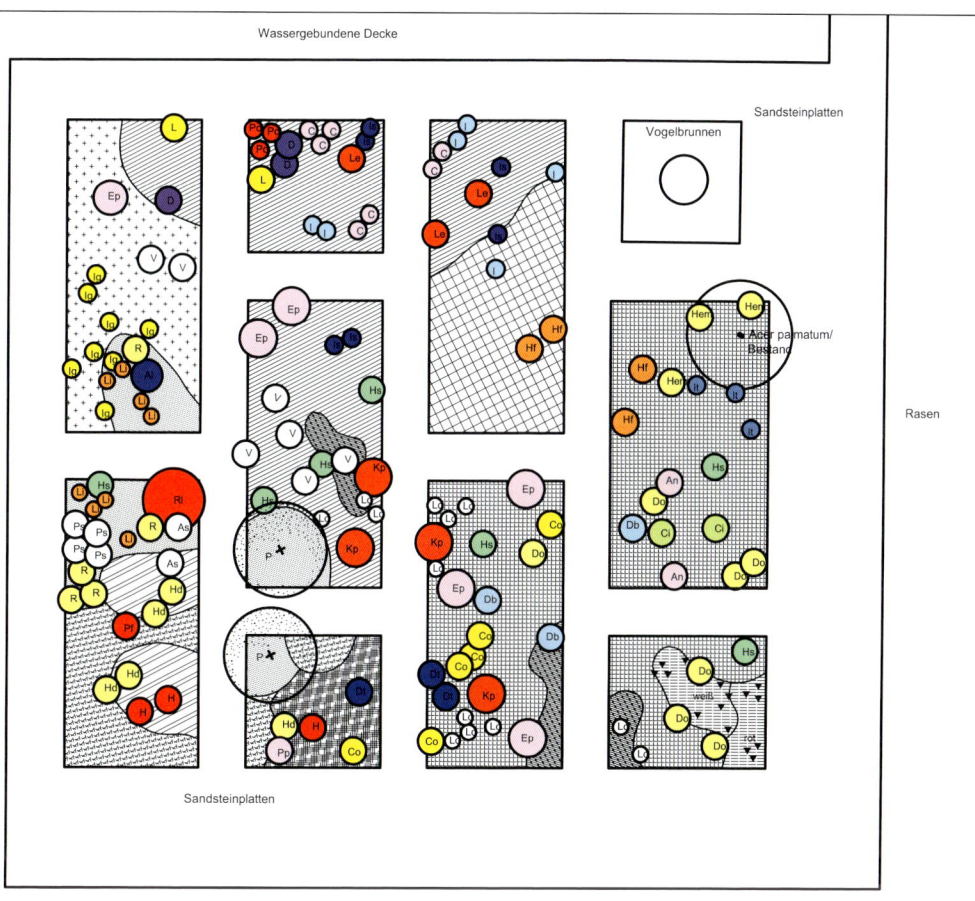

Wassergebundene Decke

Sandsteinplatten

Vogelbrunnen

Acer palmatum/
Bestand

Rasen

Sandsteinplatten

Pflanzpläne für die Stau-
denanlage am Seerosen
becken (121, linke Seite)
und für den Staudengarten
am Vogelbrunnen (122),
nach Plänen von Hermann
Göritz, 1950/51 und 1950

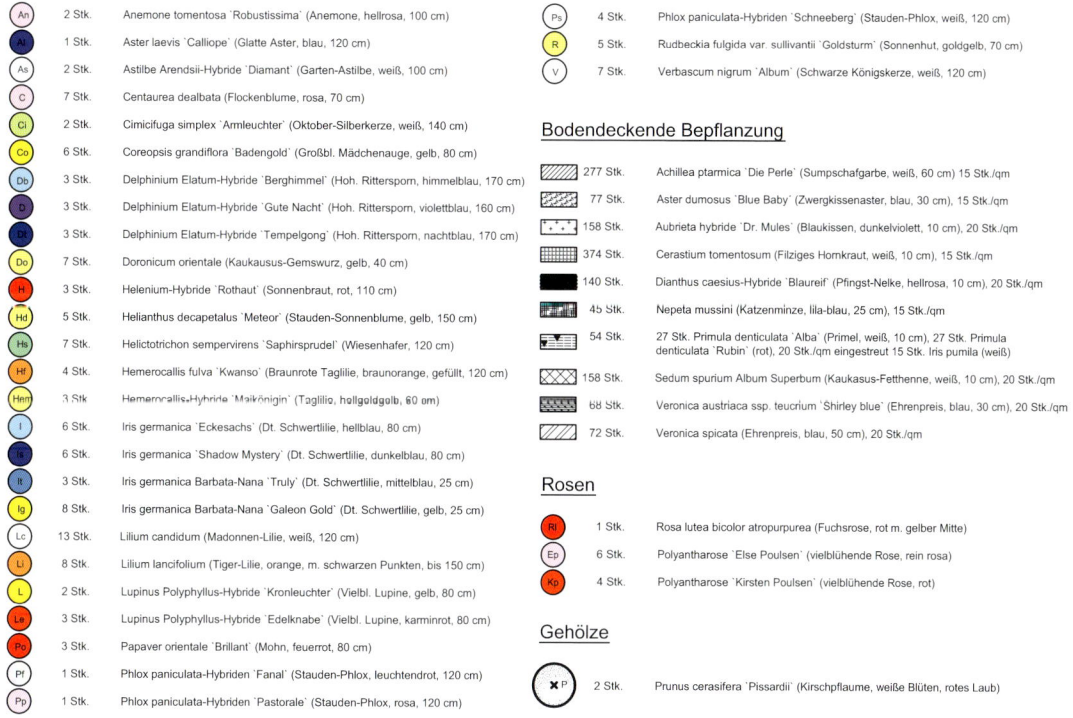

Solitärstauden

An	2 Stk.	Anemone tomentosa `Robustissima` (Anemone, hellrosa, 100 cm)
Al	1 Stk.	Aster laevis `Calliope` (Glatte Aster, blau, 120 cm)
As	2 Stk.	Astilbe Arendsii-Hybride `Diamant` (Garten-Astilbe, weiß, 100 cm)
C	7 Stk.	Centaurea dealbata (Flockenblume, rosa, 70 cm)
Ci	2 Stk.	Cimicifuga simplex `Armleuchter` (Oktober-Silberkerze, weiß, 140 cm)
Co	6 Stk.	Coreopsis grandiflora `Badengold` (Großbl. Mädchenauge, gelb, 80 cm)
Db	3 Stk.	Delphinium Elatum-Hybride `Berghimmel` (Hoh. Rittersporn, himmelblau, 170 cm)
D	3 Stk.	Delphinium Elatum-Hybride `Gute Nacht` (Hoh. Rittersporn, violettblau, 160 cm)
Dt	3 Stk.	Delphinium Elatum-Hybride `Tempelgong` (Hoh. Rittersporn, nachtblau, 170 cm)
Do	7 Stk.	Doronicum orientale (Kaukasus-Gemswurz, gelb, 40 cm)
H	3 Stk.	Helenium-Hybride `Rothaut` (Sonnenbraut, rot, 110 cm)
Hd	5 Stk.	Helianthus decapetalus `Meteor` (Stauden-Sonnenblume, gelb, 150 cm)
Hs	7 Stk.	Helictotrichon sempervirens `Saphirsprudel` (Wiesenhafer, 120 cm)
Hf	4 Stk.	Hemerocallis fulva `Kwanso` (Braunrote Taglilie, braunorange, gefüllt, 120 cm)
Hm	3 Stk	Hemerocallis-Hybride `Maikönigin` (Taglilie, hellgoldgelb, 60 cm)
I	6 Stk.	Iris germanica `Eckesachs` (Dt. Schwertlilie, hellblau, 80 cm)
Is	6 Stk.	Iris germanica `Shadow Mystery` (Dt. Schwertlilie, dunkelblau, 80 cm)
It	3 Stk.	Iris germanica Barbata-Nana `Truly` (Dt. Schwertlilie, mittelblau, 25 cm)
Ig	8 Stk.	Iris germanica Barbata-Nana `Galeon Gold` (Dt. Schwertlilie, gelb, 25 cm)
Lc	13 Stk.	Lilium candidum (Madonnen-Lilie, weiß, 120 cm)
Ll	8 Stk.	Lilium lancifolium (Tiger-Lilie, orange, m. schwarzen Punkten, bis 150 cm)
L	2 Stk.	Lupinus Polyphyllus-Hybride `Kronleuchter` (Vielbl. Lupine, gelb, 80 cm)
Le	3 Stk.	Lupinus Polyphyllus-Hybride `Edelknabe` (Vielbl. Lupine, karminrot, 80 cm)
Po	3 Stk.	Papaver orientale `Brillant` (Mohn, feuerrot, 80 cm)
Pf	1 Stk.	Phlox paniculata-Hybriden `Fanal` (Stauden-Phlox, leuchtendrot, 120 cm)
Pp	1 Stk.	Phlox paniculata-Hybriden `Pastorale` (Stauden-Phlox, rosa, 120 cm)
Ps	4 Stk.	Phlox paniculata-Hybriden `Schneeberg` (Stauden-Phlox, weiß, 120 cm)
R	5 Stk.	Rudbeckia fulgida var. sullivantii `Goldsturm` (Sonnenhut, goldgelb, 70 cm)
V	7 Stk.	Verbascum nigrum `Album` (Schwarze Königskerze, weiß, 120 cm)

Bodendeckende Bepflanzung

	277 Stk.	Achillea ptarmica `Die Perle` (Sumpfschafgarbe, weiß, 60 cm) 15 Stk./qm
	77 Stk.	Aster dumosus `Blue Baby` (Zwergkissenaster, blau, 30 cm), 15 Stk./qm
	158 Stk.	Aubrieta hybride `Dr. Mules` (Blaukissen, dunkelviolett, 10 cm), 20 Stk./qm
	374 Stk.	Cerastium tomentosum (Filziges Hornkraut, weiß, 10 cm), 15 Stk./qm
	140 Stk.	Dianthus caesius-Hybride `Blaureif` (Pfingst-Nelke, hellrosa, 10 cm), 20 Stk./qm
	45 Stk.	Nepeta mussini (Katzenminze, lila-blau, 25 cm), 15 Stk./qm
	54 Stk.	27 Stk. Primula denticulata `Alba` (Primel, weiß, 10 cm), 27 Stk. Primula denticulata `Rubin` (rot), 20 Stk./qm eingestreut 15 Stk. Iris pumila (weiß)
	158 Stk.	Sedum spurium Album Superbum (Kaukasus-Fetthenne, weiß, 10 cm), 20 Stk./qm
	68 Stk.	Veronica austriaca ssp. teucrium `Shirley blue` (Ehrenpreis, blau, 30 cm), 20 Stk./qm
	72 Stk.	Veronica spicata (Ehrenpreis, blau, 50 cm), 20 Stk./qm

Rosen

Rl	1 Stk.	Rosa lutea bicolor atropurpurea (Fuchsrose, rot m. gelber Mitte)
Ep	6 Stk.	Polyantharose `Else Poulsen` (vielblühende Rose, rein rosa)
Kp	4 Stk.	Polyantharose `Kirsten Poulsen` (vielblühende Rose, rot)

Gehölze

P	2 Stk.	Prunus cerasifera `Pissardii` (Kirschpflaume, weiße Blüten, rotes Laub)

123 *Seerosenbecken und Staudengarten mit Blick auf die Nordfassade des Schlosses, um 1955*

ordnung sehr frei und weniger gruppiert als im Senkgarten am Seerosenbecken. Die Pflanzung ist charakterisiert durch die Kontraste hoch/niedrig (hohe Prachtstauden stehen im niedrigem Polsterstaudenteppich) und fließend/architektonisch (freie, fließende Pflanzenanordnung über die Pflanzrasterung hinweg). (120, 122)

Das von Hermann Göritz im Staudengarten am Vogelbrunnen konzipierte Pflanzbild war offenbar in den 1950er Jahren ein klassisches und kam auch bei Matterns Gärten zur Anwendung: »Die Rolle der Leitstauden wurde zunehmend von Polyantharosen übernommen, die, mit Stauden und Gräsern kombiniert, in einem Teppich aus flächendeckenden Polsterstauden gepflanzt waren.«[407] Die Staudenpflanzungen im Schlossgarten Schönhausen orientieren sich alles in allem an den klassischen englischen »mixed-borders« der Jahrhundertwende, einer auserlesenen Mischung von farblich aufeinander abgestimmten Stauden und Zwiebelpflanzen, Gehölzen und Rosen.[408]

Der Aspekt des Pflegeaufwandes, der häufig in den zeitgenössischen Gartenplanungen zu spüren ist, war bei den von Göritz konzipierten repräsentativen Pflanzungen im Schlossgarten Schönhausen kaum von Belang. Die Pflanzenauswahl orientierte sich weitgehend an gestalterischen und weniger an ökologischen Gesichtspunkten. Primäres Ziel war üppiges, lang andauerndes, zeitlich abgestimmtes Blühen das gesamte Jahr über. Durch die niedrige, flächige Bepflanzung, die den Pflanzbeeten auch noch nach Verblühen der höheren Prachtstauden Struktur gibt, machten diese über das gesamte Jahr einen repräsentativen Eindruck.

Die nach Göritz bereits instand gesetzten Staudenanlagen sind Ausdruck der noch Anfang der 1950er Jahren vorherrschenden üppigen Staudenverwendung im Bereich der privaten und öffentlichen Gartengestaltung. Sie bedürfen einer intensiven Pflege durch geschultes Fachpersonal. Ohne die Vielfalt und Schönheit der durch Hermann Göritz entworfenen Staudenflächen kann der ästhetische Anspruch des Gartens nicht zur Geltung kommen.

12 Meter große Staudengarten am Vogelbrunnen. Die Fläche des Staudengartens ist durch etwa 80 Zentimeter breite Plattenbänder aus Sandstein in unterschiedlich große Pflanzraster aufgeteilt. Im Kontrast dazu steht die frei angeordnete Bepflanzung, die sich nicht an der Rasterung orientiert und über diese »hinwegfließt«.

In einem Teppich aus niedrigen Polsterstauden mit überwiegend silbergrauem Laub (u. a. Filziges Hornkraut – Cerastium tomentosum) stehen die von Foerster gezüchteten hohen Prachtstauden Rittersporn (Delphinium-Elatum-Hybride »Berghimmel« oder »Tempelgong«), Sonnenbraut (Helenium-Hybride »Rothaut«) und Phlox (Phlox Paniculata-Hybride »Pastorale« oder »Schneeberg«) sowie dazu passend vielblühende Polyantharosen in den Farben Rot und Rosa.

Die weiß blühenden Madonnen-Lilien, wie Rittersporn, Phlox und Rosen traditionelle Bauerngartenpflanzen und nach Göritz eine der edelsten Stauden des Pflanzenreiches,[406] werden in vergleichsweise großer Anzahl zu roten Rosen gruppiert. Der Wiesenhaver (Helicotrichon sempervirens) mit blaugrünen Blättern ergänzt die edle Pflanzenauswahl.

Die hohen Prachtstauden wirken in ihrer An-

Die Sammlung Schlobitten
im Schloss Schönhausen

Der Weg des Schlobitter Inventars seit 1943

von Friedrich Graf zu Dohna-Schlobitten

Jetzt ist Ihre Phantasie gefragt! Stellen Sie sich bitte vor, die Ruine von Schloss Schlobitten würde für einen Tag wiedererstehen und die zwölf Generationen der Familie Dohna, die dort gelebt haben, würden ihr Schloss besichtigen: Alle fänden vertraute Gegenstände, die sie erworben und benutzt haben, die ihnen geschenkt oder verliehen wurden, die sie von Reisen oder als Aussteuer mitgebracht haben (**124, 125**).

Jede Generation hat wichtige Stücke aufgehoben, und alles zusammen bildete das Inventar: Möbel, Gemälde, Teppiche, Handschriften, Bücher, Graphiken, Kleidung und Tischwäsche, Fayencen, Steinzeug, Porzellan, Glas, Silber, Schmuck, Lackgegenstände, Kupfer, Zinn, Bücher, Archivalien, dazu Waffen und Kleinkunst jeder Art – Tausende von Gegenständen. Um den Überblick zu behalten und um Erbteilungen zu bewältigen, sind im Laufe der Jahrhunderte zwanzig Verzeichnisse angelegt worden. Nur eines ist auf uns gekommen. Es wurde von Christine von Mertens ab 1937 für ihr 1960 erschienenes Buch »Das Dohnasche Schloß Schlobitten in Ostpreußen« aufgestellt.

Dieses über fünf Jahrhunderte gewachsene Ensemble auflösen, ja zerstören zu müssen fiel dem letzten Besitzer, meinem Vater Alexander Fürst zu Dohna-Schlobitten (1899–1997), sehr

124 *Schloss Schlobitten, 1936/37*

schwer. Nachdem er dem Kessel von Stalingrad Ende Januar 1943 entkommen war, stand für ihn fest, dass Schlobitten untergehen würde. Er begann, die Rettung sowohl seiner Familie, seiner Arbeiter und Angestellten mitsamt ihrer Familien als auch seines Schlossinventars vorzubereiten. Da die Nationalsozialisten Fluchtvorbereitungen unter Todesstrafe gestellt hatten, musste alles im Geheimen geschehen.

Frau und Kinder schickte mein Vater in den Sommerferien 1944 zur Großmutter nach Muskau (Schlesien). Für die ihm anvertrauten und ihm vertrauenden rund 600 Menschen kam nur ein Treck mit Pferd und Wagen in Frage, auf dem kein Hausrat mitgenommen werden konnte. Wie aber sollte er das viele Güterwagen füllende Inventar nach Westen bringen? Wer konnte eine derart große Menge von Kunstgütern sachgerecht und sicher lagern? Es kamen letztlich nur die Schlösser seiner Verwandten westlich der Elbe in Betracht. Doch die waren teils durch Bombenangriffe gefährdet, teils bereits überfüllt. Lediglich sein Vetter Solms auf Schloss Laubach (Hessen) und Herr v. Krause auf Bendeleben (Thüringen) erklärten sich bereit, Teile des Inventars aufzunehmen. Dorthin also wurden Pakete und Kisten geschickt. Mitte 1943 reiste Fürst Dohna persönlich mit zwei schweren Koffern, gefüllt mit dem wertvollsten Silber, per Bahn nach Laubach. Diese abenteuerliche Reise, auf der er als Spion verhaftet wurde, beschreibt er plastisch in seinem Buch »Erinnerungen eines alten Ostpreußen«.

Mit Hilfe des Provinziallandeskonservators gelang es ihm schließlich, eine Sondererlaubnis der NSDAP zur »Verlagerung von Kunstgut« nach Westen zu erlangen, da es in Ostpreußen »bombengefährdet« sei. Ein ganzer Eisenbahnwaggon wurde beladen und nach Muskau an der Neiße gesandt. Auch ein Möbelwagen konnte per Bahn nach Bernburg an der Saale geschickt werden. Die wertvollen Wirkteppiche aus der ständig für die preußischen Könige reservierten Suite des Schlosses wurden mit Hilfe des Schlossmuseums Berlin in den Flakturm am Friedrichshain gebracht. In Berlin befanden sich ohnehin bereits eine Verdure und ein Gemälde zur Restaurierung sowie Pretiosen in einem Bankschließfach.

Von den fünf Orten, an die rund ein Drittel des Schlobitter Inventars verbracht werden konnte, blieben letztlich nur zwei vom Krieg verschont: Laubach in der amerikanischen und Bernburg in der russischen Besatzungszone.

Im April 1947 versuchte mein Vater vergeblich, sein in Bernburg gelagertes Eigentum mit einem gemieteten LKW in den Westsektor Berlins transportieren zu lassen. Alle Gegenstände wurden von der Polizei als »Junkereigentum« beschlagnahmt und nach Gutdünken verteilt. An die fünfzig Möbel wurden in die Kreisparteischule Ilberstedt gebracht, das Porzellan – ein 172-teiliges Service des 18. Jahrhunderts aus der Berliner Porzellanmanufaktur – wurde zur Schulspeisung benutzt, barocke Kleider, Fächer und weitere Möbel kamen als Requisiten ins Karl-Maria-von-Weber-Theater in Bernburg, das Silber in die Deutsche Notenbank, die Archivalien in das Landeshauptarchiv Magdeburg und der Rest unter anderem in das Museum Schloss Bernburg, später auch in das Museum für Deutsche Geschichte in Berlin.

Einzelne Stücke konnte mein Vater schon zu DDR-Zeiten käuflich zurückerwerben. Nach der »Wende« machte er sich, bereits halbblind und über 90 Jahre alt, noch zweimal, begleitet von seinen Söhnen, auf die Suche nach seinen Kunstwerken: in den Museen von Berlin, Zeitz und Halle, im Staatsarchiv Magdeburg und vor allem in Bernburg und Umgebung. Unterstützt durch die zuständigen Behörden, bestand er hartnäckig darauf, alle Inventarbücher seit 1947 vorgelegt zu bekommen und auch die Depots zu inspizieren. Was er dort wiederfand, musste ihm auf Grund einer Anordnung des Ministerrates der DDR vom 12. September 1990 zurückgegeben werden. Über die Hälfte aber war zerstört oder verschwunden.

Das Schicksal des weiteren Inventars gestaltete sich noch dramatischer. Mein Onkel Arnim hatte 1944 versucht, das Muskauer und das Schlobitter Inventar in Richtung Westen zu schicken. Vergeblich. Sein Schloss wurde Ende Mai 1945

125 *Ruine von Schloss Schlobitten, 1978*

geplündert und in Brand gesteckt. Ein einziges Stück aus Schlobitten wurde gerettet und uns anonym zugesandt. In Berlin brannte der Flakturm Friedrichshain nach Kriegsende aus. Die Safes der Deutschen Bank wurden aufgebrochen und ausgeraubt. Nur die beiden zur Restaurierung gegebenen Stücke erhielt mein Vater zurück. Die Verdure überstand als auf den Fußboden genagelter Teppich die Nachkriegswirren. Schloss Bendeleben wurde ebenfalls geplündert. Professor Creutzburg, ein Freund meines Vaters, konnte 1946 Satteldecken und Kleidung aus der Barockzeit, als »Artistengepäck« deklariert, per Post in den Westen schicken. Bücher und Archivalien, zum Beispiel das letzte Inventarverzeichnis, schleppte er in seinem Rucksack über die Demarkationslinie. Die in Laubach gelagerten Objekte gelangten Jahre später auf dem Umweg über das Berner Historische Museum, dessen Direktor, Dr. Stettler, mit meinem Vater befreundet war, in das Reihenhaus meiner Eltern in Basel.

Insgesamt blieb vom stolzen Schlobitter Inventar schließlich nicht einmal ein Viertel übrig. Wir Kinder waren zusammen mit unserer Mutter rechtzeitig in den Westen gelangt. Der Treck erreichte unter Führung meines Vaters

Ende März 1945 die Gegend von Verden an der Aller.

Meinem Vater war bewusst, dass Familien ihren Besitz verlieren können (**125**). Sicherer ist das, was in Museen bewahrt und ausgestellt wird, doch dauerhaft bleiben wird nur das, was in den Geschichtsbüchern steht. Deshalb versuchte er, das Gerettete zusammenzuhalten und das Verlorene zu dokumentieren. Einen ersten Teil der Inventarreste verkaufte er nach Absprache mit seiner Familie 1979 an das Land Berlin, den anderen 1992 an die Stiftung Preußische Schlösser und Gärten. Er wollte verhindern, dass sich das gerettete Inventar mit den kommenden Generationen in alle Winde zerstreute – und es war sein Wunsch, dass es öffentlich zugänglich und vollständig und im Zusammenhang ausgestellt wird. Das war im Schloss Charlottenburg nicht möglich und konnte auch im Schloss Schönhausen bisher nicht erreicht werden. Wir sind aber sehr froh, dass hier ein exemplarischer, gut dokumentierter Rahmen gefunden wurde, der dieses Zeugnis des preußischen Kulturdenkmals Schlobitten bewahrt. Auch die Schlobitter Vorfahren, könnten sie sich unter die Besucher mischen, hätten ihre Freude daran.

Geschichte und Schlossinventar der Familie zu Dohna

von Claudia Meckel, mit einem Beitrag zur Glassammlung von Susanne Evers

Die Familie Dohna und Schloss Schönhausen

Burggraf Christian Albrecht zu Dohna (1621 bis 1677) leistete als kurbrandenburgischer General-leutnant, Geheimer Rat, Gouverneur der Festung Küstrin und neumärkischer Regierungsrat seinen Dienst für Brandenburg-Preußen. 1644 heira-tete er die holländische Gräfin Sophie Theodore von Brederode (1620–1678). Sie erwarb 1662 das Gut Schönhausen und ließ den Vorgängerbau des Schlosses errichten. (Vgl. S. 96 ff.) Die kur-fürstliche Familie – Kurfürstin Louise Henriette, eine gebürtige Oranierin (**128**), war eine Cousine Christian Albrechts – zählte zu den ersten Gästen. Diese Besuche dürften ein Grund gewesen sein,

warum der spätere Kurfürst Friedrich III. Schloss Schönhausen erwarb.

Die gemeinsamen verwandtschaftlichen Bezie-hungen der Dohnas und der brandenburgischen Hohenzollern zum Haus Oranien begünstigten über Generationen die gemeinsame Orientie-rung in politischen, militärischen, kulturellen so-wie in Glaubensfragen.[409] Die Dohnas blieben im Dienst des Königshauses Schloss Schönhausen weiter eng verbunden. Christian Albrechts Nef-fe Alexander, Bauherr des barocken Schlosses Schlobitten, gehörte zu den vertrauten Ministern Kurfürst Friedrichs III. (**132**). In dieser Funktion beriet er 1700 mit dem Kurfürsten in Schön-hausen das Krönungsprojekt. Alexanders ältester Sohn Albrecht Christoph stand von 1741 bis 1752

126 *Ansicht von Schloss Schlobitten mit Vorwerk, unbekannter Maler, um 1720, Supraporte aus dem Schloss*

als Oberhofmeister dem Hofstaat der Königin Elisabeth Christine vor und verbrachte die Sommer daher ebenfalls in Schönhausen.

Die Bedeutung der Familie Dohna in Preußen

Die Dohnas, 1127 erstmals urkundlich erwähnt, besaßen seit 1144 die Burggrafschaft Donin in Sachsen, die 1402 an den Burggrafen von Meißen fiel. 1469 wurde eine Linie in Preußen ansässig. Markgraf Albrecht von Brandenburg-Ansbach, seit 1511 Hochmeister des Ordens, verwandelte das preußische Ordensland in ein erbliches Herzogtum unter polnischer Lehnshoheit. Er wurde der erste Herzog in Preußen. Peter Burggraf zu Dohna (1483–1553), ein Anhänger Luthers, hatte die Säkularisierung unterstützt. Zum Dank erhielt er 1525 die bei Elbing im Kreis Preußisch Holland gelegene Herrschaft Schlobitten.

Als eine von sechs Familien gehörten die Dohnas dem Herrenstand, der Spitzengruppe des Adels in Ostpreußen, an. Den ranghöheren Burggrafentitel, zurückführend auf die Reichsburggrafschaft ihrer Vorfahren, durften sie weiterführen. Fabian Burggraf zu Dohna (1550–1621) wurde 1607 zum Oberburggrafen des Herzogtums Preußen ernannt. Er half, die Nachfolge der brandenburgischen Kurfürsten im Herzogtum durchzusetzen, und kämpfte, dem reformierten Bekenntnis zugewandt, wie auch andere Familienmitglieder nach ihm für die Sache des Protestantismus.[410] Sein Neffe, Abraham Burggraf zu Dohna (**127**), ließ ab 1621 in Schlobitten ein Renaissanceschloss errichten, das aber bereits 1629 von den Schweden schwer beschädigt und geplündert wurde. Aus Abrahams Bibliothek sind einschlägige Werke zur Politik, Kriegskunst, Architektur, Theologie und Musik erhalten, die seine weitreichenden Interessen und Talente aufzeigen. Abraham nahm 1618 als kurbrandenburgischer Gesandter in Warschau die Belehnung Brandenburgs mit Preußen entgegen. Er war einer der Männer, die den Kurfürsten Johann Sigismund dazu bewegten, zum reformierten Bekenntnis überzutreten. Der Kon-

128 *Louise Henriette, Kurfürstin von Brandenburg, geb. Prinzessin von Oranien, Wilhelm van Honthorst, um 1647*

fessionswechsel markierte den ersten Versuch, durch Anschluss an die calvinistischen Fürsten die Bündnispolitik Brandenburg-Preußens für die Zukunft zu verbessern. Abraham selbst kämpfte an der Seite der Fürsten von Oranien und Nassau und im Böhmischen Krieg 1618.

Die genealogischen Beziehungen mit verschiedenen regierenden Häusern verhalfen den Dohnas zu ihrer herausragenden Stellung unter den Adelsgeschlechtern. So bekam Abrahams Bruder Christoph Dohna (1583–1637) von seinem Schwiegervater Friedrich Heinrich von Oranien (**130**) das Statthalteramt von Orange in Südfrankreich verliehen, das an seinen Sohn Friedrich Dohna (1621–1688), den Erben der Schlobitter Güter, überging. Friedrich lebte mit seiner Familie im Schloss Coppet am Genfer See. Im Umkreis von Schlobitten hatte die Familie noch andere Besitzungen: Lauck, Schlodien, Karwinden, Reichertswalde, Mohrungen und Prökelwitz. Der Grundbesitz umfasste rund 20 000 Hektar.

Mit der Königsberger Krönung im Jahre 1701 wurde Preußen zum neuen Stammland der rangerhöhten königlichen Dynastie der brandenburgischen Hohenzollern. Zu den 14 ersten Trägern des von König Friedrich I. gestifteten Schwarzer-Adler-Ordens zählten allein 11 Ostpreußen. Alex-

Friedrich Heinrich von Nassau, Prinz von Oranien, Statthalter der Niederlande (129, l.), und seine Gemahlin Amalie, Prinzessin von Oranien, geb. Gräfin zu Solms-Braunfels, Niederlande (130, r.), Miniaturporträts im Originalrahmen, um 1625

ander Burggraf zu Dohna (1661–1728), Feldmarschall im Dienste Friedrichs I., Wirklicher Geheimer Rat, Oberhofmeister und Erzieher des Kurprinzen Friedrich Wilhelm (141), war einer von ihnen. Im Krönungszug schritt er an exponierter Stelle unmittelbar vor dem König an der Seite des Kronprinzen. Alexander baute das Schlobitter Schloss (124) als einen für alle sichtbaren Ausdruck seiner Nähe zum Herrscher und der eigenen hohen Auffassung von seinem Amt und Stand. Als ranghöchstes Regierungsmitglied in Königsberg sorgte er mit Rücksicht auf die Landbevölkerung für die Angleichung der ständischen preußischen Regierung an die gesamtstaatliche Verwaltung. Friedrich Alexander zu Dohna (1741–1810) verwandelte Schlobitten und Prökelwitz in wegweisende moderne Landwirtschaftsbetriebe. Bereits 1802 entließ er seine Bauern aus der Erbuntertänigkeit.

Ein besonderer Abschnitt der ostpreußischen Landesgeschichte war die Zeit zwischen 1807 und 1813, in der Ostpreußen entscheidenden Widerstand gegen Napoleon leistete. Alexander Burggraf zu Dohna (131), Direktor der Kriegs- und Domänenkammer in Marienwerder, verweigerte Napoleon die Huldigung. Er wurde Nachfolger

131 Alexander Burggraf zu Dohna (1731–1831), unbekannter Maler, um 1815

des verbannten preußischen Staatsinnenministers Freiherr vom Stein und 1813 einer der Begründer der preußischen Landwehr. »Mut und Unabhängigkeit bewahrte er auch noch in der folgenden Reaktionszeit, indem er als Generallandschaftsdirektor das Comité der Stände zu einem Protest gegen die Karlsbader Beschlüsse bewog, weshalb

er den Schwarzen Adler-Orden nie erhalten sollte.«[411] Richard Wilhelm Burggraf zu Dohna (1843–1916) nahm am 1. Januar 1900 von Kaiser Wilhelm II. den Fürstenhut entgegen. Sein Enkel und sein Neffe beschrieben ihn als »ausgesprochen konservativ«[412] und »typischen Vertreter dieser Rang und Orden überschätzenden Epoche«.[413]

Die Verbundenheit mit ihrem Land sowie die politische und geistige Freiheit standen neben der Loyalität gegenüber den Landesherren für viele Mitglieder der Familie Dohna bis ins 19. Jahrhundert hinein an erster Stelle. Dieses Verantwortungsgefühl führte Heinrich Burggraf zu Dohna (1882–1944) und andere Gleichgesinnte zum Widerstand gegen Hitler. Er gehörte zu den Männern des 20. Juli. Entscheidend für seinen aktiven Widerstand waren die Erfahrungen in der Bekennenden Kirche.[414]

Schloss Schlobitten

Zentrum des Lebens und Wirkens der Dohnas war für Jahrhunderte Schloss Schlobitten. Von seinem Erbauer Alexander zu Dohna ist ein Brief überliefert, in dem er den Hofbildhauer Andreas Schlüter bittet, Deckenentwürfe für drei Repräsentationsräume im Schlossbau nach dem Vorbild der Wohnung des Kronprinzen im Berliner Schloss zu liefern, »da [er] an diesem ohrt gern etwas rechtschaffenes bauen wollte, zu wünschen auch von einem so großen meister etwas zeigen zu können«.[415] Jean Baptiste Broebes hatte 1696 den Vorentwurf für die barocke Schlossanlage geliefert. Ab 1704 war es der Königlich Preußische Landbaumeister Johann Caspar Hindersinn, der den Bau des Schlosses bis 1713 und der Wirtschaftsgebäude auf dem Vorplatz durchführte (126).[416] Zu letzteren gehörten ein Brennereibetrieb und eine Brauerei, verbunden durch eine Toreinfahrt, sowie ein Marstall mit Glockenuhrturm. Eine Brücke führte in den Ehrenhof zum Schloss. Alexander ließ den Vorgängerbau Abrahams (1621–1624) um ein Stockwerk erhöhen. An der neugestalteten Fassade blieben die Eckerker aus der Renaissance erhalten. Das neue Schloss umfasste nun insgesamt 70 Räume. Im westlichen Flügelbau lag der über zwei Stockwerke reichende Festsaal (133). Im ersten Obergeschoss des östlichen Flügelbaus wurde ein eigenes Appartement für Aufenthalte des Königs mit Vorstube (134), Mittelstube, Schlafgemach und Chinesischem Kabinett (135) eingerichtet. Ähnliche Appartements gehörten künftig zum Ausstattungsprogramm auch der anderen großen preußischen Landschlösser, deren Bau der König zur eigenen Reputation unterstützte.[417]

Alexander finanzierte den wesentlichen Teil des Schlossumbaus mit Einnahmen aus seinen hohen Staatsämtern. Sein Elternhaus in der Schweiz, Schloss Coppet, hatte er verkauft, nicht ohne vorher Inventar nach Schlobitten zu überführen. Dabei handelte es sich neben Stillleben holländischer Maler in der Hauptsache um Bildnisse der Oranier, einige Familienporträts sowie Möbel.

Aber auch zur Berliner Hofkunst lassen sich in Schlobitten engste Verbindungen feststellen – insbesondere zum Schloss Charlottenburg, das zeitgleich mit Schlobitten vergrößert wurde. Hierzu gehören die zahlreichen Lackmöbel, häufig Berliner Arbeiten, und Tapisserien, die Alexander bei der Berliner Manufaktur des Jean Barraband und in Brüssel bestellte,[418] sowie die Porträts der An-

132 *Friedrich III., Kurfürst von Brandenburg, seit 1701 König in Preußen, vermutlich von Johann Friedrich Wentzel, um 1695*

133 *Südostwand des Fest-saales (1708–1713) mit Emporen und Wasserkunst. Einige der Münzhumpen vom Büfetttisch sind erhalten. Die Ausmalung des Saales zeigt u.a. die Seg-nungen des guten Regimes, die Verherrlichung der Regenten als Schützer der Kunst und Wissenschaft, den Triumph der Tugend über das Laster und die Verherrlichung der Ehe des Burggrafen Alexander mit der Burggräfin Amalie Luise*

134 *Königliche Vorstube des Königsappartements in Schlobitten (um 1710/11). Von der Ausstattung sind zwei Tapisserien, Stühle, Gueridons und die Kabi-nettschränke erhalten*

gehörigen der königlichen Familie von den bes-ten Berliner Hofmalern. Wenn die preußischen Könige in Schlobitten Station machten, sollten sie sich wie zu Hause fühlen. So fand Königin Luise, als sie mit König Friedrich Wilhelm III. Schlobitten 1802 besuchte, »viel Ähnlichkeit mit Charlottenburg, besonders wegen mancher anti-quen Möbel, Teppiche und Porträts«.[419]

Friedrich Wilhelm I. war nachweislich 1714 und 1723 Gast in Schlobitten.[420] 1789 besuchte Friedrich Wilhelm II. das Schloss. Danach schenk-te er dem Gastgeber ein Service für 48 Personen aus der Königlichen Porzellan-Manufaktur in Berlin, das fortan bei großen Festen im Festsaal aufgedeckt wurde. Dem »für ein Landhaus wirk-lich auffallenden Saal« (133) zollte Friedrich Wil-helm III. bei seinem Besuch 1802 besonderen Beifall.[421] Das Bildprogramm mit den lebensgro-ßen Porträts der oranischen Verwandtschaft und den Bildnissen Friedrichs I. und des Kronprinzen erinnert an die Ausstattung des Orange-Saals im Schloss Oranienburg. Kaiser Wilhelm II. logierte häufiger in den Königlichen Stuben im Schloss Schlobitten.

Flucht und Rettung

Wie ganz Ostpreußen ging Schloss Schlobitten am Ende des Zweiten Weltkrieges unter. Dank der Forschungen von Carl Grommelt und Christine von Mertens sowie den überlieferten Photos aus den Jahren 1936/37 haben wir Kenntnis von den Innenräumen des Schlosses, ihrer Gestaltung und Ausstattung. Alexander Fürst zu Dohna (1899 bis 1997), der letzte Majoratsherr von Schlobitten, hatte die Arbeiten dieser beiden Forscher zur Er-schließung des einzigartigen Inventars von Schloss Schlobitten großzügig unterstützt, ohne zu ah-nen, dass es einmal die einzige Dokumentation seines untergegangenen Erbes sein würde.

In seinen »Erinnerungen eines alten Ostpreu-ßen« berichtet er von dem Treck, der in Ostpreu-ßen am 22. Januar 1945 unter seiner Leitung auf-brach und am 20. März 1945 im Bremer Land aufgelöst werden konnte. Die Fuhrwerke mussten

Nogat und Weichsel vor der Brückensprengung er-reichen. Der Befehl, alle Objekte, die der »Feind« für die Fortsetzung seines Kampfes nutzen könn-te, zu zerstören, richtete sich letztlich gegen die eigene Bevölkerung. »Der Schlobitter und der Pröckelwitzer Zug war meines Wissens«, so berich-tet der Autor weiter, »der größte geschlossene Zug, der nach dem Westen gelangt ist. Zuletzt be-stand er noch aus 330 Personen, 140 Pferden und 38 Wagen. [...] Wir waren neun Wochen getreckt und hatten mit zahlreichen Umwegen 1500 Kilo-meter zurückgelegt.«[422]

Alexander Fürst zu Dohna erklärt die Voraus-setzung für das Gelingen dieses gefährlichen und aufwendigen logistischen Unterfangens folgender-maßen: »Auf unserem Treck bestand nur deswe-gen eine solche Disziplin, weil die seit langer Zeit bestehende Ordnung, das Verhältnis von Vorge-setzten zu Untergebenen, alles in allem unange-tastet erhalten blieb war. [...] Ich legte Wert auf die genaue Einhaltung der von mir gegebenen Anweisungen. [...] Dies fest eingefahrene Gefüge hielt die vielen Menschen zusammen, dank des Vertrauens aller zu mir.«[423]

Dank seiner Umsicht konnten zahlreiche Menschenleben gerettet, aber auch die ostpreußischen Zuchtstuten sowie das bereits ab 1943 evakuierte Inventar in Sicherheit gebracht werden. Das Schloss Schlobitten wurde im März 1945, lange nach Ende der Kampfhandlungen, unter ungeklärten Umständen niedergebrannt (125).

Heute spiegelt vor allem die umfangreiche und zu großen Teilen gerettete Porträtsammlung der Dohnas den Stolz auf das eigene Geschlecht und die Leistungen des Einzelnen wider.[424] Durch die strikte Einhaltung des Erbfolgegesetzes, des »Fideikomiss«, das in Schlobitten auch für das Inventar galt, war es möglich, das über nahezu fünf Jahrhunderte gewachsene Schlossinventar zusammenzuhalten. Unter den geretteten Werken der angewandten Kunst befinden sich Spitzenwerke der Berliner Hofkunst um 1700, die heute im Bereich der königlichen Schlösser nicht mehr erhalten sind. Hierzu zählen die einzigartige Glassammlung (139, 140) und das silbervergoldete Toiletteservice (138). Königin Sophie Charlotte besaß in ihren Schlössern ähnliche Garnituren, die wie andere Stücke des preußischen Hofsilbers den Einschmelzungen während der Schlesischen Kriege Friedrichs des Großen und der Kriegskontributionszahlungen an Frankreich 1809 zum Opfer fielen.[425]

1979 wurde im Schloss Charlottenburg die erste Ausstellung mit aus Schlobitten geretteten Inventarstücken eröffnet. Eine großzügige Stiftung der Deutschen Klassenlotterie Berlin machte den Ankauf möglich. Porträts, welche die engen Beziehungen zum brandenburgisch-preußischen Herrscherhaus zeigten, Stillleben niederländischer Meister, ein Augsburger Kabinettschrank, Teile der Silber-, Porzellan-, Fayence- und Gläsersammlungen waren hier ebenso erstmals öffentlich zu sehen wie verschiedenste Kleinkunstgegenstände, Erinnerungsstücke, aber auch Gebrauchsgeräte, ausgewählte Stücke der Münz- und Medaillensammlung sowie Stichwaffen, welche Vertreter

der Familie Dohna im Kriegsdienst geführt hatten.

Nach der Wiedervereinigung ermöglichte die Bundesregierung 1993 den ergänzenden Ankauf der auf dem Gebiet der DDR ausgelagerten Sammlungsstücke. Eine große Anzahl von Gemälden, Goldschmiedearbeiten (136), weiterer Möbel und Raritäten der ehemals 55 000 Bände umfassenden Schlobitter Bibliothek vervollständigen und bereichern seitdem den Bestand.[426]

Die nicht zuletzt mit Persönlichkeiten der Familie Dohna eng verbundene Bau- und Nut-

135 *Chinesisches Kabinett des Königsappartements (um 1710/11). Der Berliner Lackschrank, das Reiterbildnis und das Porträt der Anna Elisabeth Prinzessin von Preußen von Joachim Martin Falbe, um 1755, sowie ein Teil der Ostasiatika von den Kaminsimsen sind erhalten*

136 *Altarkelch mit dem Wappen Dohna und Wernsdorf, 1602 gestiftet von Achatius Burggraf zu Dohna und seiner Gemahlin Barbara Burggräfin zu Dohna, geb. Wernsdorf, für die Schlobitter Kirche*

137 *Kabinettschrank, Augsburg, um 1625; Ebenholz, Esche, Obsthölzer, Ahorn (gefärbt), Elfenbein- und Knochenintarsien (graviert), Bronze und Eisen (vergoldet)*

zungsgeschichte von Schloss Schönhausen prädestinierte dieses als idealen Ausstellungsort für das gerettete Schlobitten-Inventar. Das Schlossinventar der Burggrafen, Grafen und Fürsten zu Dohna-Schlobitten steht hier nun beispielhaft »für die Einrichtung zahlreicher Landsitze in Ostpreußen auch anderer Familien, die ähnliche Kulturgüter beherbergten und für die offene Geisteshaltung ihrer Besitzer«.[427]

Ein Augsburger Kabinettschrank

Kabinettschränke entwickelten sich als Kunstkammerschränke im 17. Jahrhundert zum höfischen Modemöbel. Der unter Aufsicht des Augsburger Diplomaten und Kunstagenten Philipp Hainhofer von 1611 bis 1615 angefertigte sogenannte Pommersche Kunstschrank, welcher spätestens 1689 in die Berliner Kunstkammer gelangte, war ein herausragendes Beispiel und Vorbild.[428] Sein komplexes Bildprogramm, die zahlreichen Geheimfächer und die Zusammenstellung seines Inhalts machten ihn zum Sinnbild fürstlichen Sammelns und universeller Gelehrsamkeit. So wurden die teuren Augsburger Ebenholzmöbel »nicht für den gemeinen Mann, sondern durch Potentaten und herren angefrimbt und verschiekht«,[429] wie Hainhofer betonte.

Der um 1625 entstandene Augsburger Kabinettschrank aus Schlobitten (**137**)[430] stammt sehr wahrscheinlich aus der Hinterlassenschaft von Friedrich Alexander zu Dohna (1621–1688). Er gehörte zur Ausstattung der Königlichen Vorstube (**134**), dem ersten Raum der von Alexander zu Dohna ab 1709/10 eingerichteten Königlichen Wohnung. An den Türfeldern sind Szenen aus den Metamorphosen des römischen Dichters Ovid zu sehen.[431] Außen sind Apoll und Daphne, die sich in einen Lorbeerbaum verwandeln, sowie Atalante, die von Meleager den Kopf des kalydonischen Ebers überreicht bekommt, abgebildet. Im Inneren sind Europa auf dem Stier und Andromeda, die von Perseus befreit wird, zu sehen. Auf den Türen des ersten Innengelasses sind römische Krieger dargestellt. Die 14 Schubladen zeigen verschiedene Jagd- und Tierkampfszenen, letztere nach Vorlagen des Nürnberger Kupferstechers Virgil Solis.[432] Neben dem üblichen Jagdwild erscheinen auch exotische Tiere wie Affen, ein Kamel und ein Elefant, dazu Fabelwesen wie Einhorn, Greif und Drache. Beim Öffnen der Mitteltüren gibt es wieder Neues zu entdecken: 14 Schübe gruppieren sich um ein offenes Mittelfach. Zieht man es heraus, werden an der Rückseite 12 kleine Schubläden und eine Doppeltür von wiederum 10 winzigen Schubkästen als Geheimfächer freigelegt. Auch diese zieren Intarsien.

Für das Gravieren von Elfenbein waren spezialisierte Künstler notwendig. Möglicherweise gab es hier über den Austausch von Kunsthandwerkern eine Beziehung nach Norditalien, denn aus der Frühzeit ist kein vergleichbar kostbares Augsburger Möbel bekannt.[433] Die Gestaltung und Gliederung des Möbelkorpus sowie der metallenen Beschläge sprechen indes für die Anfertigung in einer Augsburger Tischlerwerkstatt. Als zeitnah entstandene Vergleichsstücke lassen sich Kabinettschränke im Hamburger Museum für Kunst und Gewerbe und im Kunstgewerbemuseum in Prag heranziehen.[434]

Der Kabinettschrank erfüllte in Schlobitten sowohl den Zweck eines Sammlungsschrankes als auch höfischer Selbstdarstellung. Er gab dem

Hausherrn Gelegenheit, mit Gästen und der Familie über die hier sorgsam aufbewahrten Kleinigkeiten zu sprechen, von denen sich viele erhalten haben. Dort lagerten neben goldenen und silbernen Petschaften mit Monogrammen und Wappen Uhren und Schnupftabakdosen aus Gold und Silber, verschiedenen Achaten und Bernstein, Spielfiguren aus Elfenbein sowie die Kartätschenkugel, welche Alexander Aemil zu Dohna, seit 1728 Majoratsherr von Schlobitten, in der Schlacht bei Soor 1745 getroffen hatte. Noch bei der Restaurierung 1996 wurden im Kabinettschrank aufbewahrte Geldkatzen, Perlen und andere Schmucksteine gefunden.

138 *Toiletteservice der Burggräfin Amalie Luise zu Dohna-Schlobitten, angefertigt von Jean Roman, Otto Männlich, Thomas II. Rehwendt, Ehrenfried Schönberger, Caspar Friedrich Wilpert, Berlin, um 1710–1720, Silber (getrieben, gegossen, graviert, vergoldet)*

Das Toiletteservice der Burggräfin Amalie Luise zu Dohna-Schlobitten

Der Tag einer Dame von Stand begann von jeher mit einer ausgedehnten Morgentoilette. Zu einem Toiletteservice gehörte alles, was für diese morgendliche Zeremonie nötig war. Diese beinhaltete, dass die Dame zurechtgemacht wurde, ihr Frühstück einnahm und auch Besucher empfing: Spiegel, eine Lavabo-Garnitur, Leuchter, eine Dochtschere, Pomaden- und Puderdosen, Parfümflakons, Kredenzen und kleine Tabletts zum Darreichen von Schmuck und Haarnadeln, eine Tischglocke und verschiedene Speiseserviceteile wie eine Ecuelle (eine Suppenschüssel mit Deckel) und weitere Behältnisse. Für die Damen des Hauses Dohna-Schlobitten war der Besitz eines Toiletteservices obligatorisch.

Wie der König vergab Burggraf Alexander Prestige-Aufträge dieser Art nach Augsburg und Berlin. Das erhaltene Service (138)[435] fertigte der Berliner Hofgoldschmied Otto Männlich gemeinsam mit den Berliner Goldschmieden Jean Roman, Thomas II. Rehwendt, Ehrenfried Schönberger und Caspar Friedrich Wilpert, die sich auf einzelne Serviceteile spezialisiert hatten. Die feuervergoldeten Stücke eint eine klare Formensprache mit streng symmetrischer Linienführung und glatten Flächen, die den Goldglanz besonders zur Geltung bringen. In zarter Gravur er-

scheint das Dohna'sche Damenwappen: zwei schräg gekreuzte fünfendige Hirschstangen in einer Raute mit der kombinierten Blätter- und Kugelkrone. Das Wappen geht auf die Burggräfin Amalie Luise zu Dohna-Schlobitten (1661–1724) zurück, welche die »vergulte Toilett« von ihrem Gemahl zum Geschenk erhielt.

Toiletteservice gehörten häufig zur Brautausstattung.[436] Im Falle der Garnitur für Burggräfin Amalie Luise, deren Ehe bereits 1684 geschlossen wurde, stand die Erwerbung im Zusammenhang mit der Neueinrichtung des Schlobitter Barockschlosses. Kostbares Toilettegerät zählte wie das Silberbuffet im Festsaal (133) zum glanzvollen Rahmen höfischer Repräsentation und wurde als ein zeremonielles Zeichen verstanden.[437] Das Berliner Service stand bis zur Auslagerung des Schlossinventars im Jahre 1944 im Königlichen Schlafgemach.

Für sich persönlich hatte Alexander eine silberne Toilettengarnitur in Augsburg gekauft, die – bis auf eine Fußschale – zur Zahlung der Kontributionen an Napoleon 1809 an den Staat abgeliefert wurde.[438] Für nicht einzuschmelzendes Silbergerät war nach dem Silbersteuergesetz, das Friedrich Wilhelm III. 1809 erließ, ein Drittel des Wertes nach Gewicht zu zahlen. Alle Teile des Toiletteservices der Burggräfin Amalie Luise tragen neben dem Beschauzeichen von Berlin und den Meisterzeichen der Goldschmiede den Steuerstempel »FW«. Wohl wegen der besonderen zeremoniellen Bedeutung des Goldes und der Berliner Provenienz hatte man sich für seine Auslösung entschieden. Es ist heute mit 21 Einzel-

139 *Deckelpokal mit kur-
brandenburgischem Wap-
pen, Potsdam, um 1700
(zugeschrieben Gottfried
Spiller), farbloses Glas,
matter und blanker Hoch-
und Tiefschnitt und Schliff
(leicht glaskrank)*

140 *Deckelpokal mit Gro-
teskendekor, farbloses Glas,
matter und blanker Hoch-
und Tiefschnitt und Schliff,
Potsdam, um 1730*

teilen[439] das einzige in dieser Vollständigkeit erhalten Berliner Toiletteservice aus der Zeit der
ersten preußischen Könige.

Zwei Deckelpokale aus der Dohna'schen Glassammlung

Von der Bedeutung der ehemals umfangreichen
und vielseitigen Glassammlung der Familie Dohna
künden heute 44 erhaltene Becher, Flaschen und
Pokale. Im Zentrum steht dabei ein Konvolut
früher brandenburgischer Gläser, die durch ihre
Qualität und Provenienz herausstechen.

Unter dem Großen Kurfürsten Friedrich Wilhelm und seinem Nachfolger Friedrich III. / I. entwickelte sich Brandenburg zu einem Zentrum
der Herstellung von Luxusgläsern. Die Einrichtung einer Kristallglashütte bei Potsdam durch
Johann Kunckel und die Berufung bedeutender
Künstler wie Gottfried Spiller an den Hof führten
um 1700 zu einer künstlerischen Blütezeit. Wich-
tigster Auftraggeber war der Landesherr, so dass
viele der erhaltenen Prachtpokale aus dieser
Epoche Monogramm, Wappen, Ordenszeichen
oder das Porträt des Kurfürsten bzw. des Königs
tragen. Die Pokale fanden bevorzugt als diplomatische oder persönliche Geschenke Verwendung –
im Falle der Dohnas sind sicherlich einige Pokale
in der Sammlung als Gaben der königlichen Familie an den Erzieher Friedrich Wilhelms I., Feldmarschall Alexander zu Dohna, zu identifizieren.

Qualitätsvolle figürliche Darstellungen zählen
ebenfalls zu den Charakteristika brandenburgischer Gläser. Hervorzuheben sind hier die Arbeiten des Glasschneiders Gottfried Spiller, dem
der Deckelpokal mit kurbrandenburgischem Wappen[440] zugeschrieben werden kann (139). Er muss
kurz vor der Krönung 1701 entstanden sein. Auf
der konischen Kuppa erscheint über zwei Palm-
zweigen das große brandenburgische Wappen,
bekrönt von dem Kurhut, der von zwei fliegenden
Putten gehalten wird. Das Wappen entspricht
dem offiziellen kurfürstlichen Wappen aus der
zweiten Hälfte des 17. Jahrhunderts, das bis zur
Krönung gültig blieb. Die beiden in qualität-

vollem Tiefschnitt ausgeführten Putten lassen darauf schließen, dass der Pokal auf die letzten Jahre
des 17. Jahrhunderts zu datieren ist. Vergleicht
man die stilistische und formale Ausarbeitung
der Putten anderer Spiller zugeschriebener Gläser
mit dem Dohna-Pokal, so kann man aufgrund der
übereinstimmenden Merkmale darauf schließen,
dass auch dieser aus Spillers Hand stammt.[441]

Vorbilder für die Gestaltung der Putten finden
sich auch im Werk des kurfürstlichen Bildhauers
Johann Michael Döbel. Da dieser zeitweise mit
der Aufsicht über die Drewitzer Glashütte betraut
war, weisen die von ihm gestalteten Schildhalter
für den Sarkophag der Kurprinzessin Elisabeth
Henriette im Berliner Dom von 1683 vermutlich
nicht zufällig eine Verwandtschaft mit den Wap-
penhaltern von Spiller auf.[442]

Der Deckelpokal mit hervorragend geschnittenem Groteskendekor[443] (140) steht in deutlichem Gegensatz zu Spillers Figurenschnitt und
orientiert sich vielmehr an zur selben Zeit entstandenen böhmischen Gläsern. Im Zentrum
stehen vier Medaillons mit Amoretten und franzö-
sischen Inschriften, umgeben von Bandelwerk.
Die Ornamentik geht auf graphische Vorlageblät-
ter zurück, wie sie aus der Hand des Architekten
Paul Decker in großer Anzahl vorliegen.[444] Vermutlich handelt es sich um das Werk eines von
Böhmen nach Brandenburg eingewanderten Glasschneiders, dem auch ein vergleichbarer Pokal im
Kunstgewerbemuseum Köln zugeschrieben werden kann.[445]

Das Porträt des Kronprinzen Friedrich Wilhelm auf einem Schlobitter Pferd

In der Dohna'schen Sammlung von Fürstenbild-
nissen nimmt dieses Porträt[446] einen besonderen
Rang ein (141). Es zeigt den 18-jährigen preußischen Kronprinzen reitend mit wehender Zopf-
perücke auf einem braunen Hengst aus der
Schlobitter Zucht. Er trägt die blaue Uniform
des Infanterieregiments, zu dessen Befehlshaber
er 1705 ernannt wurde. Im Hintergrund ist eine

Kampfszene mit Reitern dargestellt. Das Gemälde war ein Geschenk des Kronprinzen an Alexander zu Dohna als Dank für ihm überlassene Schlobitter Pferde. In seinem Dankesbrief vom Januar 1706 hebt er hervor, dass er dem Maler »eine persönliche Sitzung in seinem eigenen Raum« für dieses Bildnis gewährt habe.[447] Alexander Dohna war seit 1695 sein Erzieher gewesen. Es ist vor allem seinem Einfluss zuzuschreiben, dass der Prinz eine Erziehung zur Einfachheit, Sparsamkeit und Selbstdisziplin erhielt, Eigenschaften, die den späteren »Soldatenkönig« besonders charakterisieren. Die Vorliebe für gute Reitpferde und für alles Militärische zeigte sich schon beim jungen Friedrich Wilhelm. Der erprobte Offizier und Gutsherr Alexander Dohna war ihm auch darin ein Vorbild.

Das Porträt, für welches sich Alexander in einem Brief vom 26. April 1706 bedankte, war bereits das dritte ihm geschenkte Bildnis Friedrich Wilhelms, gemalt von den Berliner Hofmalern Anthonii Schoonjans, Friedrich Wilhelm Weidemann und Antoine Pesne.[448] Paul Carl Leygebe war seit 1696 Hofmaler in Berlin. Er wurde 1715 Professor für Anatomie an der Königlichen Akademie der Künste und 1726 zu deren Ehrenmitglied ernannt. Er ist vor allem als Historienmaler hervorgetreten, seine spezielle Begabung aber lag auf dem Gebiet der Pferdemalerei. Es ist unverkennbar, dass Leygebes Darstellung des Schlobitter Pferdes auf der exakten Kenntnis des Hippologen beruht. Wie viele andere königliche Geschenke in Schlobitten zeigt auch dieses Porträt die enge und persönliche Verbindung der Burggrafen zu Dohna mit dem preußischen Königshaus. Es erhielt im Chinesischen Kabinett der Schlobitter Königswohnung einen ehrenvollen Platz (135).

Zwei Münzhumpen, Silber, teilvergoldet, Ende 17. Jahrhundert: Elbing, Daniel Strahlenbrecher (142, o.), Stockholm, Johann Nützell (143, u.)

Terrine aus dem Speiseservice (144, o.) sowie Fruchtkörbe und Teller aus dem Dessertservice (145, u.), Modell »Neuglatt«, Königliche Porzellan-Manufaktur Berlin, 1789

Zwei Münzhumpen aus dem Besitz des Burggrafen Alexander zu Dohna-Schlobitten

Silberhumpen mit eingelassenen Münzen und Medaillen erfreuten sich seit dem späten 17. Jahrhundert in Brandenburg-Preußen besonderer Beliebtheit. In den Königsschlössern standen sie zahlreich auf den Kaminsimsen und Büfetts, so auch im Festsaal in Schlobitten (133). An den häufig reich getriebenen Silbergefäßen ließ sich der Münzschatz ohne Wertverlust zur Schau stellen. Im höfischen Zeremoniell wurden dem Herrscher Münzhumpen als sogenanntes »Willkomm« gereicht.

Die brandenburgischen Kurfürsten und Könige schenkten den Dohnas Medaillen mit ihren Porträts, die diese auch als Hinweis auf die gemeinsamen verwandtschaftlichen Beziehungen in die Gefäße einarbeiten ließen. Ein Beispiel hierfür ist der von Daniel Strahlenbrecher im ostpreußischen Elbing angefertigte Humpen (142).[449] Im Deckel ist die sogenannte Danziger Hochzeitsmedaille von Johann Höhn eingelötet. Im Boden erscheint, nachdem der Trunk genommen wurde, eine Medaille mit dem Bildnis des Kurfürsten Friedrich Wilhelm.[450] Den Korpus schmücken drei Reihen Braunschweiger 12-Mariengroschen, deren versetzte Anordnung den Humpen auf das späte 17. Jahrhundert datieren lässt. Den zweiten Münzhumpen zieren polnische Taler (143).[451] Das Meisterzeichen bestätigt den aus Nürnberg stammenden Johann Nützell, der sich 1674 in Stockholm niederließ, als ausführenden Goldschmied. Alexander Dohna war 1688/89 Gesandter in Warschau und 1690 Gesandter in Stockholm, wo er diesen Humpen sehr wahrscheinlich hat anfertigen lassen.

Ein Porzellanservice aus der Königlichen Porzellan-Manufaktur Berlin

Friedrich Alexander zu Dohna (1741–1810) trat als Sammler von Porzellan hervor. König Friedrich Wilhelm II. schenkte ihm nach einem Besuch in Schlobitten 1789 ein Speise- und Dessertservice mit 299 Teilen aus der Königlichen Porzellan-Manufaktur (KPM) (144, 145).[452] Trotz zunehmender klassizistischer Tendenzen hatte sich bei der KPM viel vom Geist des Rokoko erhalten. Für das Dohna'sche Service wurde das um 1770 entwickelte Modell »Neuglatt« gewählt. Bei den Desserttellern ist der gewellte Rand mit einem Flechtband in der Modell-Variante »Königsglatt« bereichert. Naturalistisches Astwerk als Henkel und Deckelknäufe deuten wie die Blumen- und Insektenmalerei in die Richtung romantischer Naturnähe. Aus der gleichen Modellreihe sind auch das zweite Tafelservice Friedrichs des Großen für das Charlottenburger Schloss[453] und ein an Katharina von Russland 1772 geschenktes Service. Wie beim Service für die Zarin gehörten auch zum Dohna'schen Service verschiedene Obstkörbe sowie Tabletts und Dessertschälchen mit »Blumenkohldekor«.[454] Bei den Grafen Dohna kamen hierzu vergoldete Tafelaufsätze aus Bronze, Münzhumpen und Münzbecher, gefüllt mit Blumen und ergänzt durch Kerzenleuchter, auf den Tisch.[455]

Anhang

Anmerkungen

1 Die bauarchäologischen Untersuchungen am Schloss Schönhausen fanden von 2005 bis 2008 im Auftrag der SPSG durch das Fachgebiet Historische Bauforschung der Technischen Universität Berlin unter Leitung von Prof. Dr.-Ing. Dorothée Sack statt. Die Arbeiten wurden durchgeführt von Antonia Brauchle, Christiane Hertwig, Dina Sperl, Monika Thiel, Haiko Türk und Dr. Elgin von Gaisberg (örtliche Projektleitung).

2 Vgl. Sonderausgabe von »Theater der Zeit«, Juli 2008. Dieckmann, Flierl, Müller 2008.

3 Crowley, Pavitt: Cold War Modern. Design 1945–1970. Ausstellungskatalog. Ausstellung 25.09.2008–11.01.2009 im Victoria and Albert Museum, London. Vgl. Barron, Stephanie und Eckmann, Sabine (Hrsg.): Kunst und Kalter Krieg. Deutsche Positionen 1945–1989. Ausstellungskatalog. Ausstellung 28.05.09–06.09.2009 im Germanischen Nationalmuseum, Nürnberg. Köln 2009.

4 Hagemann 2009.

5 Ranke 1848, S. 35.

6 Adlersfeld-Ballestrem 1908.

7 Biskup 2004, S. 300–320.

8 Dehio 1914, S. 277.

9 Zur Kindheit und Erziehung Elisabeth Christines vgl. Poseck 1940, S. 20–28.

10 Büsching 1789, S. 576.

11 Friedrich Wilhelm I. an Kronprinz Friedrich (II.), 04.02.1732. Zitiert nach Adlersfeld-Ballestrem 1908, S. 17.

12 »Mémoires« der Wilhelmine von Bayreuth. Deutsch zitiert nach Adlersfeld-Ballestrem 1908, S. 22.

13 Hahnke 1848, S. 39.

14 Im Braunschweigischen Landesmuseum sind vier Pastelle aus der Hand Elisabeth Christines erhalten, die nach 1733 entstanden sind.

15 Hahnke 1848, S. 35.

16 Adlersfeld Buch »Les choses Mémorables des Socrates« (Amsterdam 1699) ist bis heute im Besitz der SPSG erhalten.

17 Vgl. Hahnke 1848, S. 34.

18 Die französische Ausgabe seiner aufklärerischen Texte »An Essay on Criticism« (1711) und »An Essay on Man« (1732).

19 Laut der Überlieferung von Graf Seckendorff soll Friedrich II. 1736 gesagt haben: »Ich war nie in sie verliebt, aber ich müsste der niedrigste Mensch sein, wenn ich sie nicht aufrichtig

schätzen wollte, denn […] sie ist so gelehrig, wie man es nicht mehr wünschen kann.« Zitiert nach Adlersfeld-Ballestrem 1908, S. 41.

20 Bielfeld 1763, S. 81.

21 Brief an Fräulein von Kamecke, 23.09.1739. Deutsch zitiert nach Poseck 1940, S. 455.

22 Ausführlich dazu in Adlersfeld-Ballestrem 1908, S. 67–90.

23 Vgl. den Ehekontrakt von 1733. In: Hahnke 1848, S. 327–330.

24 Vgl. Inventar 1740, zitiert nach Finkemeier, Röllig, S. 301.

25 Hahnke 1848, S. 40.

26 Vgl. »Berlinische Nachrichten von Staats- und gelehrten Sachen« vom 09.08.1740.

27 Die Wohnung der Königin nahm das Erdgeschoss der westlichen Hälfte des Neuen Flügels ein.

28 Adlersfeld-Ballestrem 1908, S. 78.

29 »Berlinische Privilegirte Zeitung« vom 27.07.1741.

30 SPSG Inv. Nr.: GK I 10780–10783.

31 Windt 2008 [2], Absatz 32.

32 Lehndorff 2007, S. 391 und Adlersfeld-Ballestrem 1908, S. 158.

33 Hagemann 2009, Absatz 16, 27.

34 Ebd., Absatz 30–32.

35 Deutsch zitiert nach Adlersfeld-Ballestrem 1908, S. 108.

36 Vgl. Adlersfeld-Ballestrem 1908, S. 123–124.

37 Deutsch zitiert nach Adlersfeld-Ballerström 1908, S.109.

38 Vgl. Deus 1996.

39 Konter 1991, S. 269.

40 Windt 2009, S. 14–15.

41 Lehndorff 2007, Juli 1751, S. 33 oder 26.06.1754, S. 183.

42 Vgl. »Berlinische Privilegirte Zeitung«, Jahrgänge 1749, 1750, 1755.

43 Lehndorff 2007, S. 374–384.

44 Ebd., S. 445–450.

45 Ebd., S. 450.

46 Ebd.

47 Granier 1898, S. 133.

48 Lehndorff 2007, S. 468.

49 Vgl. »Berlinische Privilegirte Zeitung«, 23.10.1759–13.11.1759.

50 Lehndorff 2007, S. 376.

51 Hagemann 2009, Absatz 21–22.

52 Konter 1991, S. 121–123.

53 Hagemann 2009, Absatz 22.

54 Ebd., Absatz 14–16, 19–20.

55 Dass Lehndorff den Ärger der Königin über diese Respektlosigkeit sogar kritisiert, zeigt, wie wenig der Hof die Königin als sein Haupt respektierte. Lehndorff 2007, 09.11.1759, S. 463.

56 Hahnke 1848, S. 375.

57 Vgl. Lehndorff 2007, S. 285.

58 Hahnke 1848, S. 349.

59 Brief an Etats-Minster von Massow vom 17.10.1763. Zitiert nach Finkemeier, Röllig 1998, S. 76–77.

60 Zu den Räumen 17 und 18 vgl. Windt 2008 [2], Absatz 18–22.

61 Zur Raumnutzung vgl. Windt 2008 [2], Absatz 9–12.

62 Z.B. Neue Schönhauser Straße 20, um 1770, oder Grünstraße 9, 1750.

63 Lehndorff 2007, 17.05.1767, S. 526.

64 Vgl. »Berlinische Privilegirte Zeitung«, 13.10.1767, 30.06.1768, 20.03.1772, 25.03.1777.

65 Büsching 1789, S. 576.

66 Ihrem Nachruf in der »Berlinischen Privilegirten Zeitung« vom 17.01.1797 ist eine Liste ihrer Publikationen beigefügt.

67 Zu den Werken im Einzelnen vgl. Joepchen 1940.

68 Vgl. Hahnke 1848, S. 176–177, 432, 434.

69 »Berlinische Privilegirte Zeitung« vom 26.01.1797.

70 »Allgemeine Literatur Zeitung« 1789, Bd. 3/4, S. 85–88.

71 Seine »Oevres des Philosophe des Sans-Souci« erschienen ab 1752 in Amsterdam.

72 Lehndorff 2007, 09.11.1759, S. 463.

73 Büsching 1789, S. 577.

74 Adlersfeld-Ballestrem 1908, S. 134.

75 Brief an Friedrich Wilhelm II. vom 25.09.1796. Zitiert nach Adlersfeld-Ballerström 1908, S. 188.

76 Brief an Friedrich Wilhelm II. vom 09.03.1789. Zitiert nach Hahnke 1848, S. 454. Deutsch A.H.

77 Vgl. »Berlinische Privilegirte Zeitung«, 17.08.–10.10.1786.

78 »Berlinische Privilegirte Zeitung« vom 29.09.1787.

79 Testament Friedrichs II.. Zitiert nach Deus 1996, S. 19.

80 Für diese Hinweise danke ich Dr. Friederike Wappenschmidt. Die Tapete ist in Fragmenten erhalten, die nach der Restaurierung nach Schönhausen zurückkehren sollen.

81 Vgl. Inventare 1795, Raum 2, fol. 3, und 1797, Raum 10, fol. 09.

82 Inventar 1797, Raum 10, fol. 09.

83 Ebd., Raum 11, fol. 09.

84 Vgl. Hagemann 2007, S. 293–294.

85 Vgl. »Berlinische Privilegirte Zeitung« vom 17.01.1797. Lehndorff erwähnt, die Königin habe die Hochzeiten von Bauern ausgerichtet. Lehndorff 2007, 08.07.1755, S. 325.

86 Eine Reihe von Nachrufen ist in Deus 1996 publiziert.

87 Landesarchiv Berlin, E Rep. S. 300–28.

88 Schonert 1936, S. 1297.

89 Vgl. hierzu und im Weiteren Finkemeier, Röllig 1998, S. 167–217.

90 Vgl. Koronowski 2009.

91 Popitz gehörte später zum Widerstandskreis um C. F. Goerdeler und wurde am 02.02.1945 in Plötzensee hingerichtet.

92 Popitz 1936, S. 1286.

93 Vgl. Schonert 1936, S. 1298.

94 Dehio 1914 [2], S. 289.

95 Schonert 1936, S. 1298.

96 Vgl. Dehio 1914 [1], S. 268.

97 Prolingheuer 2001, S. 34–36, 48–50.

98 Ebd., S. 21–30.

99 Hüneke 1997, S. 343–360.

100 Hüneke 2001, S. 2026–2028.

101 Hüneke 2005, S. 183–195.

102 Jeuthe 2007, S. 189–283.

103 Kreis 1990.

104 Schulz-Hoffmann, 1990.

105 Hüneke 1987, S. 101–105.

106 Z.B.: 1940 »Rheinische Kunstausstellung«, 1941 »Moselland«, 1942 »Lüneburger Land«, 1942 »Niederschlesische Kunst«.

107 Gniffke 1966, S. 126ff.

108 Weber 1969, S. 245ff.

109 Voßke 1975, S. 335.

110 Pieck an Schulz (Briefentwurf), 1915. In: SAPMO BArch, NY 4036/486, Bl. 36f.

111 Ebd., S. 37f.

112 SAPMO BArch, I 2/3/62a, Bl. 101.

113 Die Komintern (1919–1943) war ein auf Initiative Lenins gegründeter internationaler Zusammenschluss (vor allem) kommunistischer Parteien, mit dem Ziel einer Weltrevolution. Unter Stalin entwickelte sie sich primär zu einem Instrument der sowjetischen Außenpolitik.

114 Vgl. Weingartner 1970, S. 162ff.

115 Vgl. Weber 1993.

116 Badstübner 1994, S. 18.

117 Gniffke 1966, S. 223.

118 Badstübner 1994, S. 27f.

119 Zitiert in: Bouvier 1996, S. 11.

120 Rede Piecks vom 19.09.1945. In: Pieck 1951, S. 27.

121 Aussage des ersten DDR-Protokollchefs, Friedrich von Thun, in einem Gespräch mit dem Autor am 05.02.2007.

122 Gesetzblatt der DDR 1949, S. 7.

123 Vgl. Wentker 2007.

124 Rede Piecks vom 11.10.1949. In: Dokumente 1954, S. 15.

125 Rede Piecks vom 20.07.1950. In: Aufbau 9/1950, S. 807f.

126 Die nach dem Staatssekretär im Auswärtigen Amt, Walter Hallstein, benannte außenpolitische Maxime erklärte 1955 die Aufnahme diplomatischer Beziehungen mit der DDR durch dritte Staaten als »unfreundlichen Akt« gegenüber der Bundesrepublik, der den Abbruch diplomatischer Beziehungen nach sich ziehe. Die UdSSR als Siegermacht des Zweiten Weltkriegs war von ihr ausgenommen.

127 SAPMO BArch, NY 4036/736b, Bl. 283.

128 Pieck schlug Heuss in seinem ersten Brief vom 02.11.1951 u.a. »Beratungen von bevollmächtigten Vertretern der DDR und der BRD« über eine Wiedervereinigung vor. Vgl. Pieck 1954, S. 219ff.

129 Vgl. Zeittafel über die Empfänge im Schloss. In: SAPMO BArch, NY 4036/772.

130 SAPMO BArch, DA 4 1058, B. 143.

131 Bericht der Korrespondenzabteilung von 1951. In: SAPMO BArch, DA 4984.

132 Klassifizierung der Themenfelder in: SAPMO BArch, DA 4 1058.

133 »Neues Deutschland« vom 12.10.1949.

134 SAPMO BArch, DA 4 1086.

135 Bericht der PK von 1955. In: SAPMO BArch, DA 4 1006, Bl. 404ff.

136 Bericht der PK von 1959. In: SAPMO BArch, NY 4036/772, Bl. 105.

137 Vgl. Malycha 2000, S. 390f.

138 Vgl. SAPMO BArch, NY 4102/27, Bl. 98.

139 SAPMO BArch, DY 30/IV 2/1/52.

140 Malycha 2000, S. 138.

141 Protokoll 1951, S. 225.

142 Art. 102. In: Gesetzblatt der DDR 1949, S. 7.

143 Zitiert nach Bonwetsch 1994, S. 285f.

144 SAPMO BArch, NY 4036/772, Bl. 48.

145 Vgl. Wagner 2002, S. 182f. Der Nationale Verteidigungsrat bildete ab 1960 das oberste Koordinierungsgremium für Militär- und Sicherheitsfragen der DDR. Als Vorsitzender dieses Verfassungsorgans, dem ausschließlich hohe SED-Funktionäre angehörten, fungierte der jeweilige SED-Parteichef.

146 Vgl. Gesetzblatt der DDR 1960 I, S. 505f.

147 Politisches Archiv des Auswärtigen Amtes (PAAA), MfAA-Bestand B Nr. 3085, MfAA-Bestand A Nr. 12242 Fiche 2 o. 850/L 159 u, Nr. 12460. Siehe auch »Junge Welt« 12.03.1959.

148 Dynamobau war 1955 ursprünglich für den Aufbau einer großen Sportstätte in Hohenschönhausen gebildet worden.

149 Institut für Regionalentwicklung und Strukturplanung, Archiv (IRS), Personalakte W. Schmidt.

150 Vgl. Dietrich 2003.

151 Vgl. Erler 1997. Siehe auch BStU, ZA, MfS KS 297/72, Personalakte K. Zimmermann, damals Leiter d. Abt. XVI.

152 Vgl. Borchert 2002.

153 Vgl. Muth 2000, S. 129, 230.

154 UNESCO-Welterbestätte Schlösser Augustusburg und Falkenlust in Brühl, 2008, S. 129, 230.

155 Finkemeier, Röllig, S. 244.

156 Das Diplomatische Corps bei der Regierung der Deutschen Demokratischen Republik. Hrsg.: Ministerium für Auswärtige Angelegenheiten der DDR, Berlin, Januar 1976.

157 Klinger 2006, S. 105.

158 Siebs 1998, S. 150.

159 Archive der Bundesbeauftragten für die Unterlagen des Staatssicherheitsdienstes der ehemaligen DDR (BStU), ZA, MfS-HA PS, 6489, Blatt 13.

160 Bayerlacher, Lindner, Schiesau 2004, S. 291ff.

161 Laut d. Aussage v. F. Jahsnowsky, Leiter d. Protokollabteilung im DDR-Außenministerium 1973–1990, am 18.06.2009.

162 Ebd.

163 PAAA; MfAA-Bestand B Nr. 2989

164 BStU, ZA, MfS-HA PS, Nr. 4513, Nr. 5050, Nr. 5427, Nr. 1842 u. MfS-HA XVIII Nr. 16180. Vgl. auch Wiedmann 1995, S. 155.

165 BStU ZA, MfS-BdL/Dok, Nr. 006486–006497, Nr. 008768–008775.

166 BStU, ZA, MfS-HA PS 4513, Bl. 153ff.

167 Ebd., Bl. 67, im Sept. 1985; Bl. 97f, im Mai 1987; Bl. 115f, im Jan. 1988; Bl. 161f, im Febr. 1989; Bl. 159ff, im Jan./Febr. 1989; Bl. 167f, im April 1989.

168 Vgl. Beschloss, Talbott 1994.

169 Albrecht 1992, S. 73–81.

170 »Was hält die Deutschen noch zusammen«. Erstes Gesellschaftspolitisches Forum der Banken – Schönhauser Gespräche. Hrsg.: Bundesverband deutscher Banken, Köln 1994, S. 13ff.

171 »Deutschland im Umbruch. Die politische Klasse und die Wirklichkeit« Drittes Gesellschaftspolitisches Forum der Banken – Schönhauser Gespräche. Hrsg.: Bundesverband deutscher Banken, Köln 1996, S. 114.

172 Vgl. Düwel und Durth 1999, S. 79–91.

173 Vgl. Hagemann 2008, Absatz 6.

174 Schwartz 2001, Hagemann 2008, Absatz 15.

175 Windt 2008 [1], S. 220.

176 Hagemann 2008, Absatz 12.

177 »Genehmigte Kosten für Maßnahmen in Schönhausen«, 12.9.1950. BArch, DA/4868, P. 167.

178 Stiftung Archiv der Parteien und Massenorganisationen der DDR im Bundesarchiv.

179 Ebd. und Hagemann 2008, Absatz 14.

180 Nach Auskunft des Architekten Hans Hoßfeld schätzte Pieck die Möbel aus Zeulenroda. Der Vergleich mit den Photographien bestätigt diese Aussage. Gespräch aufgenommen von Thomas Tapp, SPSG, am 10.01.2006.

181 Hagemann 2008, Absatz 13/14, und Windt 2008 [1], 223–224.

182 Bauprogramm für Schönhausen 1951, 14.11.1950, BArch, DA/4 867, p. 12

183 So auch mehrere Gemälde von den Staatlichen Schlössern und Gärten Potsdam-Sanssouci.

184 Der Direktor Prof. Jahn stimmte schließlich einer kurzfristigen Leihe zu. Trotz mehrmaliger Rückforderungen kehrte das Bild erst zehn Jahre später nach Leipzig zurück. Archiv des Museums der Bildenden Künste Leipzig, Mappe Leihverträge allg. mit Museen/Galerien etc. 1950–1970/ Mappe Leihscheine 1951–1961.

185 Abgleich zwischen historischen Photographien und dem Protokoll der 1949 aus des Museum der Bildenden Künste an die Regierung der DDR abgegeben Gemälde vom 08.10.1949. Archiv des Museums der Bildenden Künste Leipzig, Mappe Leihverträge allg. mit Museen/ Galerien etc. 1950–1970/Mappe Leihscheine 1951–1961.

186 Ebd.

187 Windt 2008 [1], S. 226–229.

188 Haspel und Schmitz, 2008, S. 14–19.

189 Meisterwerkstatt II der Bauakademie, Bericht über die Künstlerische Oberleitung für die Instandsetzungsarbeiten im Schloss Niederschönhausen, 1954/1955, BArch DH 2 (Bauakademie)/22174.

190 Ebd., vgl. Windt 2008 [1], S. 231–232.

191 Umfangreiche Unterlagen über die Neueinrichtung des Büros von Staatsekretär Opitz, 1959, in BArch, DA/4 877. Vgl. Hagemann 2008, Absatz 21–24.

192 Historische Photos des von Ulbricht genutzten Raumes belegen diese Umhängung. Das Gemälde befindet sich heute im Deutschen Historischen Museum.

193 Düwel, Durth 1999, S. 90–92.

194 Ebd., S., S. 94–95.

195 Zum Gebäude vgl. Schwarz 2001, S. 2. Nutzung laut Auskunft Franz Jahsnowsky, Protokollchef der DDR 1973–1990, am 18.06.2009.

196 Auskunft Franz Jahsnowsky am 18.06.2009.

197 Vgl. Einrichtungsplan von Schloss Schönhausen 1965, Plankammer SPSG-SchCh,HB,O11, Bl10b-Ausbau1965-OG1.

198 Hagemann 2008, Absatz 27 und Windt 2008 [1], S. 236.

199 Vgl. Anmerkung 9 und Windt 2008 [1], S. 236.

200 Der Führer wurde 1986 im Auftrag des Ministerrates der DDR von der Berlin-Information herausgegeben.

201 Finkemeier, Röllig, S. 171f.

202 Eggeling, S. 19–21.

203 Finkemeier, Röllig, S. 219ff.

204 Ebd. S. 223.

205 SPSG, Generalverwaltung/Liegenschaftsreferat, Cornelia Danneberg, Schloss und Garten Schönhausen – Eigentumssituation, 08.04.2009.

206 Finkemeier, Röllig, S. 260.

207 Eva Schweitzer, »Keiner will das Schloß der preußischen Königin haben«. In: »Tagesspiegel« vom 20.11.1996

208 Berliner Landesentwicklungsgesellschaft mbH (BLEG), Schloß Schönhausen, Kleine Chronik, Berlin im Juli 1998.

209 Auskunft Peter Thiedt, Liegenschaftsfonds Berlin, an den Autor am 09.04.2009.

210 Finkemeier, Röllig, S. 260 f. und SPSG, Generalverwaltung/Liegenschaftsreferat, Cornelia Danneberg, Schloss und Garten Schönhausen – Eigentumssituation, 08.04.2009.

211 Ruth Cornelsen im Interview mit dem Autor am 23.04.2009.

212 Helmut Caspar: »Runter mit dem Gekrösel«. In: »Frankfurter Allgemeine Zeitung« vom 19.06.1998.

213 Ruth Cornelsen im Interview mit dem Autor am 23.04.2009; Prof. Dr. Joachim Giersberg im Interview mit dem Autor am 12.03.2009.

214 SPSG/Archiv Generaldirektion/Schloß Schönhausen/Ordner I/bis 11/2004: Der Reg. Bürgermeister von Berlin Diepgen an BMI Kanther am 19.11.1997.

215 Ebd.: SenWFK an SPSG, Geschäftszeichen V A 1 am 04.02.1998.

216 Ebd.: Der Stellv. Protokollchef d. Landes Berlin/Staatskanzlei an SPSG am 04.01.1999.

217 Ruth Cornelsen im Interview mit dem Autor am 23.04.2009.

218 Eggeling 1998.

219 Bundesamt für Bauwesen und Raumordnung, Berlin (BBR): Schloß Niederschönhausen – Untersuchung zur Herrichtung des Gebäudes für eine langfristige Nutzung durch den Bund, Planungsbüro big GmbH im Auftrag des BBR, August 2003.

220 Berliner Landesentwicklungsgesellschaft mbH (BLEG): Basisuntersuchung der Kontaminationen des Dachgeschosses und angrenzender Räume im Schloß Niederschönhausen, Dipl.-phil. Friedrich Nostitz (Berlin) im Auftrag der BLEG, September 1998. Und: Bundesamt für Bauwesen und Raumordnung, Berlin (BBR): Begutachtung von Holzschutzmittelbelastungen im Schloß Niederschönhausen, GFÖB mbH (Berlin) im Auftrag des BBR, 11.08.2003.

221 SPSG/Archiv Generaldirektion/Schloß Schönhausen/Ordner I/bis 11/2004: SPSG Baudirektion/Dr. Alfons Schmidt: Baufachliche Stellungnahme zu den vorliegenden technischen Untersuchungen und Kostenermittlungen zur Sanierung von Schloß Schönhausen, Charlottenburg, 01.04.2004.

222 Ebd.: SPSG Generaldirektor an Senator Dr. Thomas Flierl/SenWFK am 22.04.2003 und SPSG Generaldirektor an den Präsidenten des Dt. Bundestags Dr. Wolfgang Thierse am 05.05.2004.

223 SPSG/Archiv Generaldirektion, Ergebnisprotokoll der 18. Sitzung des Stiftungsrates der SPSG am 07.07.2003, TOP 5.3 und TOP 7.2.

224 SPSG/Archiv Generaldirektion/Schloß Schönhausen/Ordner I/bis 11/2004: Vermerk der Staatskanzlei Berlin, Skzl III C1-5583/37 vom 29.10.2004, Az. 2222/Ad und SenStadt, VI B 21, Ergebnisprotokoll 1. Abstimmungsgespräch Schloß Schönhausen am 03.11.2004.

225 Der Senat von Berlin – Reg. Bürgermeister – Senatskanzlei, G Sen 1 – 1245, 147. Senatssitzung vom 15.02.2005, Finanzierung der Sanierung von Schloß Schönhausen.

226 SPSG/Archiv Generaldirektion, Ergebnisprotokoll der 21. Sitzung des Stiftungsrates der SPSG am 17.02.2005, TOP 4.1.

227 Der Senat von Berlin – Reg. Bürgermeister – Senatskanzlei, G Sen1 – 1240, Senatsbeschluss Nr. 2838/05 vom 16.08.2005, und: Niederschrift über die 44. Sitzung der Landesregierung Brandenburg am 23.08.2005, TOP 3, Vorlage MWFK 193/05.

228 Amtsblatt für Brandenburg, Nr. 39 vom 05.10.2005, S. 962 ff. Und: SPSG/Archiv Generaldirektion, Ergebnisprotokoll der 22. Sitzung des Stiftungsrates der SPSG am 12.08.2005, TOP 5.2.

229 SenStadt, VI B 21, Ergebnisprotokoll 2. Abstimmungsgespräch Schloß Schönhausen am 25.11.2004.

230 SPSG/Archiv Generaldirektion, Ergebnisprotokoll der 23. Sitzung des Stiftungsrates der SPSG am 28.02.2006, TOP 3.

231 SPSG/Archiv Generaldirektion/Schloß Schönhausen/Ordner I/bis 11/2004: SPSG Baudirektion/Dr. Alfons Schmidt, Baufachliche Stellungnahme zu den vorliegenden technischen Untersuchungen und Kostenermittlungen zur Sanierung von Schloß Schönhausen, Charlottenburg, vom 01.04.2004.

232 Der Senat von Berlin – Reg. Bügermeister – Senatskanzlei, G Sen 1 – 1245, 147. Senatssitzung vom 15.02.2005, Finanzierung der Sanierung von Schloss Schönhausen.

233 Vgl. u.a. Verdingungsordnung für freiberufliche Leistungen – VOF –Ausgabe 2006, Vergabe- und Vertragsordnung für Bauleistungen (VOB) Teile A und B, Stand 2006, A Bau – Allgemeine Anweisung für die Vorbereitung und Durchführung von Bauaufgaben Berlins, Stand: April 2008.

234 SPSG/Archiv Generaldirektion, Ergebnisprotokoll Direktionsbeschluss der SPSG vom 21. März 2005 zur Bildung einer abteilungsübergreifenden Arbeitsgruppe.

235 Der Senat von Berlin – Reg. Bürgermeister – Senatskanzlei, G Sen 1 – 1245, 147. Senatssitzung vom 15.02.2005, Finanzierung der Sanierung von Schloß Schönhausen.

236 SPSG/Archiv Generaldirektion/Schloß Schönhausen/Ordner I/bis 11/2004: SPSG Baudirektion/Dr. Alfons Schmidt: Baufachliche Stellungnahme zu den vorliegenden technischen Untersuchungen und Kostenermittlungen zur Sanierung von Schloß Schönhausen, Charlottenburg, 01.04.2004.

237 Vgl. Bundesamt für Bauwesen und Raumordnung, Berlin (BBR): Schloss Niederschönhausen – Untersuchung zur Herrichtung des Gebäudes für eine langfristige Nutzung durch den Bund, Planungsbüro big GmbH im Auftrag des BBR, August 2003.

238 Amtblatt f. Brandenburg, Nr. 39 vom 05.10.2005 – Bekanntmachung über das Inkrafttreten des Abkommens über die gemeinsame Finanzierung der »Stiftung Preußische Schlösser u. Gärten Berlin-Brandenburg«, S. 962.

239 SPSG/Archiv/Abteilung Baudenkmalpflege/Schloß Schönhausen: Wolfgang Bittner Fotodokumentation vom IV. Quartal 2005.

240 Ebd., Verformungsgerechtes Aufmaß v. Ing.-Büro asd vom IV. Quartal 2005.

241 Ebd., Bauhistorische und bauarchäologische Untersuchungen, TU Berlin, 10/2005 bis 12/2009.

242 Ebd., Restauratorische Untersuchen v. Gimajew, Hochsieder, Seider, Hauke, Schmerbach vom IV. Quartal 2005 bis IV. Quartal 2006.

243 Ebd., Bauplanungsunterlage vom 15.02.2006, Order 1/2: Denkmalpflegerische Stellungnahme zu VPU I, ergänzend um den denkmalpflegerischen Maßnahmekatalog i. d. F. vom 14.12.2005, F. Hesse/LDA Berlin.

244 Ebd.

245 Ebd., Ordner I-III, genehmigt mit Schreiben der Senatsverwaltung für Wissenschaft, Forschung und Kultur 20.09.2006.

246 Berliner Landesentwicklungsgesellschaft mbH (BLEG): Basisuntersuchung der Kontaminationen des Dachgeschosses und angrenzender Räume im Schloß Niederschönhausen, Dipl.-phil. Friedrich Nostitz (Berlin) im Auftrag der BLEG, September 1998; und: Bundesamt für Bauwesen und Raumordnung, Berlin (BBR): Begutachtung von Holzschutzmittelbelastungen im Schloß Niederschönhausen, GFöB mbH (Berlin) im Auftrag des BBR vom 11.08.2003.

247 Bundesamt für Bauwesen und Raumordnung Berlin (BBR): Begutachtung von Holzschutzmittelbelastungen im Schloß Niederschönhausen, Gesellschaft für ökologische Bautechnik Berlin mbH GföB, am 11.08.2003, im Auftrag des BBR.

248 Berliner Landesentwicklungsgesellschaft mbH (BLEG): Basisuntersuchung der Kontaminationen des Dachgeschosses und angrenzender Räume im Schloß Niederschönhausen, Dipl.-Phil. Friedrich Nostitz (Berlin) im Auftrag der BLEG im September 1998.

249 Finkemeier, Röllig, S. 243.

250 SPSG/Abteilung Baudenkmalpflege: Büro Jockwer, Statische Beurteilung der Fassadenflächen vom 09.01.2007.

251 SPSG/Archiv/Abteilung Baudenkmalpflege/Schloß Schönhausen: Bauplanungsunterlage vom 15.02.2006, Order 1/2: Denkmalpflegerischer Maßnahmenkatalog überarbeitete Fassung vom 14.12.2005.

252 Finkemeier, Röllig, S.94, Inventarium des Königlichen Lustschlosses in Schönhausen vom 28.04.1797.

253 Vgl. insbesondere Eggeling 1993, Finkemeier 1998, Hahn 2000, Berlin 2006.

254 Brief der Gräfin Dohna an Gräfin Windischgrätz. Zitiert nach Dohna 1890, S. 140f.

255 Die dendrochronologischen Untersuchungen wurden nach Absprache mit der Bauforschung im März 2007 von Tilo Schöfbeck und Karl-Uwe Heußner durchgeführt.

256 GStA PK, X. HA, Rep. 2 Domänenregistratur, Nr. 1043, fol. 4v.

257 Zitiert nach Rehfeldt 1929, S. 101f.

258 Ebd.

259 GStA PK, X. HA, Rep. 2 Domänenregistratur, Nr. 1043, fol. 4v.

260 Rehfeldt 1929, S. 114.

261 Plan von J. E. Brundt 1703, vgl. Abb. 15 in Finkemeier 1998, S. 30.

262 Bergau 1885, S. 693f.

263 Nicolai 1786, S. 1090f.: »K. Friedrich I. kaufte das Dorf Niederschönhausen nebst Pankow und Blankenfelde, zu Ende des vorigen Jahrhunderts, von einem Hrn. von Grumbkau. Das Grumkausche Haus war ein Wohnhaus, von drey Geschossen […].«

264 Vgl. Fidicin 1857, S. 108.

265 Dohna 1890, S. 143. Korrespondenz Christian Albrechts mit seinem Bruder Christoph Delphicus.

266 Ebd., S. 144.

267 Ebd.

268 Ebd.

269 Vgl. Schonert 1936, 1937.

270 Einer der untersuchten Gratstichbalken in der Decke zum Dachgeschoss wurde mit dem Fälldatum 1689 bestimmt. Die noch vorhandenen Stich- und Gratstichbalken in der Balkenlage zum Dachgeschoss sind ein Beleg für die ursprüngliche Dachform des Kernbaus.

271 Vgl. Heckmann 1998, S. 125.

272 GStA PK, X. HA, Rep. 2 Domänenregistratur, Nr. 1043, fol. 4v.

273 Ebd., fol. 19v.

274 Vgl. Hinterkeuser 2003, S. 84. Der Autor verweist bei der Grundrissform auf holländische Vorbilder, die durch Nering vermutlich erstmalig für Deutschland übernommen wurden.

275 Eine der vier Stuckdecken existiert seit 1965 nur noch in einer Abformung, nicht mehr im ursprünglichen Schlossraum.

276 Vgl. GStA PK, X. HA, Rep. 9 Allgemeine Verwaltung, Nr E 16 I., fol. 70. Abrechnung von S. Simonetti aus dem Jahre 1698, in der ausdrücklich die Auftragsvergabe durch Nering erwähnt wird. Schönhausen wird in diesem Kontext jedoch nicht genannt.

277 Vgl. Abb. 89 in Boeck 1938.

278 Vgl. Nülken 1992, S. 57–68.

279 Dussiex 1856, S. 56. Freundlicher Hinweis A. Hagemann. Vgl. auch Kühn 1955, S. 41f.

280 Nicolai 1786, S. 1090.

281 Vgl. Anmerkung 263.

282 Datierung der Skizzen von Christoph Pitzler nach Lorenz 2001, S. 200f.

283 Vgl. Lorenz 2001, S. 202f.

284 Das Fundament ist in Achse der nördlichen und südlichen Türlaibung zum Mittelgang als Ecke

285 Kabinettsorder vom 20.11.1704. Vgl. Schonert 1936, S. 1291.

286 Zugesetzt werden mussten auch die aus dem ersten Bauzustand vorhandenen Türöffnungen des ehemaligen Obergeschosssaales zu den nördlich und südlich angrenzenden Kammern im Obergeschoss.

287 Lorenz, 2001, S. 202f., Abb. 70 und Finkemeier, Röllig 1998, S. 36., Abb. 24.

288 Inventar 1709, fol. 47.

289 Inventar 1709, fol. 47, 48.

290 Inventar 1740, zit. nach Finkemeier, Röllig 1998, S. 303f.; »Drey große Fenster mit kleinen viereckigen Scheiben, so oberhalb den Saalfenstern nach dem Garten zu befindlich«, ebd.

291 Inventar von 1740, zit. nach Finkemeier, Röllig 1998, S. 303.

292 Die Rechteckfenster lagen in den bereits bestehenden Wandnischen, die über den äußeren Saalfenstern nachgewiesen werden konnten.

293 Im Inventar von 1724 sind diese Räume noch nicht erwähnt.

294 Contract Mai 1730, BLHA, Pr.Br. Rep. 2 Kurmärkische Kriegs- und Domänenkammer B 1567, Bl. 87/88, zit. nach Finkemeier, Röllig 1998, S. 43.

295 vgl. Finkemeier, Röllig 1998, S. 42f.

296 Die beiden Mezzaninfenster erscheinen noch auf Darstellungen des Schlosses Anfang des 19. Jahrhunderts, wurden dann aber einschließlich der Wandnischen bei der Verlängerung des Wandgebälkes über den gesamten Risalit zugesetzt. Vgl. Finkemeier, Röllig 1998, S. 122ff.

297 Reste des früheren Sockelputzes wurden in Höhe der Deckenbalken der Räume 2 und 8 aufgedeckt. Einen zusätzlichen Beweis liefern die nachträglich aus dem Ziegelmauerwerk ausgebrochenen Mauertaschen, die als neues, höher gelegenes Auflager für die Holzdeckenbalken im Mauerwerk dienen.

298 Ergänzungsbretter sind z.B. über den Holzvertäfelungen in Raum 2 nachweisbar.

299 Die querformatigen Öffnungen haben eine Größe von 1,68 m x 0,87 m. SPSG, Schloss Charlottenburg, Archiv Baudenkmalpflege (ohne Inv.), Ordner 10, Blatt 03 Grundriss 2. OG, Bestandsaufmaß 1964, M 1:50.

300 Laut Untersuchungsergebnis der Restauratorengemeinschaft Jochen Hochsieder.

301 Freundlicher Hinweis von Alfred Hagemann.

302 Die Abmessungen der Mauerziegel betragen im Durchschnitt 25 cm x 12 cm x 7,5 cm.

303 Die Abmessungen der Mauerziegel betragen im Durchschnitt 25 cm x 12 cm x 6 cm.

304 Das Aufmaß wurde erstellt durch das Büro asd, Berlin.

305 Vgl. Inventar 1740. Zitiert nach Finkemeier, Röllig, S. 301.

306 So z.B. für den heutigen Raum 32: »Zwey Fenster, jedes mit 4. Flügel, woran 8. Angeln […].«, zitiert nach Finkemeier, Röllig, S. 301.

307 Die restauratorische Untersuchung erfolgte durch Thomas Tapp, SPSG.

308 Vgl. Inventar 1797, S. 9f.

309 Im östlichen Bereich der Nordfassade war das Gesims nur teilweise einsehbar, daher ist hier die Befundlage uneindeutig.

310 Vgl. Inventar 1824, S. 25.

311 Hier wurden Mauerziegel mit den Maßen 24 cm x 11 cm x 6 cm verwendet, deren Farbigkeit aufgrund des Brennvorgangs in sich stark variiert (verschiedene Gelb-, Grün- und Rottöne).

312 Bundesarchiv, DA 4/866, S. 29f., Schreiben vom 29.01.1952.

313 Entwurf und Ausführung Thomas Tapp, SPSG.

314 Inventar 1797, Raum No. 9.

315 Inventar 1810, Raum No. 1.

316 Finkemeier, Röllig 1998, S. 79.

317 Vgl. Müller-Eschenbach 1939, S. 69–76. In seiner Dissertation über den Kurländischen Spätbarock findet man die bisher ausführlichste Würdigung Graffs.

318 Ebd., S. 71.

319 Vgl. Schonert 1936.

320 Grunz 2009.

321 Finkemeier, Röllig 1998, S. 13.

322 GSTA PK, X HA, Rep. 2A Kriegs- und Domänenkammer, Nr. 1043.

323 Vgl. ebd. und GSTA PK, XI HA, Nr. B 555.

324 Finkemeier, Röllig 1998, S. 18f.

325 Wimmer 2006, S. 11.

326 Ebd.

327 Ebd.

328 Finkemeier, Röllig 1998, S. 32–34.

329 Ebd., S. 41f.

330 BLHA Pr. Br. Rep. 2 Kurmärkische Kriegs- und Domänenkammer D 14733.

331 GSTA PK Rep. 47, T27a, Brief an Frau von Kannenberg vom 12.09.1774.

332 Koninklijk Huisarchief A 32, No. 425.

333 Finkemeier, Röllig 1998, S. 89.

334 GSTA PK Rep. 47, T27a, Brief an Frau von Kannenberg vom 31.10.1775.

335 Finkemeier, Röllig 1998, S. 64f.

336 Ebd., S. 82ff.

337 Schurig 2004, S. 201ff.

338 »Madame. Ich danke Ihnen für das Geschenk, das Sie die Güte hatten, mir zu machen; Sans-Souci wird nicht ruhen, Schönhausen nichts schuldig zu bleiben und wird sich bei erster Gelegenheit revanchieren.« Brief Friedrich II. an Elisabeth Christine vom 10.6.1763. Zitiert nach Hahnke 1848, S. 373.

339 Finkemeier, Röllig 1998, S. 71.

340 Ebd.

341 GSTA PK Rep. 47, T27a, Brief an Frau von Kannenberg vom 03.10.1774.

342 Ebd., Brief Elisabeth Christine an Frau von Kannenberg vom 23.10.1768.

343 Koninklijk Huisarchief A32, No. 420, Brief Friedrich von Maltzahn an Wilhelmine von Oranien, 10.02.1816.

344 Finkmeier 1996, S. 57.

345 Finkemeier, Röllig 1998, S. 132f.

346 Hinz 1937, G., S. 134.

347 Finkemeier, Röllig 1998, S. 149.

348 Ebd.

349 Ebd., S. 157.

350 Ebd., S. 64f.

351 Ebd., S. 67f.

352 Ebd., S. 162, 183.

353 Ebd., S. 163–165, 170–174.

354 Ebd., S. 216f.

355 Roeber, Stoecker, Walther 1998, S. 134–136, 147–149, 169, 182, 190, 196.

356 Vgl. Fibich 2003, S. 34.

357 C. A. Wimmer sieht hier deutliche Parallelen zum Umbau des Schlossparks Bellevue in Berlin-Tiergarten für Theodor Heuss durch Reinhold Besserer in den Jahren 1959/60. Vgl. Wimmer 2006, S. 46.

358 Seine Mutter, Ida Julianne Leonie Lingner, geb. Nowack, stammte aus Brüssel. Vgl. Nowak 1995.

359 Auch die geistige Nähe zu den Architekten Taut oder Scharoun ist in seinen Planungen mit hohem architektonischem bzw. städtebaulichem Anspruch deutlich ablesbar. Kirsten 1990, S. 24.

360 Wimmer 2006, S. 46–48.

361 Ebd., S. 20.

362 Durch seine Frau der KPD nahe, ohne Mitglied zu sein, war er seit November 1946 SED-Mitglied »im festen Glauben an eine bessere Gesellschaft«. Vgl. Kirsten 1990.

363 Vgl. Wimmer 2006, S. 20, Kirsten 1990, S. 29–31 und Nowak 1995, S. 46. Karl Kirschner berichtet von gemeinsamen Exkursionen mit Hermann Mattern und Herta Hammerbacher in den 1950er Jahren.

364 Nowak 1995, S. 47.

365 Vgl. Fibich 2003, S. 30.

366 Ein Beispiel in West-Berlin ist der Ernst-Reuter-Platz, Gesamtentwurf Bernhard Hermkes, 1955, Mittelinsel von W. Düttmann, 1960. Die Planungen der städtischen Berliner Straßenbahn-Betriebs-Gesellschaft für den Platz »Am Knie« der 1920er Jahre nahmen die spätere Konzeption vorweg: Als Knotenpunkt sollte eine große, runde und begrünte Mittelinsel entstehen. Hermkes preis-gekrönter Wettbewerbsentwurf lehnte sich an die Platzidee an, die Mies van der Rohe bereits 1928 für den Alexanderplatz formulierte.

367 Bundesarchiv, DA 4/877, Blatt 325–327; Matthes 2007.

368 Bundesarchiv, DC 20 827.

369 Stürmer 2000, Band II, S. 99.

370 Mündliche Mitteilung von K. Kirschner 1994.

371 IRS, Prinzipskizze Lingners von 1951.

372 Bundesarchiv, DA 4/877, Blatt 326.

373 Spezialglasscheiben 3 x 4 Stück, Bundesarchiv, DA 4, Nr. 874, S. 120.

374 Mündliche Mitteilung von K. Kirschner 2006.

375 Bundesarchiv, DA 4/877, Blatt 325.

376 Progress Film-Verleih GmbH, 27/1956/5.

377 Bundesarchiv, DA 4/877, Blatt 325.

378 Kühnel 2006.

379 Landschaftsarchitektur der DDR im Land Brandenburg, Ausstellung vom 21.09. bis 29.10.2006 in Potsdam, Dr. Peter Fibich.

380 Mündliche Mitteilung Matthes 2009.

381 Staatsbibliothek Berlin, Handschriftensammlung, Nachlass 321, Konv. 13.

382 Bundesarchiv, DA 4/877, Blatt 326.

383 Ebd.

384 Foerster 1936.

385 Carl 1954, S. 139f.

386 Mündliche Mitteilungen von K. Kirschner 1994, 2006, 2007.

387 Wimmer 2006, S. 48.

388 Vgl. Karn 2004, S. 80.

389 Wimmer 2006, S. 33.

390 Zum Forschungsstand siehe Hiller 1997.

391 Vgl. Hiller 1997, S. 23.

392 1910/1911 erfolgte der Umzug der Staudengärtnerei von Berlin-Westend nach Potsdam-Bornim. Sie ist eine der ältesten und berühmtesten Staudengärtnereien Deutschlands.

393 Der Privatgarten ist Zeugnis der Reformgartenzeit des frühen 20. Jahrhunderts und steht seit 1981 unter Denkmalschutz.

394 Zitiert nach Hammerbacher 1982, S. 22. Überdies Bearbeitung vieler Pflanzpläne bei Projekten von Funcke, vgl. Karn 2004.

395 Ausführliche Abhandlung über die Zeit als Landschaftsanwalt bei Hiller 1997, S. 51–99.

396 Reitsam 1999, S. 34–37.

397 Zitiert nach Hilde Göritz. In: Hiller 1997, S. 138.

398 Vgl. Holzhöner 1982, S. 23–36.

399 Zitiert nach Göritz 1938, S. 378.

400 Musiolek 2005, S. 36–37.

401 Musiolek, Kühn 2006, S. 14–17.

402 Staatsbibliothek Berlin, Handschriftensammlung, Nachlass 321, Konv. 13.

403 Bezeichnungen der relevanten Pflanzpläne: »Niederschönhausen/Staudengarten an der Gesellschaftsterrasse« (datiert 1950, unterzeichnet von Lingner, Unterschrift: »Der Gartengestalter«), »Niederschönhausen/Der Wasserpflanzengarten – Bepflanzung und technische Details« (datiert 1950, Unterschrift: »Der Gartengestalter«) sowie »Amtsitz des Präsidenten der DDR/Ergänzungsplan zum Wasserpflanzengarten« (datiert 1951, unterzeichnet von Lingner, Unterschrift: »Der Gartengestalter«).
Angaben zu botanischen Namen, Blütenfarben und Pflanzhöhen: Erhardt, Götz, Bödeker, Seybold 2000, Göritz 1971, Göritz 1988, Foerster 1949, Foerster 1950.

404 Kostenvoranschlag Niederschönhausen, 26. 10. 1950, Staatsbibliothek Berlin, Handschriftensammlung, Nachlass 321, Konv. 13.

405 Zitiert nach Göritz. In: Wimmer 2006, S. 21.

406 Göritz 1971, S. 102.

407 Zitiert nach Holzhöhner 1982, S. 24.

408 Wimmer 2006, S. 39.

409 Die Beziehungen zum Haus Oranien wurden über die Eltern von Christian Albrecht geknüpft. Christian Albrechts Mutter, Ursula Gräfin Solms-Braunfels (1594–1657), und die Mutter der Kurfürstin (131b) waren Schwestern. Sein Vater, Christoph Dohna (1583–1637), war Statthalter von Orange, daneben Mitglied der »Fruchtbringenden Gesellschaft«, die, 1617 gegründet, neustoisch-naturrechtliche, hochpolitische Ideen der Toleranz vertrat.

410 Bömelburg 2004.

411 Dohna 1962, S. 386.

412 Dohna-Schlobitten 1994, S. 20.

413 Nach Einschätzung des Neffen Heinrich Dohna. Zitiert aus: Dohna 1988, S. 364.

414 Dohna 1988. Ich danke Lothar Graf zu Dohna für seine Hinweise und Anregungen.

415 Der nicht datierte, vermutlich 1707 verfasste Brief ist abgedruckt in: Peschken 2001, S. 133f. Der Autor stellt in seiner stilkritischen Analyse fest, dass die Decke der Königlichen Mittelstube in Schlobitten nach einem Entwurf Schlüters ausgeführt sei.

416 Zu Broebes siehe Heckmann 1989, S. 166–176, hier S. 169 mit Abb. des Broebes-Entwurfs für Schlobitten. Zu Hindersinn siehe Heckmann 1989, S. 243–246. Ausführliche Darstellung der Baugeschichte in: Grommelt, Mertens 1962.

417 Zu den sogenannten »Königsschlössern« Schlobitten, Friedrichstein (1709–1714), Dönhoffstedt (1710–1714), Finckenstein (1716–1720) und Schlodien (1702–1704) vgl. Heck 2006, S. 132–135 und Kuke 2001.

418 Vgl. Birgit Franke und Barbara Welzel, Tapisserien in Friedrichstein, in: Heck/Thielemann 2006, S. 211–225, zu den Teppichen in Schlobitten S. 220 und Windt 2000.

419 Krollmann 1962, S. 397.

420 Grommelt, Mertens 1962, S. 160, 430, Anm. 50, und Krauske 1905, Brief Nr. 317.

421 Krollmann 1962, S. 397.

422 Dohna-Schlobitten 1990, S. 291.

423 Ebd., S. 274.

424 Im Zweigmuseum des Museums für das Ermland und Masuren in Allenstein/Olsztyn, das im 1945 zerstörten und mit Unterstützung Fürst Alexanders wiederaufgebauten »Dohna-Schlösschen« in Mohrungen eingerichtet wurde, befindet sich eine weitere größere Sammlung von Bildnissen der Familie, die aus dem Schloss Schlodien (1986 durch Brandschatzung zerstört) gerettet werden konnte (Ausstellungskatalog Portret Holenderski 1993).

425 Seidel 1895. Göres 1994. Göres 1999, S. 164.

426 Die Erwerbung erfolgte im Rahmen des Kulturförderprogramms der Bundesregierung für die neuen Bundesländer für die Stiftung Schlösser und Gärten Potsdam-Sanssouci mit Blick auf die Gründung der SPSG Berlin-Brandenburg (1994).

427 Dohna-Schlobitten 1990, S. 305.

428 Der für Herzog Philipp II. von Pommern angefertigte Kunstschrank war seit 1684 in Berlin im Besitz der Kurfürstin Dorothea von Brandenburg (Die Brandenburgisch-Preußische Kunstkammer 1981. Ausstellungskatalog. Kat. Nr. 1). Siehe auch den Beitrag von Barbara Mundt in: Laue 2008, S. 32–37.

429 Zitiert aus: Alfter 1986, S. 30. Dessen Studie bildet heute das Fundament der Forschung zu Augsburger Kabinettschränken.

430 SPSG Inv. Nr. GK IV 2260, alte Schlobitten Inv. Nr. M 91. H: 136 cm, B: 111,2 cm, T: 49,4 cm. Grommelt, Mertens 1962, S.167, 481, Abb. 96. Alexander Fürst zu Dohna-Schlobitten 1990, S. 6f. Ausstellungskatalog. Schatzkästchen 1989, S. 118. Restaurierungsbericht von Margareta von Kienlin 1996.

431 Breitenbach, 1958.

432 O'Dell-Franke 1977, Taf. 83, Nr. g 78 – g 81.

433 Hinweis von Dieter Alfter.

434 Alfter 1986, Kat. Nr. 20 und Kat. Nr. 21 mit Abb. Der erstgenannte, 1625/1630 datierte Hamburger Schrank trägt den 1625 für Augsburger Prunkmöbel eingeführten Herkunftsstempel, was die Datierung des Kabinettschrankes aus Schlobitten kurz vor oder nach 1625 begründet.

435 SPSG Inv. Nr. X 3200–X 3220, alte Schlobitter Inv. Nr. S 40– S 47. Grommelt, Mertens 1962, S. 163, S. 283, S. 503, mit Abb. Und: Börsch-Supan 1980, S. 98f., Nr. 64, mit Abb.

436 Laut Rechnungen im Schlobitter Archiv fertigte der Berliner Hofgoldschmied Johann Christian Lieberkühn 1704 eine ebensolche Toilettegarnitur, die Alexanders Tochter Charlotte Louise zur Hochzeit bekam. Auch die älteste Tochter Amélie Louise, verwitwete Gräfin Dönhoff, erhielt 1718 eine solche Garnitur von ihrem Vater zum Geschenk. Grommelt, Mertens 1962, S. 283.

437 Hahn, Schütte 2003. Vgl. den ausführlichen Kommentar von Bernhard Heitmann zum Augsburger Toiletteservice (um 1720) im Museum für Kunst und Gewerbe Hamburg. In: Silber und Gold. Ausstellungskatalog 1994, Kat. Nr. 120.

438 Grommelt, Mertens 1962, S. 283, 503, mit Abb. SPSG Inv.Nr. GK X 3228, alte Schlobitter Inv. Nr. S 25.

439 Zwei große, sechs kleine Dosen und ein »Aufsätzchen« waren 1809 an den Staat zur Zahlung der Kontributionen an Napoleon abgeliefert worden. Grommelt, Mertens 1962, S. 503. Die Tischglocke trägt nicht, wie bei Christine von Mertens angegeben, das Augsburger Beschauzeichen, sondern ist eine Berliner Arbeit von Ehrenfried Schönberger. Dem Service beigegeben ist ein kleiner Trichter (SPSG Inv. Nr. GK X 3219, alte Schlobitter Inv. Nr. S 50) mit Augsburger Beschau, angefertigt von Friedrich I Schwestermüller.

440 Preußen 1701. Ausstellungskatalog 2001, Kat. Bd., S. 32–34, Kat. Nr. II.5. Und: Grommelt, Mertens, 1962, S. 321, 328 mit Abb.

441 So z.B. ein Becher im Corning Museum of Glass und ein ähnlicher heute in Stuttgart aufbewahrter Becher der Sammlung Wolf, zugeschrieben Gottfried Spiller und datiert in die 1690er Jahre. Vgl. Herrliche Künste. Ausstellungskatalog 2001, S. 259f., Kat. Nr. 186, 187 und S.157 (Farbabb.).

442 Stengel 1948, S.10, 52.

443 Ausstellungskatalog Düsseldorf, 1968, S. 80, Kat. Nr. 217. Und: Grommelt, Mertens, 1962, S. 322, 333, mit Abb.

444 Zum Beispiel »Neues Groteschgen Werk vor Goldschmidt, Glasschneider und andere Künstler, inventiert durch P. Decker Architectum«, Nürnberg 1700.

445 Schmidt 1914, Tafel 27, Nr.1. Klesse, Reineking, von Bock 1973, S. 193, Kat. Nr. 411, Taf. 23.

446 SPSG Inv.Nr. GK I 30268, alte Schlobitten Inv. Nr. Gem. 147. 84 x 97 cm. Grommelt, Mertens 1962, S. 218, 491, mit Abb.

447 Zitiert nach Grommelt, Mertens 1962, S. 218.

448 Bei dem Gemälde von Schoonjahns handelt es sich um die nicht erhaltene Replik des im Charlottenburger Schloss hängenden Porträts des 14-jährigen Kronprinzen als David. Preußen 1701. Ausstellungskatalog 2001, Kat. Nr. I.4 mit Abb. Weidemann malte 1713 das lebensgroße Bild des Königs als Gegenstück zum Porträt Friedrichs I. für den Festsaal in Schlobitten. Gerettet werden konnte das um 1720 entstandene Porträt des Königs im Profil von Antoine Pesne. Vgl. Grommelt, Mertens 1962, Abb. 157.

449 SPSG Inv. Nr. GK X 3223, alte Schlobitter Inv. Nr. S 4. H: 18 cm, B: 20 cm, Dm. 16 cm. Grommelt, Mertens 1962, S. 284, 506, mit Abb.

450 Medaille des Danziger Medailleurs Johann Höhn. Vgl. Brockmann 1994, Nr. 279 mit Abb.

451 SPSG Inv. Nr. GK X 3224, alte Schlobitten Inv. Nr. S 2. H: 20 cm, B: 22,5 cm, T: 17,5 cm. Grommelt, Mertens 1962, S. 286, S. 505f.

452 SPSG Inv. GK XII 1115–1126, alte Schlobitter Inv. Nr. P 177. Terrine: H: 25 cm B: 36,7 cm, T: 24,5 cm, Fruchtkörbe oval. H. 10 cm, B: 28,5/28,2 cm, T: 22,5 cm, Fruchtkorb rund: H: 9 cm, B: 22 cm, T: 19,3 cm, Teller: Dm. 24,5/25 cm. Grommelt, Mertens 1962, S. 307, 509, mit Abb. der Terrine. Und: Dohna-Schlobitten 1995, S. 26.

453 Baer 1989, Abb. S. 43. Keisch 1992, S. 301.

454 Einzelteile der »Kohlblattservice«-Serie sind vom Dohna'schen Service erhalten, in der Bemalung jedoch von deutlich geringerer Qualität als beim Service für die Zarin (Von Sanssouci nach Europa 1994. Ausstellungskatalog. Kat. Nr. 9 mit Abb., Natalia Kasakewitsch).

455 Vgl. den Aufsatz von Alexander Fürst zu Dohna, Erinnerungen an das Leben im Schloß Schlobitten. In: Grommelt, Mertens 1962, S. 401–419, hier S. 413f.

Chronologie

1375/76
Erste Erwähnung von Schönhausen.

1662
Erwerb der Lehnsherrschaft Niederschönhausen durch Christoph Albrecht und Sophie Theodore von Dohna.

1664
Bau des ersten Schlosses (»petit palais«) – vermutlich gegenüber dem heutigen Schloss, auf der anderen Seite der Straße.
Anlage des Straßenkreuzes (heute Ossietzky-/Tucholskistraße) und eines holländischen Gartens mit Meierei.

1680
Joachim von Grumbkow erwirbt das Anwesen.

ca. 1685–1690
Grumbkow lässt das bis heute im Kern erhaltene Schloss als kleine, dreigeschossige Dreiflügelanlage errichten.
Vermutlich wird in diesem Zeitraum auch die halbrunde Orangerie erbaut.

1691
Kurfürst Friedrich III. erwirbt das Anwesen.

1695–1698
Umbau des Schlosses durch Johann Arnold Nering. Einbau der heute noch erhaltenen Stuckdecken im ersten Obergeschoss. Anbau von kleinen Pavillons an den seitlichen Fassaden.

1699/1700
Die wichtigen Abstimmungsgespräche zwischen dem »Dignitätsconseil« und Friedrich III. über seine geplante Erhebung zum König in Preußen finden regelmäßig in Schönhausen statt.

1704–1709
Ausbau des Schlosses durch Johann Friedrich Eosander. Neubau der seitlichen Pavillons als dreiachsige, eingeschossige Anbauten. Durch Abbruch der Zwischenwände und -decken im Erdgeschoss wird ein durchgehender, dreigeschossiger Saal geschaffen.
Umgestaltung und Erweiterung des Schlossgartens durch Eosander zu einem modernen Barockgarten.

1735–1740
Erste Besuche der Kronprinzessin Elisabeth Christine in dem verfallen Schloss und Garten Schönhausen.

1740
Elisabeth Christine werden Schloss und Garten von ihrem Gatten, Friedrich II., als Sommersitz zugesprochen.

1740/41
Renovierung im Inneren des Schlosses. Die Räume werden mit Malereien auf Putz, neuen Türen und Kaminen stilistisch modernisiert.
Instandsetzung des Gartens und Erweiterung nach Osten um die Panke-Auen und das sogenannte Eichholz.

1750
Westlich des Schlosses wird die Plantage Schönholz angelegt (heute Volkspark Schönholzer Heide).

1760–1763
Während des Siebenjährigen Krieges hält sich die Königin drei Jahre in der Festung Magdeburg auf. Im Oktober 1760 wird Schloss Schönhausen geplündert und die Inneneinrichtung schwer in Mitleidenschaft gezogen.

1763/64
Rückkehr der Königin nach Berlin.
Johan Michael Boumann d. Ä. erhält den Auftrag, Schloss Schönhausen auszubauen. Durch die Überbauung des Ehrenhofes mit einer Treppe und den Ausbau der Pavillons auf die volle Höhe und Breite des Kernbaus wird das Schloss auf das Doppelte erweitert. Das Innere wird durch das Anheben der Erdgeschossdecken und die Unterteilung des Saales in zwei Einzelsäle stark verändert. Durch die Neuausstattung mit Kaminen, Spiegeln und Stuckdekorationen (von J. M. Graff) wird Schönhausen ein Meisterwerk des späten Rokoko.

1775–1777
Umbau der alten Orangerie zu Wohnungen für die Hofdamen.

1777
Bau der neuen Orangerie. Anlage erster Partien im frühen landschaftlichen Stil.

1790er Jahre
Die Königin modernisiert das Innere des Schlosses mit Papiertapeten.

1798
Sommeraufenthalt von Prinzessin Fredericke, der Schwester von Königin Luise.

1798–1802
Sommeraufenthalte von Wilhelm VI. von Oranien während seines Exils in Berlin.

1806–1813
Sommeraufenthalte von Wilhelmine von Oranien, der Schwester Friedrich Wilhelms III.
Kleinere Reparaturen und Modernisierungen der Ausstattung.
Reparaturen und Pflegemaßnahmen im Garten mit dem Ziel, den Zustand unter Elisabeth Christine wiederherzustellen.

1816
Abriss der alten Orangerie.

1816–1822
Sommeraufenthalte von Prinzessin Marianne von Preußen.

1825–1837
Sommeraufenthalte von Prinzessin Fredericke, jetzt Herzogin von Cumberland.
Peter Joseph Lenné wird mit der Neugestaltung des Gartens im klassischen landschaftlichen Stil beauftragt. Bau der Pergola an der Südseite des Schlosses.

1840–1842
Sommeraufenthalte der Fürstin Liegnitz, der zweiten Ehefrau Friedrich Wilhelms III.

1902
Das einsturzgefährdete Dach wird durch ein niedriges Notdach ersetzt.

1918–1925
Nach der Revolution wird das Schloss dem Preußischen Staat zugesprochen.
Die sogenannten Bauernwiesen im nordöstlichen Parkteil werden mit Kleingärten und öffentlichen Einrichtungen überbaut. Ein Bebauungsplan von 1923 schützt den Park vor weiterer Überbauung. 1924 werden die Nutzgärten an eine Baumschule verpachtet.

1928
Ein Feuer beschädigt vor allem das Haupttreppenhaus.

1931–1942
Ausstellungen des Künstlerbundes Norden im Schloss.

1935/36
Das Schloss wird durch Erich Schonert zu einem modernen Ausstellungshaus umgebaut. Dabei werden vor allem im Erdgeschoss zahlreiche historische Räume zugunsten der modernen Infrastruktur zerstört. Die Haupttreppe wird durch Unterzüge aus Stahl gesichert.

1938–1941
Das Schloss wird als Zentrallager für »Entartete Kunst« genutzt.

1945–1947
Die Sowjetische Militäradministration übernimmt das Schloss nach dem Zweiten Weltkrieg mit leichten Schäden und richtet eine Schule für Kinder der Militärangehörigen ein.
Bei der Erweiterung des Küchenbereiches werden weitere historische Räume im Erdgeschoss zerstört.

1949
Das Schloss wird zum Sitz des Präsidenten der DDR erklärt. Vereidigung der ersten DDR-Regierung durch Wilhelm Pieck in Schönhausen am 12. Oktober 1949.
Durch die Ummauerung eines inneren Gartenbereichs wird der Schlosspark in zwei Teile zerschnitten.

1949–1951
Das Schloss wird zum Amtssitz umgebaut und neu eingerichtet. Beim Umbau der Marmorgalerie zum Kino werden Teile der Dekorationen des 18. Jahrhunderts zerstört.
Am südlichen Zugang entsteht der Neubau der Präsidialkanzlei, im Norden ein Garagenkomplex. Für den inneren Gartenteil entwirft Reinhold Lingner einen der Moderne verpflichteten Garten. Der äußere Gartenbereich wird zum Volkspark.

1960–1964
Nach dem Tod Wilhelm Piecks tagt der neugegründete Staatsrat in Schloss Schönhausen.

1964–1966
Nach dem Auszug des Staatsrates wird Schloss Schönhausen zum Gästehaus der DDR-Regierung. Hans Hoßfeld leitet Umbau und Neueinrichtung. Im ganzen Haus werden neue Parkettböden und Heizungsgitter eingebaut. In der Nordhälfte des ersten Obergeschosses wird der Grundriss beim Einbau des Staatsgästeappartements entscheidend verändert.
Am westlichen Eingang wird das Appartementhaus errichtet.
Der Garten wird nach Entwürfen von Karl Kirschner instand gesetzt und modernisiert.

1978
Anlässlich des geplanten Besuchs von Schah Reza Pahlevi werden Teile des Schlosses neu eingerichtet und ein weiteres Gästeappartement eingebaut.

1983
Erneuerung der Fassade mit Glaskröselputz. Abriss des Kastellanhauses.

1989/90
Michail Gorbatschow weilt zu Feierlichkeiten anlässlich des 40. Jahrestages der DDR in Schönhausen. In der Präsidialkanzlei tagt der zentrale Runde Tisch. Die Zwei-plus-Vier-Gespräche über die Deutsche Einheit finden in der Präsidialkanzlei statt.

1991
Erste Öffnung des Areals für die Bevölkerung.

1993/94
Neueindeckung des Daches.
Zuschüttung des Seerosenbeckens und Rückbau der Rosenpergola.

2005–2009
Die SPSG übernimmt die Sanierung des Schlosses. Neueindeckung des Daches, Dekontaminierung der Schlossräume, Neuverputzung der Fassade, Erneuerung der Haustechnik und Restaurierung der historischen Ausstattungselemente. Wiederherstellung des Gartenhofes, der Gesellschaftsterrasse und des Gräsergartens. Wiederaufrichtung der 1992 eingestürzten Pergola.

18. Dezember 2009
Eröffnung des Museumsschlosses Schönhausen.

Glossar

Altan: ein Austritt ins Freie aus einem oberen Stockwerk, der, im Gegensatz zu einem Balkon, nicht freitragend, sondern unterbaut ist.

Annex: Anfügung, Anbau.

Blendfenster: eine Wandnische in Form eines Fensters, die zur symmetrischen Gestaltung von Fassaden eingesetzt wird.

Blumenparterre: ebene Fläche aus mehreren rechteckigen, von Blumenrabatten gerahmten Rasenstücken.

Boiserie: eine Wandverkleidung mit Holz.

Boskett: dichtgeschnittene Hecken und Bäume, die grüne Wände und Räume bilden.

Brüstungslinie: waagerechte Linie in Verlängerung der unteren Fensterabschlüsse.

Dendrochronologie: Altersbestimmung von Hölzern aufgrund der charakteristischen Abfolge von Jahresringen.

Feston: bogenförmig hängende, aus Stuck oder Holz gefertigte Girlande, meist aus Blüten, Blättern und Früchten.

Gesims: aus einer Mauer hervortretender, waagerechter Streifen. Oft als Gurtgesims zur optischen Trennung von Geschossen.

Korbbogen: Bogen, der nicht halbkreisförmig ist, sondern im Scheitel abflacht.

Kubatur: dreidimensionale Grundform eines Baukörpers.

Küchenquartier: Beet für Küchengewächse.

Laibung: Schnittfläche, die entsteht, wenn eine Öffnung (Tür oder Fenster) senkrecht in eine Mauer eingeschnitten wird.

Lisene: flacher, schmaler Wandstreifen, als vertikales Gliederungselement einer Wandfläche vorgelegt.

Lustquartier: im Gegensatz zum Küchenquartier der Teil eines Gartens, der der Erholung und Unterhaltung dient.

Mansarddach: zweigeschossige Dachkonstruktion, deren untere Flächen steiler geneigt sind als die oberen, wodurch ein charakteristischer Knick in der Dachlinie entsteht.

Mezzaningeschoss: Geschoss eines Gebäudes, das wesentlich niedriger ist als die anderen Etagen (Halbgeschoss). Die entsprechend kleineren Fenster werden als Mezzaninfenster bezeichnet.

Pilaster: ähnlich einer Lisene, jedoch mit einem hervorgehobenen unteren und oberen Abschluss in Form einer Basis und eines Kapitells.

Pleasureground: besonders aufwendig mit Blumen und/oder Skulpturen gestalteter Rasenplatz direkt vor einem Gebäude.

Rustika: Mauerwerk aus Quadersteinen, deren Fugen als Gestaltungsmittel bewusst betont sind. Besteht die Gestaltung nicht aus wirklichen Steinen, sondern sind Quaderrechtecke und Fugen nur aus Putz aufgetragen, spricht man von Putzquaderung oder Putzrustika.

Rabitzdecke: Deckenkonstruktion aus einem Drahtgerippe als Träger für Putzmörtel, häufig für nichttragende, abgehängte Decken verwendet.

Risalit: vorspringender Teil eines symmetrisch angelegten Gebäudes.

Streifenfundament: Im Gegensatz zu einem Plattenfundament, bei dem der gesamte Bauplatz fundamentiert wird, erfolgt hier die Gründung nur streifenförmig direkt unter den tragenden Mauern.

Supraporte: durch Malerei, Stuck oder Schnitzereien gestaltetes Zierfeld über einem Türsturz.

Traufe: waagerechte untere Kante und Regenwasserablaufseite eines Dachvorsprunges.

Verkröpfung: das Herumführen eines oder mehrerer waagerechter Gesimse um einen senkrechten Wandvorsprung.

Voute: gewölbter Übergang zwischen Wand und Decke.

Literaturverzeichnis

Adlersfeld-Ballestrem, Eufemia von: Elisabeth Christine, Königin von Preußen, Herzogin von Braunschweig-Lüneburg. Das Lebensbild einer Verkannten. Berlin 1908.

Albrecht, Ulrich: Die Abwicklung der DDR. Die ›2+4-Verhandlungen‹. Ein Insider-Bericht. Opladen 1992.

Alfter, Dieter: Die Geschichte des Augsburger Kabinettschranks. Augsburg 1986. In: Schwäbische Geschichtsquellen und Forschungen Bd. 15.

Badstübner, Rolf / Loth, Winfried (Hrsg.): Wilhelm Pieck. Aufzeichnungen zur Deutschlandpolitik 1945–1953. Berlin 1994.

Baer, Winfried: Berliner Porzellan aus dem Belvedere/Schloss Charlottenburg. Berlin 1989.

Bahl, Peter: Der Hof des Großen Kurfürsten. Studien zur höheren Amtsträgerschaft Brandenburg-Preußens, 2 Bde.. Köln/Weimar/ Wien 2001.

Bartós, Magdalena / Wróblewska, Kamilla: Portret Helonderski w Zwiorach Muszeum Warmii i Mazur w Olstynie. Ausstellungskatalog Muzeum Warmii i Mazur. Olstyn 1993.

Baumstark, Reinhold / Seling, Helmut (Hrsg.): Silber und Gold. Augsburger Goldschmiedekunst für die Höfe Europas, Ausstellungskatalog Bayerisches Nationalmuseum. München 1994.

Bayerlacher, Wolfgang / Lindner, Roland / Schiesau, Hermann: Die DDR in Süd- und Südostasien. In: Siegfried Bock u.a. (Hrsg.): DDR-Außenpolitik im Rückspiegel. Diplomaten im Gespräch. Münster 2004.

Bergau, R.: Inventar der Bau- und Kunstdenkmäler in der Provinz Brandenburg. Berlin 1885.

Beschloss, Michael R. / Talbott, Strobe: Auf höchster Ebene. Das Ende des Kalten Krieges und die Geheimdiplomatie der Supermächte 1989–1991. Düsseldorf 1994.

Bielfeld, Jakob Friedrich von: Lettres Familieres Et Autres, Leiden 1767.

Biskup, Thomas: The hidden Queen – Elisabeth Christine of Prussia and Hohenzollern Queenship in the Eighteenth Century. In: Clarissa Campbell Orr (Ed.): Queenship in Europe 1660–1815. The Role of the Consort. Cambridge 2004.

Boeck, Wilhelm: Oranienburg. Geschichte eines preußischen Königsschlosses. Berlin 1938.

Bömelburg, Hans-Jürgen: Reformierte Eliten im Preußenland – Religion, Politik und Loyalitäten in der Familie Dohna (1560–1660). In: Archiv für Reformationsgeschichte 95, 2004, S.210–239.

Bonwetsch, Bernd / Gennadi Bordjugov: Stalin und die SBZ. Ein Besuch der SED-Führung in Moskau vom 30. Januar – 7. Februar 1947. In: VfZ, 42/1994, S. 279–303.

Borchert, Jens: Erziehung im DDR-Strafvollzug. Theoretische und gesetzliche Grundlagen sowie Durchführung in der Strafvollzugseinrichtung Torgau. Herbolzheim 2002.

Börsch-Supan, Helmut: Die Kunst in Brandenburg-Preußen. Ihre Geschichte von der Renaissance bis zum Biedermeier, dargestellt am Kunstbesitz der Berliner Schlösser. Berlin 1980.

Bouvier, Beatrix: Ausgeschaltet! Sozialdemokraten in der Sowjetischen Besatzungszone und in der DDR 1945–1953. Bonn 1996.

Brockmann, Günter: Die Medaillen Joachim I. – Friedrich Wilhelm I., Bd.1. Köln 1994.

Büsching, Anton Friedrich: Beyträge zu der Lebensgeschichte denkwürdiger Personen, insbesondere gelehrter Männer, Sechster Teil. Halle 1789.

Carl, Frank Erich: Kleinarchitekturen in der Deutschen Gartenkunst. Eine Entwicklungsgeschichtliche Studie. Berlin 1956.

Crowley, David / Pavitt, Jane: Cold War Modern. Design 1945–1970. London 2008.

Czok, Berthold: Chronologische Synopsis ausgewählter Wappensiegel aller Landesherren von Brandenburg-Preußen von 1417 bis 1918. In: Archivmitteilungen, 1994, S.15–28.

Georg Dehio: Denkmalschutz und Denkmalpflege. In: Ders.: Kunsthistorische Aufsätze. München/Berlin 1914, S. 261–282.

Dehio, Georg: Denkmalpflege und Museen. In: Ders.: Kunsthistorische Aufsätze. München/Berlin 1914, S. 283–293.

Dehio, Georg: Handbuch der Deutschen Kunstdenkmäler, bearbeitet von Michael Bollé u. a., 3., durchgesehene und ergänzte Auflage. München/Berlin 2006

Deus, Ruthild: Elisabeth Christine von Braunschweig-Bevern, Königin von Preußen. Berlin 1996.

Deutsches Historisches Museum: Deutsche im Osten. Geschichte, Kultur, Erinnerungen. Ausstellungskatalog. Berlin 1994.

Diekmann, Friedrich / Flierl, Thomas / Müller, Harald (Hrsg.): Sanieren oder Demolieren. Berlins Opernalternative. Sonderausgabe der Zeitschrift Theater der Zeit, Juli 2008.

Dietrich, Torsten: Waffen gegen das Volk. Der 17. Juni 1953 in der DDR. München/Oldenbourg 2003.

Dönhoff, Marion, Gräfin: Namen die keiner mehr kennt, Ostpreußen – Menschen und Geschichten. München 1993 (1. Auflage 1964).

Dohna, Siegmar Graf zu: Kurfürstliche Schlösser in der Mark Brandenburg, Teil 1. Berlin 1890.

Dohna, Lothar, Graf: Die Dohnas und Schlobitten. In: Grommelt / Mertens 1962, S.371–387.

Dohna, Lothar, Graf: Vom Kirchenkampf zum Widerstand. Probleme der Widerstandsforschung im Brennspiegel einer Fallstudie. In: Deutschland und Europa in der Neuzeit, Festschrift für Karl Otmar Freiherr von Artetin zum 65. Geburtstag. Stuttgart 1988, S. 857–879.

Dohna-Schlobitten, Alexander, Fürst: Erinnerungen eines alten Ostpreußen. Berlin 1990.

Dohna-Schlobitten, Alexander, Fürst: Schloß Schlobitten, Bau und Ausstattung durch die Dohnaschen Besitzer, unveröffentlichtes Manuskript.

Dohna, Lothar, Graf: Die Anfänge von Schloss und Garten Schönhausen. In: Porticus, 2/2009, S.13–14.

Dokumente zur Außenpolitik der Regierung der DDR, Bd. 1. Berlin 1954.

Dussiex, Louis: Les artistes franVais a l'étranger. Paris 1856.

Düwel, Jörn / Durth, Werner: Auf der Suche nach dem politischen Zentrum. Staatsarchitektur in der Hauptstadt der DDR. In: Heinrich Wefing (Hrsg.): »Dem deutschen Volke«. Der Bundestag im Berliner Reichstagsgebäude. Bonn 1999.

Eggeling, Tilo: Ein unbekanntes Schloß im Norden Berlins. In: Museumsjournal 3/1993.

Eggeling, Tilo: Königsschlösser Museumsschlösser. Potsdam 1998.

Erler, Peter: Lager X. Das geheime Haftarbeitslager des MfS in Berlin Hohenschönhausen (1952–1972). Fakten – Dokumente – Personen, Arbeitspapiere des Forschungsverbundes SED Staat Nr. 25/1997. Berlin 1997.

Fiebich, Peter: Zwischen Rückbesinnung und Neubeginn. Zum Traditionsverständnis Reinhold Lingners (1902–1968). In: Stadt + Grün 3/2003, S. 30–35.

Finkemeier, Dirk: Die Geschichte des Schloßparks Niederschönhausen. Ein Beitrag zu einem Entwicklungs- und Restaurierungskonzept aus gartendenkmalpflegerischer Sicht. Diplomarbeit an der TU Berlin, Institut für Landschaftsökonomie, 2 Bde., unveröffentlicht. 1996.

Finkemeier, Dirk / Röllig, Elke: Vom ›petit palais‹ zum Gästehaus. Schloss und Park Schönhausen in Pankow/Niederschönhausen. Berlin 1998.

Flechtheim, Ossip K.: Die KPD in der Weimarer Republik. Hamburg 1986.

Foerster, Karl: Der Steingarten der sieben Jahreszeiten. 12. Auflage. Stuttgart 1936.

Fidicin, Ernst: Geschichte des Kreises Nieder-Barnim. Berlin 1857.

Garber, Klaus / Komorowski, Manfred / Walter, Axel E. (Hrsg.): Kulturgeschichte Ostpreußens in der Frühen Neuzeit. Tübingen 2001.

Germanisches Nationalmuseum Nürnberg: Schätze Deutscher Goldschmiedekunst von 1500 bis 1920 aus dem Germanischen Nationalmuseum. Ausstellungskatalog in Verbindung mit dem Stadtmuseum Ingolstadt, dem Deutschen Goldschmiedehaus Hanau und dem Ostpreußischen Landesmuseum Lüneburg. Berlin 1992.

Gniffke, Erich W.: Jahre mit Ulbricht. Köln 1966.

Göres, Burkhardt: Zur Geschichte der Silberschätze in den preußischen Schlössern. In: Gold und Silber. Ausstellungskatalog, 1994, Bd. 1, S.68–75.

Göres, Burkhardt: Silber im Schloß Sophie Charlottes und Friedrichs I. In. Sophie Charlotte und ihr Schloß. Ausstellungskatalog, 1999, S.164–170.

Granier, Herman: Die Russen und Österreicher in Berlin im Oktober 1760. In: Hohenzollerjahrbuch. Berlin 1898, S. 115–145.

Grommelt, Carl / Mertens, Christine von: Das Dohnasche Schloß Schlobitten in Ostpreußen. Stuttgart 1962.

Hagemann, Alfred P.: Wilhelmine von Lichtenau. Von der Mätresse zur Mäzenin. Köln 2007.

Hagemann, Alfred P.: Ein Preußenschloss für den Arbeiter- und Bauernstaat – Schloss Schönhausen 1945–1990. In: Zeitenblicke 7/2008, Nr. 1, [05.06.2008] URL: http://www.zeitenblicke.de/2008/1/hagemann/index_html, URN: urn:nbn:de:0009-9-13178 (25.4.2009).

Hagemann, Alfred P.: Der König, die Königin und der preußische Hof. Schlaglichter auf eine schwierige Beziehung im Spiegel der Berichterstattung der »Königlich Privilegirten Berlinischen Zeitung von Staats- und gelehrten Sachen« 1740–1786. In: perspectivia.net, 2009. URL: http://www.perspectivia.net/content/publikationen/friedrich300-colloquien/friedrich-hof/Hagemann_Zeitung

Hahn, Peter-Michael (Hrsg.): Herrenhäuser in Brandenburg und der Niederlausitz. Berlin 2000.

Hahn, Peter-Michael / Schütte, Ulrich: Thesen zur Rekonstruktion höfischer Zeichensysteme in der Frühen Neuzeit, Veröffentlichung anlässlich Berliner Tagung »Zeichen, Raum und Zeremoniell an den deutschen Höfen der frühen Neuzeit« vom 7. bis 9. März 2003, veranstaltet vom DHM und vom Rudolstädter Arbeitskreis zur Residenzkultur. URL: http://www.rudolstädter-arbeitskreis.de

Hahnke, Friedrich Wilhelm von: Elisabeth Christine, Königin von Preußen, Gemahlin Friedrichs des Großen. Berlin 1848.

Haspel, Jörg / Frank Schmitz: Die Staatsoper. Denkmalwerte und Denkmalpflege. In: Diekmann / Flierl / Müller 2008.

Heck, Kilian: Die Architektur von Friedrichstein im deutschen und europäischen Kontext. In Hecke / Thielmann 2006, S.98–135.

Heck, Kilian / Thielemann, Christian (Hrsg.): Friedrichstein. Das Schloss der Grafen Döhnhoff in Ostpreußen. München/Berlin 2006.

Heckmann, Herrmann: Baumeister des Barock und Rokoko in Brandenburg-Preußen. Berlin 1998.

Heitmann, B: Die deutschen sogenannten Reise-Service und die Toilettegarnituren von 1680 bis zum Ende des Rokoko und ihre kulturgeschichtliche Bedeutung. Hamburg 1979.

Hinterkeuser, Guido: Das Berliner Schloss. Der Umbau durch Andreas Schlüter. Berlin 2003.

Hinz, Gerhard: Peter Joseph Lenné und seine bedeutendsten Schöpfungen in Berlin und Potsdam. Berlin 1937.

Hohenzollern, Johann Georg Prinz von (Hrsg.): Friedrich der Große. Sammler und Mäzen. Ausstellungskatalog. Kunsthalle der Hypo-Kulturstiftung München. München 1992.

Hüneke, Andreas: »Dubiose Händler operieren im Dunst der Macht«. Vom Handel mit »entarteter« Kunst. In: Alfred Flechtheim. Sammler, Kunsthändler, Verleger. Kunstmuseum Düsseldorf, 1987.

Hüneke, Andreas: Was Fotos »entarteter« Kunst erzählen. In: Jahrbuch Preußischer Kulturbesitz, Bd. 33. Berlin 1997.

Hüneke, Andreas: Sozusagen ein Dokument. Zeichnungen zur »Entarteten Kunst«. In: Weltkunst, 71, 2001, Nr. 13.

Hüneke, Andreas: Deutsche Kunst und Entartete Kunst 1932–1939 in Oslo. In: 1905–1935. Ekspresjon! Edvard Munch – Tysk og norsk Kunst i tre Tiär, Munch-Museet. Oslo 2005.

Joepchen, Paula: Die Gemahlin Friedrichs des Großen. Elisabeth Christine als Schriftstellerin. Dissertation. Köln 1940.

Jeuthe, Gesa: Die Moderne unter dem Hammer. Zur »Verwertung« der »entarteten« Kunst durch die Luzerner Galerie Fischer 1939. In: Uwe Fleckner (Hrsg.): Angriff auf die Avantgarde. Kunst und Kunstpolitik im Nationalsozialismus (= Schriften der Forschungsstelle »Entartete Kunst«, Bd. 1).

Keisch, Christiane: Friedrich der Große und sein Porzellan, Die Königlichen Tafelservice. In: Friedrich der Große. Ausstellungskatalog, 1992, S. 298–302.

Kelletat, Alfred: Simon Dach und der Königsberger Dichterkreis. Stuttgart 1986.

Kirsten, Rüdiger: Die sozialistische Entwicklung der Landschaftsarchitektur in der Deutschen Demokratischen Republik – Ideen, Projekte und Personen – unter besonderer Berücksichtigung des Wirkens von Reinhold Lingner. Dissertation an der Hochschule für Architektur und Bauwesen Weimar, unveröffentlicht, 1989.

Klesse, Brigitte / Mayr, Hans: Veredelte Gläser aus Renaissance und Barock, Sammlung Ernesto Wolf. Wien 1987.

Klesse, Brigitte / Reineking von Bock, Gisela: Glas. Kunstgewerbemuseum der Stadt Köln. 2. Auflage. Köln 1973.

Klinger, Christoph: Eine Million rote Rosen zum Dank – Die Teilnahme dänischer Jugendlicher an den X. Weltfestspielen 1973 in Ost-Berlin. Magisterarbeit. Roskilde 2006.

Konter, Erich: Das Berliner Schloss im Zeitalter des Absolutismus. Berlin 1991.

Koronowski, Christa und Peter: Kunst und Künstler im Berliner Norden 1926–1945. Aus der Geschichte eines Künstlerbundes und dessen Ausstellungen im Schloss Schönhausen. Selbstverlag. Berlin 2009.

Otto Krauske: Die Briefe König Friedrich Wilhelms I. an den Fürsten Leopold zu Anhalt-Dessau 1704–1740. Berlin 1905.

Kreis, Georg: »Entartete« Kunst für Basel. Die Herausforderung von 1939. Basel 1990.

Kreisel, Heinrich / Himmelheber, Georg: Die Kunst des Deutschen Möbels, 2. Bd., Spätbarock und Rokoko. 2. Auflage. München 1970.

Krollmann, Christian: König Friedrich Wilhelm III. und Königin Louise in Schlobitten 1802. In: Grommelt / Mertens 1962, S.396–400.

Kühn, Margarete: Schloss Charlottenburg. Berlin 1955.

Kühnel, Klaus: Der Mensch ist ein sehr seltsames Möbelstück – Biographie der Innenarchitektin Liv Falkenberg-Liefrinck, 2006.

Kuke, Hans-Joachim: Schlösser in Preußen. In: Ders.: Jean de Bodt 1670–1745, Architekt und Ingenieur im Zeitalter des Barock. Worms 2002, S. 170–181.

Lademacher, Horst: Die Statthalter und ihr Amt. In: Onder den Oranje boom, 1999, S.43–72.

Laue, Georg (Hrsg.): Kunstkammer, Möbel für die Kunstkammern Europas, Kabinettschränke und Prunkkassetten. München 2008.

Lehndorff, Ernst Ahaverus Heinrich Graf von: Die Tagebücher des Grafen Lehndorff. Die geheimen Aufzeichnungen des Kammerherrn der Königin Elisabeth Christine. Berlin 2007.

Lorenz, Hellmut: Berliner Baukunst der Barockzeit. Berlin 2001.

Lorck, Carl von: Landschlösser in Ost und Westpreußen. Frankfurt/M. 1965.

Musiolek, Alexandra: Blühende Gartenträume. Der englische Einfluss auf Gestaltung und Pflanzenverwendung im deutschen architektonischen Hausgarten zu Beginn des 20. Jahrhunderts. Diplomarbeit an der TU Berlin, Schriftenreihe der Fakultät VII Architektur Umwelt Gesellschaft der TU Berlin, Nr. S 15, 2005.

Musiolek, Alexandra / Kühn, Norbert: Stauden im Garten von Karl Foerster. In: Garten + Landschaft, 9/2006, S. 14–17.

Muth, Ingrid: Die DDR-Außenpolitik 1949–1972. Inhalte, Strukturen, Mechanismen. Berlin 2000.

Nationaal Museum Het Loo, Stadt Krefeld und Stiftung Preußische Schlösser und Gärten Berlin-Brandenburg: Onder den Oranje boom. Niederländische Kunst und Kultur im 17. und 18. Jahrhundert an deutschen Fürstenhöfen. Ausstellungskatalog. Krefeld/Oranienburg/München 1999/2000.

Nicolai, Friedrich: Beschreibung der Königlichen Residenzstädte Berlin und Potsdam, aller daselbst befindlichen Merkwürdigkeiten und der umliegenden Gegend. Berlin 1786.

Noak, Paul: Elisabeth Christine und Friedrich der Große. Ein Frauenleben in Preußen. Stuttgart 2001.

Nowak, Kerstin: Reinhold Lingner – Sein Leben und Werk im Kontext der frühen DDR-Geschichte. Dissertation an der Hochschule für bildende Künste Hamburg, Fachbereich Architektur. Unveröffentlicht, 1995

Nülken, Christian: Frankfurt an der Oder. Das »Junkerhaus« im 17. Jahrhundert. In: Brandenburgische Denkmalpflege, 1. Jg., Heft 2 (1992), S. 57–68.

O'Dell-Franke, Ilse: Kupferstiche und Radierungen aus der Werkstatt des Virgil Solis. Wiesbaden 1977.

Peschken, Goerd: Exkurs. Eine Decke Schlüters in Schlobitten – vielleicht sogar mehrere? In: Peschken, Goerd / Wiesinger, Liselotte: Das königliche Schloß zu Berlin, 3. Bd., Die barocken Innenräume. München 2001, S.121–134.

Pieck, Wilhelm: Reden und Aufsätze. Bd. II. Berlin 1951.

Pieck, Wilhelm: Reden und Aufsätze. Bd. III. Berlin 1954.

Popitz, Johannes: Ansprache des preußischen Staats- und Finanzministers Professor Dr. Popitz bei der Übergabe des Schlosses Schönhausen an die Reichskammer der bildenden Künste am 24. Oktober 1936. In: Zentralblatt der Bauverwaltung 46 (1936), S. 1285f.

Poseck, Ernst: Königin Elisabeth Christine. Berlin 1940.

Prolingheuer, Hans: Hitlers fromme Bilderstürmer. Kirche & Kunst unterm Hakenkreuz. Berlin 2001.

Protokoll des III. Parteitages der SED. 20. bis 24. Juli 1950. Berlin 1951.

Ranke, Leopold von: Neun Bücher preußischer Geschichte. Berlin 1847/48.

Rehfeldt, Ernst: Geschichte von Niederschönhausen. Berlin 1929.

Roeber, Barbara / Stoecker, Holger / Walther, Liane: Das Pankower »(Regierungs-) Städtchen« und das Schloss Niederschönhausen zwischen 1945 und 1990. Ein Beitrag zur Ortsgeschichte. Kulturamt Berlin-Pankow, 1998.

Rumpf, Friedrich: Beschreibung der aeussern und innern Merkwürdigkeiten der Königlichen Schlösser Berlin, Charlottenburg, Schönhausen in und bey Potsdam. Berlin 1794.

Schedelmann, Hans: Die großen Büchsenmacher. Braunschweig o. J.

Schmidt, Robert: Brandenburgische Gläser. Berlin 1914.

Scheffler, Wolfgang: Berliner Goldschmiede: Daten, Werke, Zeichen. Berlin 1968.

Schonert, Erich: Schloss Schönhausen und seine Erneuerung. In: Zentralblatt der Bauverwaltung. 56. Jg. (1936), Heft 46, S. 1287–1298.

Schonert, Erich: Schloß Schönhausen und seine Geschichte. Berlin 1937.

Schurig, Gerd: Fruchtkultur als Aufgabe der Hofgärtner. In: SPSG (Hrsg.): Preußisch Grün – Hofgärtner in Brandenburg-Preußen. Berlin 2004.

Schulze, Hans-Michael: In den Wohnzimmern der Macht. Das Geheimnis des Pankower »Städtchens«. Berlin 2001.

Schulz-Hoffmann, Carla: Die Sammlung Sofie und Emanuel Fohn. Eine Dokumentation (= Bayerische Staatsgemäldesammlungen. Künstler und Werke, Bd. 11). München 1990.

Schwarz, Uwe: Nachkriegsarchitektur am Schloss Schönhausen in Berlin. In: kunsttexte.de, 1/2001. URL: http://www.kunsttexte.de/zusamm.php? artaus=3 (28.4.2009).

Schwarz, Uwe: Denkmalpflegerische Bestandserfassung der Erweiterungsbauten und des Gartens am Schloß Schönhausen in Berlin-Pankow für den Amtssitz des Präsidenten (1949-60) und des Gästehauses der DDR-Regierung, TU Berlin, unveröffentlicht, 2001.

Seidel, Paul: Der Silber- und Goldschatz der Hohenzollern im Königlichen Schlosse zu Berlin. Berlin o. J. (1895).

Siebs, Benno-Eide: Die Außenpolitik der DDR 1976–1989. Strategien und Grenzen. Paderborn/München/Wien/Zürich 1998.

Skulpturen im Schloßpark. Ausstellung vom 4. August bis 8. Oktober 1995 Berliner Bildhauer in Pankow, Schloßpark Niederschönhausen. Ausstellungskatalog. Berlin 1995.

Staatliche Museen Berlin Preußischer Kulturbesitz: Die Brandenburgisch-Preußische Kunstkammer. Eine Auswahl aus den alten Beständen. Ausstellungskatalog. Berlin 1981.

Staatliche Museen zu Berlin Preußischer Kulturbesitz: Schatzkästchen und Kabinettschrank, Möbel für Sammler. Ausstellungskatalog. Kunstgewerbemuseum Berlin. Berlin 1989.

Staatliche Museen zu Berlin Preußischer Kulturbesitz: »Herrliche Künste und Manufacturen«. Fayence, Glas und Tapisserien aus der Frühzeit Brandenburg-Preußens 1680–1720. Ausstellungskatalog Kunstgewerbemuseum Berlin. Berlin 2001.

Städtische Kunsthalle Düsseldorf: Meisterwerke der Glaskunst aus internationalem Privatbesitz, zusammengestellt vom Kunstmuseum Düsseldorf. Ausstellungskatalog. Düsseldorf 1968.

Stengel, Walter: Brandenburgische Gläser. Berlin o. J. (1948), Märkisches Museum, Quellen-Studien zur Berliner Kulturgeschichte.

Stiftung Schlösser und Gärten Potsdam-Sanssouci: Von Sanssouci nach Europa. Geschenke Friedrichs des Großen an europäische Höfe. Ausstellungskatalog Potsdam. Potsdam 1994.

Stiftung Preußische Schlösser und Gärten Berlin-Brandenburg: Sophie Charlotte und ihr Schloß. Ein Musenhof des Barock in Brandenburg-Preußen. Ausstellungskatalog. Berlin/München 1999.

Stiftung Preußische Schlösser und Gärten Berlin-Brandenburg und Deutsches Historisches Museum: Preußen 1701. Eine europäische Geschichte. Ausstellungskatalog. Berlin 2001.

UNESCO-Welterbestätte Schlösser Augustusburg u. Falkenlust in Brühl (Hrsg.): Eine Republik rollt den Teppich aus: Staatsempfänge auf Schloss Augustusburg 1949–1996. Ausstellungskatalog 2008.

Voss, Sophie Gräfin von: 69 Jahre am Preußischen Hof. Berlin 2007.

Voßke, Heinz / Nitzsche, Gerhard: Wilhelm Pieck. Biografischer Abriss. Berlin 1975.

Wagner, Wulf D.: Schlobitten – das große Schloss der Dohnas. In: Stationen einer Königsreise, Schlösser und Gutshäuser in Ostpreußen, Ausstellung, Renaissanceschloss Demerthin. Ausstellungskatalog. Berlin 2001.

Weber, Hermann: Die Wandlung des deutschen Kommunismus. Die Stalinisierung der KPD in der Weimarer Republik. 2 Bde. Frankfurt/M. 1969.

Weber, Hermann (Hrsg.): Kommunisten verfolgen Kommunisten: Stalinistischer Terror und »Säuberungen« in den Kommunistischen Parteien Europas seit den 30er Jahren. Berlin 1993.

Weingartner, Thomas: Stalin und der Aufstieg Hitlers. In: Richard Löwenthal / Gilbert Ziebura (Hrsg.): Beiträge zur auswärtigen Politik. Bd. 4. Berlin 1970.

Wentker, Hermann: Außenpolitik in engen Grenzen. Die DDR im internationalen System 1949–1989. München 2007.

Wiedmann, Roland: Organisationsstruktur des Ministeriums für Staatssicherheit 1989. Berlin 1995.

Wimmer, Clemens Alexander unter Mitarbeit von Stephanie Drewitz: Schlosspark Schönhausen – Innerer Bereich, Garten-denkmalpflegerisches Gutachten, unveröffentlichtes Manuskript im Auftrag der SPSG, 2006.

Windt, Franziska: Jean II Baraband, Bildteppich »Die Audienz beim Kaiser von China«. Hrsg.: Stiftung der Länder in Verbindung mit der Stiftung Preußische Schlösser und Gärten Berlin-Brandenburg (PATRIMONIA Bd. 182). Potsdam 2000.

Windt, Franziska [1]: Monarchisches Erbe – Schloss Schönhausen in der DDR: Ein preußisches Lustschloss als Präsidentensitz und Gästehaus der DDR. In: Thomas Biskup / Martin Kohlrausch (Hrsg.): Das Erbe der Monarchie. Nachwirkungen einer deutschen Institution seit 1918. Frankfurt/M. 2008

Windt, Franziska [2]: Die Königin und ihr Schloss. Elisabeth Christine in Schloss Schönhausen.

In: zeitenblicke 7 (2008), Nr. 1, [05.06.2008] URL: http://www.zeitenblicke.de/2008/1/windt/index_html, URN: urn:nbn:de:0009-9-13178 (21.4.2009)

Windt, Franziska: Who is Who? Die Hofdamenporträts der Königin Elisabeth Christine. In: Portikus, 1/2009, S. 14–15.

Wöhlmann, Falk / Stürmer, Rainer: Das Archivalienhandbuch der öffentlichen Grünanlagen des Verwaltungsbezirkes Pankow von Berlin, Bd. 1 und 2, im Auftrag des Landesdenkmalamtes Berlin, Referat Gartendenkmalpflege. 2000.

Inventare von Schönhausen:

Beschreibung des Königl. Schloßes zu Schönhausen, 1740, Brandenburgisches Landeshauptarchiv. Zitiert nach der Transkription von Finkemeier, Röllig.

Inventarium von denen, auf Ihro Majestät der verwittweten Königin Lust Schloß Schönhausen und denen dazu gehörigen Gebäuden befindlichen Meubles und andern Sachen, 1795, Geheimes Staatsarchiv Preußischer Kulturbesitz. Zitiert nach der Transkription von Alfred Hagemann, 2007.

Inventarium des Königl. Lustschlosses Schönhausen,1797, SPSG, Grafische Sammlung/Plankammer. Zitiert nach der Transkription von Alfred Hagemann, 2007.

Inventarium des königlichen Lustschlosses zu Schoenhausen, 1810, SPSG, Grafische Sammlung/Plankammer. Zitiert nach der Transkription von Alfred Hagemann, 2007.

Inventarium des Königl: Schlosses zu Schönhausen und der dazu gehörigen Gebäude, 1824, SPSG, Grafische Sammlung/Plankammer. Zitiert nach der Transkription von Alfred Hagemann, 2007.

Abbildungsnachweis

Dank

Bildarchiv Preußischer Kulturbesitz, Berlin, 2009: Abb. Nr. 57 (Horst E. Schulze, 1964, Berlin); 49, 50

Bildarchiv Preußischer Kulturbesitz, Kupferstichkabinett, SMB: Abb. Nr. 83 (Volker-H. Schneider)

Bundesarchiv: Abb. Nr. 29 (SAPMO-Barch, Y 10-893_00); 51 (183-27958-0004/Photograph Heilig); 52 (183-39459-0010); 53 (183-27068-0001/ Photograph Heilig); 54 (183-42844-0001/Photograph Sturm); 55 (SAPMO-Barch, Y 10-869_00); 56 (183-B-1111-0012-002/Photograph Junge); 58 (183-L0613-0030/ Photograph Link); 62 (SAPMO-Barch, Y 10-896_00); 63 (SAPMO-Barch, Y 10-948_00); 64 (SAPMO-Barch, Y 10-923_00); 65 (SAPMO-Barch, Y 10-924_00); 115 (SAPMO-Barch, Y 10-907_00); 123 (SAPMO-Barch, Y 10-905_00)

Brandenburgisches Landesamt für Denkmalpflege und Archäologisches Museum, Bildarchiv: Abb. Nr. 27 (Neg.-Nr. 77b20-2624-1); 41 (Neg.-Nr. 55H1/30252); 43 (Neg.-Nr. 77b 22/2624.10)

Duncker, Alexander, 1857: Abb. Nr. 26

Erler, Robert: Abb. Nr. 119

Geheimes Staatsarchiv Preußischer Kulturbesitz, XI. HA Karten, Plankammer der Regierung zu Potsdam: Abb. Nr. 81 (B559)

Göres, Burkhardt: Abb. Nr. 103

Landesarchiv Berlin: Abb. Nr. 107 (A Pr. Br. Rep. 042, Karten, Nr. 5); 109 (Rep. 270 A 2000 Bl. 4335 und Bl. 4336); 45

Landesdenkmalamt Berlin: Abb. Nr. 36 (LKB F 2276 B); 101 (2275 B); 108

Meisner, Hans, 1913: Abb. Nr. 22

Sammlung der Familie Dohna: Abb. Nr. 125

Schneider, Günter: Abb. Nr. 1, 2, 3, 4, 9, 10, 11, 12, 13, 14, 15, 16, 17, 18, 32, 74, 79, 84

Schonert, Erich, 1936: Abb. Nr. 48

Stiftung Preußische Schlösser und Gärten Berlin-Brandenburg: Abb. Nr. 139 (Anders); 78 (Bittner); 112 (Deißler, gezeichnet: T. Schulz 2007, B. Laus 2009); 120 (Deißler); 19, 68, 69, 70, 71, 72, 73, 74, 76, 77, 80 (Fuchs); 86, 95 (Tapp); 92, 100 (Tapp, Bearbeitung TU Berlin FG Historische Bauforschung: Brauchle); 121, 122 (Bearbeitung: Hecker); 59 (Grit Hentschel); 47 (Hesselbarth); 105 (Heuer); 28, 30, 44, 66, 67 (Historische Kunstphotographien); 124, 133, 134, 135 (Historische Kunstphotographien, E. Bieber, Berlin); 96, 97, 98, 99 (Hochsieder); 34, 126, 127, 128, 129, 130, 131, 132, 136, 137, 138, 140, 141, 142, 143, 144, 145 (Pfauder); 102 (Pfauder/ Lindner); 21, 24, 25, 42, 82, 106, 117, 118 (Planslg.); 104 (Restaurierung am Oberbaum); 33 (TU Berlin); 75, 110 (Büro Brenne); 20, 31, 35, 37, 38, 39, 40, 46

Stiftung Stadtmuseum Berlin: Abb. Nr. 23 (Reproduktion: Michael Setzfandt)

Technische Universität Berlin, Fachgebiet Historische Bauforschung: Abb. Nr. 90, 91, 93, 94 (Brauchle); 87, 88, 89 (v. Gaisberg); 85 (Grundlage: ASD Berlin, Aufmaß 2006)

Ullstein Bild: Abb. Nr. 60 (Nowosti); 61

Wissenschaftliche Sammlung, IRS Erkner, Lingnernachlass: Abb. Nr. 111, 113, 114, 116

Die Stiftung Preußische Schlösser und Gärten Berlin-Brandenburg dankt allen Beteiligten für die Sanierung und Restaurierung von Schloss und Garten Schönhausen, insbesondere

für die finanzielle und administrative Unterstützung:
Cornelsen Kulturstiftung
Der Beauftragte der Bundesregierung für Kultur und Medien
Mauerfonds
Europäischer Fonds für Regionale Entwicklung
Stiftung Deutsche Klassenlotterie Berlin
Deutsche Stiftung Denkmalschutz
Der Regierende Bürgermeister von Berlin, Senatskanzlei – Kulturelle Angelegenheiten
Freunde der Preußischen Schlösser und Gärten e.V.
Freunde der Chronik Pankow e.V.
Für Pankow e.V.
Bundesakademie für Sicherheitspolitik
und vielen privaten Spendern

für Bau- und Ausstellungsplanung, Bauforschung und fachliche Beratung:
Winfried Brenne Architekten
Sypereck Gesellschaft von Architekten mbH
Technische Universität Berlin, Fachgebiet Historische Bauforschung
Landschaftsarchitekten Beissert & Hengge
Familie zu Dohna
Prof. Hubert Matthes
Karl Kirschner

für Leihgaben:
Stiftung Deutsches Historisches Museum
Stiftung Preußischer Kulturbesitz, Staatliche Museen zu Berlin – Kunstgewerbemuseum
Museum der Bildenden Künste Leipzig
Stichting tot behcer Huis Doorn

und der Projektgruppe Schönhausen der SPSG:
Ilona Albrecht, Ayhan Ayrilmaz, Heike Borggreve, Cornelia Danneberg, Monika Deißler, Steffen Domalski, Dr. Detlef Fuchs, Dr. Alfred Hagemann, Silke Hollender, Maik Janke (Fridericus), Annette Kretschmann, Kathrin Külow, Thomas Tapp, Dr. Franziska Windt.

Raumplan

ERDGESCHOSS

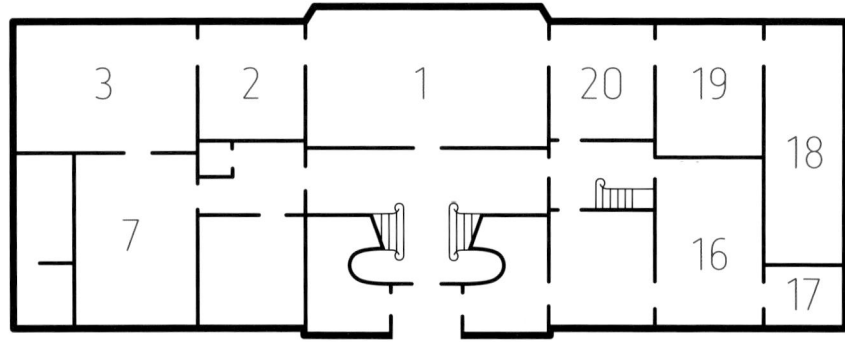

1. Gartensaal
2. Vorkammer
3. Audienzkammer
7. Kasse/Shop
16. Einblicke
    in die Schlossgeschichte
17. Einblicke
    in die Gartengeschichte
18. Zedernholzgalerie
19. Kammer
20. Weiße Kammer

1.OBERGESCHOSS

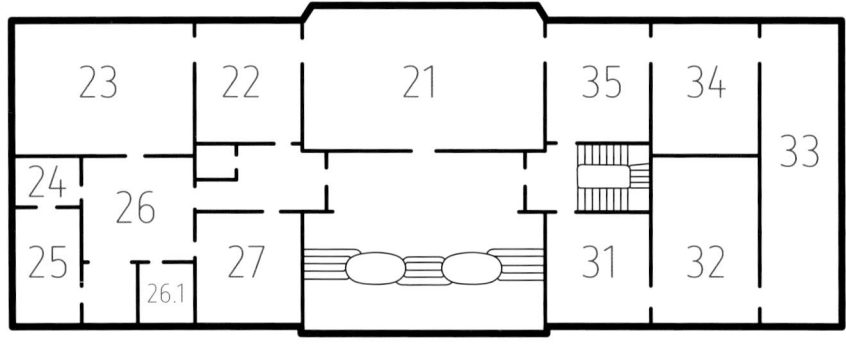

21. Saal
22. Kaminzimmer
23. Amtszimmer
    von Wilhelm Pieck
24. Bad
25. Damenschlafzimmer
26. Ankleidezimmer
26.1. Die Rolle von
    Schönhausen in der DDR
27. Herrenschlafzimmer
31. Garderobe
32. Schlafkammer
33. Gipsmarmorgalerie
34. Kammer
35. Vorkammer

Im 2.Obergeschoss ist zurzeit die Ausstellung »Schönhausen entdecken« untergebracht.
Zukünftig sollen hier weitere Teile des Schlobitten-Inventars präsentiert werden.